Das Jahrhundert der Umwelt

Ernst Ulrich von Weizsäcker

Das Jahrhundert der Umwelt

Vision: Öko-effizient leben und arbeiten

Campus Verlag
Frankfurt/New York

Die Buchreihe der EXPO 2000
Band 4

Idee, Konzeption und Realisierung:
Peter Felixberger,
Redaktionsbüro Wort&Tat, Erding

Übersetzungen:
Beiträge Acselrad und Verbruggen: Andreas Simon, Berlin
Beitrag Khor: Thorsten Schmidt, München und Annette Jensen, Berlin
Beitrag Seiki/Yamaguchi: Klaus Kochmann, Berlin

Redaktionelle Mitarbeit:
Hauptbeitrag von Weizsäcker: Peter Felixberger und
Winfried Kretschmer, Erding
Beitrag Acselrad: Herbert Lechner, Marklkofen
Beiträge Khor, Seiki/Yamaguchi, Verbruggen: Annette Jensen, Berlin

Die Deutsche Bibliothek - CIP-Einheitsaufnahme

Das *Jahrhundert der Umwelt* : Vision: öko-effizient leben und arbeiten / Ernst Ulrich von Weizsäcker. [Übers.: Andreas Simon ... Red. Mitarb.: Peter Felixberger ...]. - Frankfurt/Main ; New York : Campus Verlag, 1999
(Die Buchreihe der EXPO 2000 ; Bd. 4)
ISBN 3-593-36034-9

EXPO ‹2000, Hannover›:
Die Buchreihe der EXPO 2000 / Idee, Konzeption und Realisierung: Peter Felixberger. - Frankfurt/Main ; New York : Campus Verlag
Bd. 4. Das Jahrhundert der Umwelt. - 1999

Umschlaggestaltung und Layout: Pro Natur, Frankfurt/Main
Satz: Uwe Aufleger, Erding
Druck und Bindung: Druckhaus Beltz, Hemsbach
Gedruckt auf säurefreiem und chlorfrei gebleichtem Papier.
Printed in Germany

Inhalt

Mit Öko-Effizienz in ein neues Zeitalter

Ernst Ulrich von Weizsäcker

Inhalt

Jedes Jahrhundert hat sein eigenes Gesicht

Die letzte Silvesternacht des Jahrtausends ist längst ein Nachfragerenner in den Katalogen der großen Reiseveranstalter geworden – gleichviel, ob man sie nun auf Deutschlands höchstem Berghotel auf der Zugspitze oder im schicken Luxusrestaurant auf dem Pariser Eiffelturm verbringen will. Eine gewisse Aufregung hat sich aber nicht nur in der Tourismusbranche breitgemacht, nein, auch den nicht so reiselustigen Zeitgenossen durchströmt ein leichtes Prickeln bei Nennung dieses magischen Datums.

Silvester 1999 – ein magisches Datum!

Das 21. Jahrhundert steht vor der Tür. Keine Frage: Rund um den

Erdball, zumindest aber in Gesellschaften mit hiesig bekannter Zeitrechnung, wird kräftig in den 1. Januar 2000 hineingefeiert werden. Wenn dann die Sektkorken knallen, werden sowohl Schwarzseher als auch Rosarotzeichner wieder ansetzen, ihre Zukunftsprognosen mit Verve über die Transmissionsriemen der Medien unters Volk zu bringen.

Mit der Zahl 2000 wird eine Zeitenwende vermutet. Was aber bringt uns das neue Jahrhundert, besser gesagt: das neue Jahrtausend?

Das Spiel ist uralt und wiederholt sich

Mit jedem Ende eines Jahrhunderts klopft eine neue Ära an die Pforten der Weltgeschichte. Angekündigt von Propheten aller Art wird die Morgenröte des Neuen schemenhaft sichtbar. Nicht immer wird den Überbringern und Boten, den Heils- oder Unheilskündern aber mit offenen Armen begegnet. Seit jeher haben Propheten einen schweren Stand.

Wer hat im Jahr 1900 an Mondlandungen, Herzverpflanzungen und Nanotechnologie gedacht?

Wer hätte beispielsweise im Jahre 1900 vorausgesehen, daß zwei große, entsetzliche Weltkriege bevorstehen, die Welt dereinst via Internet elektronisch vernetzt, man in Tahiti sorglos Urlaub machen können würde? Wer hätte gedacht, daß durch Atomspaltung große Mengen Energie gewonnen würden, allerdings unter Risiken und um den Preis ungelöster Entsorgung, oder daß man die Gene von Pflanzen, Tieren und Menschen manipulieren würde? Wer hätte damals an Herzverpflanzungen, Mondlandungen und Nanotechnologie gedacht? Und wer hätte prophezeit, daß die Weltbevölkerung auf sechs Milliarden anwachsen und prozentual weniger Menschen hungern würden als im Jahr 1900?

Auf der anderen Seite war den Weitsichtigen der Zunft im Jahre 1900 vieles längst klar: daß die letzten weißen Flecken von der Landkarte verschwinden, daß Europa aufhören würde, der politische Nabel der Welt zu sein, daß elektrisches Licht, fließendes Warmwasser und Telephone in die normalen Haushalte vordringen, Autos die Pferdekutsche verdrängen und die Mobilität insgesamt enorm zunehmen würde?

Politischen Propheten war im *fin de siècle* (der Salon-Name für die letzten Jahre des 19. Jahrhunderts) auch längst klar, daß die fabelhaften neuen Technologien weltweit die Zivilisation verändern und im Laufe des aufziehenden Jahrhunderts wichtiger würden als das alte Régime mit der Betonung von Adel, Religion und Nationalstaaterei. Edison und Röntgen, Liebig und Pasteur waren sattelfeste Weltbürger und hatten mit Adel und Kirche nicht viel am Hut. Technik und Wissenschaft hatten bereits zarte Bande geknüpft, ihre Nachkommen jedoch noch kaum gezeugt.

Wer in Ursachenketten denken konnte, zog ausgehend von der Erfahrung des Früh- und Hochkapitalismus und der angelsächsischen Denkweise den zwingenden Schluß, daß die Ökonomie zur zentralen Denkkategorie und zur Lenkerin des technischen Fortschritts werden würde. Das Grundprinzip der Ökonomie bedeutete Arbeitsteilung, auch international. Für sie waren der Nationalismus und die mit ihm einhergehenden Kriege ein Greuel. Die Ökonomie war die moderne Form der Aufklärung, wie sie in der angelsächsischen, eher vom Handel und der Schiffahrt als vom kontinentalen Militär dominierten weltoffenen Gesellschaft besonders kultiviert wurde.

So wie der Paradigmenwechsel vom Nationalstaat zur Ökonomie für den Übergang vom 19. zum 20. Jahrhundert stehen kann, hatte beim Übergang vom 18. in das 19. Jahrhundert ein Paradigmenwechsel vom königlichen Obrigkeitsstaat zur volksdominierten nationalen Republik stattgefunden. Die Aufklärung hatte in Frankreich den König verjagt. Der Nationalstaat war geboren und etablierte sich gegen die Fürsten, wenn diese sich nicht mit ihm unter Preisgabe ihrer Macht arrangieren wollten. Die Wissenschaften brachen im 19. Jahrhundert systematisch zu neuen Ufern auf, ähnlich wie die Entdecker und Eroberer. Prophetische Geister wie Goethe oder Thomas Jefferson hatten dies im Jahre 1800 längst erkannt.

Die Wissenschaften brachen im 19. Jahrhundert systematisch zu neuen Ufern auf, ähnlich wie die Entdecker und Eroberer.

Jedes Jahrhundert der neueren Geschichte hat sein eigenes Gesicht. Jedes hat seinen eigenen Namen. (Würde man den Schnitt nicht jeweils zu Beginn, sondern in der Jahrhundertmitte ziehen, käme man logischerweise zu ganz anderen Begriffszuordnungen.) Die zentralen Denkfiguren eines jeden Jahrhunderts beruhen zugleich auf einer Diskreditierung der alten Denkfiguren des jeweils vorherigen Jahrhunderts. Aber diese Ablösungsvorgänge finden gemeinhin nicht abrupt, sondern durch einen sanft anmutenden Übergang statt. Neben dem neuen bleibt manchmal auch der alte »Wesenskern« erhalten. Als etwa das Jahrhundert der Nationalstaaten in das Jahrhundert der Ökonomie überging, wurde plötzlich von der Nationalökonomie gesprochen.

Das 21. Jahrhundert eröffnet die Aussicht auf einen neuen Paradigmenwechsel.

Das 21. Jahrhundert eröffnet die Aussicht auf einen neuen Paradigmenwechsel. Aber was kommt nach der Ökonomie? Ich behaupte, daß die Umwelt beziehungsweise ihre Knappheit zum Leitmotiv werden wird. Das bedeutet, wir gehen auf das Jahrhundert der Umwelt zu. Und wieder wird der Übergang gleitend sein.

Der Übergang ins Jahrhundert der Umwelt wird zunächst über die Pfade der Umweltökonomie stattfinden. Demzufolge werden wir – und das bahnt sich bereits an – die ökologischen Probleme zuerst »ökonomisieren«. Man wird diese Probleme in das Korsett des alten Jahrhunderts erst einmal einzupassen, dann förmlich hineinzuzwingen suchen. Aber ich wage jetzt schon zu behaupten, daß man nach einigen Jahrzehnten merken wird, daß das alte Korsett zu eng ist und die Natur auch jenseits der Ökonomie existiert.

Päpste, Fürsten, Bürger

Bevor wir das Zukunftsband hier weiterflechten, zunächst aber wieder ein paar Schritte zurück in die Chronologie der soeben begonnenen historischen Zeitenfolge. Das 17. Jahrhundert kann man zumindest in Europa als das Jahrhundert der Konfessionskonflikte bezeichnen. Der Dreißigjährige Krieg war das grauenhafte und zugleich prägende Ereignis dieses Jahrhunderts. Er verbreitete Haß, Hunger und die Pest und ließ die ersten Auswanderer jenseits des Atlantiks ein neues, gelobtes Land suchen. Auch dort aber lagen vielerorts festgefügte Religionsgemeinschaften in ideologischem Streit mit anderen Siedlungen.

Der Westfälische Friede besiegelte das prekäre Gleichgewicht der Konfessionen. Und er gewährte den Fürsten die Macht, in ihren Territorien und für alle ihre Untertanen die Religion vorzuschreiben. »Cuius regio, illius religio« (wer die Herrschaft hat, befiehlt den Glauben) war eine pragmatisch-salomonische Konfliktlösung und wurde von den vom Krieg zermürbten Völkern des Heiligen Römischen Reiches mit Begeisterung und Dankesgebeten (in der jeweiligen liturgischen Sprache) gefeiert. Das Jahrhundert der Konfessionskonflikte fand dadurch ein vergleichsweise friedliches Ende.

Bei näherem Hinsehen erwies sich die salomonische Lösung des Westfälischen Friedens aber als eine vollständige Diskreditierung der damaligen geistlichen Rhetorik, derzufolge man nur auf eine

Weise selig werden konnte. Auf dieser Diskreditierung fußte letztlich auch die Macht, die das nächste Jahrhundert prägte, die der Fürstenhöfe. Die Fürsten verfügten nun über die volle Macht: die weltliche – und die geistliche dazu. Man nennt diese Machtfülle auch Absolutismus: »L'état, c'est moi.«

Die Fürsten herrschten – anders als Reformatoren oder Päpste – über eine geographisch genau umrissene Region. Sie befehligten ein straff geführtes Heer, richteten eine innere Verwaltung ein, stellten Wissenschaft und Technik in ihren Dienst und stießen damit, ohne es eigentlich zu wollen, die Tür zur Aufklärung auf. Doch damit war auch schon der Übergang ihrer Macht auf einen ganz anderen Staat vorprogrammiert, als dessen »Souverän« sich nach der Französischen Revolution das innerhalb seiner Grenzen lebende Volk verstand. Der neue Souverän stürzte den alten, die Nation die Fürsten. Robespierre, der oberste Tugendwächter der Französischen Revolution, brachte es auf den Punkt: »Der König ist kein Angeklagter, Ihr seid keine Richter. Ihr habt kein Urteil für oder

Gez. v. Trenkwald.

Westphälischer Friedensschluß.

Abb. 1: *Mit dem Westfälischen Frieden 1648 bekam das Jahrhundert der Konfessionen eine friedliche Wendung Nun durfte der – zumeist weltliche – Fürst festlegen, nach welcher Konfession seine Untertanen zu Gott beten durften.*

Quelle: Archiv für Kunst und Geschichte (AKG), Berlin

gegen einen Mann zu fällen, sondern eine Maßnahme zugunsten des öffentlichen Wohls zu ergreifen und eine Tat von nationaler Bestimmung auszuführen.« Und St. Just, der Erzengel des Terrors, legte noch eine Schippe drauf: »Jeder König ist ein Rebell und Usurpator.« Er stehe außerhalb des Gesellschaftsvertrages, in dem jeder Bürger seine Rechte an das Gemeinwesen entäußere – ein Gemeinwesen, das als öffentliche Person nun Republik hieß.

Im 19., dem Jahrhundert der Nationalstaaten, wurde die Zugehörigkeit zu einer Nation zu einem nahezu religiösen Umstand. In Deutschland waren es vornehmlich die geistigen Eliten, die Studenten, die mit Begeisterung den Abschied von der Monarchie und der Kleinstaaterei sowie den Fortschritt zur Nation besangen. Fürs Vaterland in den Krieg zu ziehen war eine Ehre – was für ein Kontrast zu den früheren Söldnerheeren, wo allenfalls Sold, Raubgut oder Abenteuer als Motiv galten!

Der Kolonialismus war der erste Schritt zu dem, was wir heute Globalisierung nennen.

Mit dem Nationalstaat europäischer Prägung wurde auch der Kolonialismus geboren, der erste Schritt zu dem, was wir heute »Globalisierung« nennen. Dieses kolonialistische Erbe mag auch der Grund dafür sein, daß viele Entwicklungsländer sich lange Zeit gegen jegliche Globalisierung gesperrt haben. So war es z.B. noch in den 70er Jahren erklärtes Ziel von Raúl Prebisch und seiner damals populären Dependencia-Lehre, die Abhängigkeit von den als gefährlich eingestuften internationalen Konzernen und Ländern des Nordens zu vermindern. Im Mittelpunkt dieses Ansatzes stand die sogenannte Importsubstitution. Gemeint war nichts anderes als die einfache Überlegung, eine eigene Streichholzfabrik aufzubauen statt Streichhölzer aus Schweden zu importieren, Uhren im eigenen Land zu produzieren statt Uhren aus der Schweiz zu importieren, sich auf die Lebensstile und Lebensmittelproduktion im eigenen Land zu konzentrieren statt Nahrungsmittel nach amerikanischem Muster zu importieren.

Zwanzig Jahre später fällt die Erfolgsbilanz dieser Entwicklungstheorie jedoch mager aus. Eine Mischung aus ökonomischer Logik, die für eine internationale Arbeitsteilung spricht, und massivem politischen Druck gegen jeden Versuch wirtschaftlicher Selbstgenügsamkeit von Entwicklungsländern hat das Experiment der Independencia zum Scheitern gebracht. Länder wie Tansania, Uruguay, Kuba und Burma, die vielleicht als besondere Vertreter dieser Theorie galten, sind ökonomisch objektiv zurückgeblieben und von internationalen Wirtschaftskräften permanent abgestraft worden.

Aber im Kolonialismus sowie in der ökonomischen Unterdrückung der Dependencia-Philosophie wurde schon früh sichtbar, daß Ökonomie und Globalisierung nicht nur Gutes bringen.

Ökonomie über alles!

Im Konflikt um Einflußgebiete wuchs im Laufe des Jahrhunderts die Einsicht, daß letzten Endes der technisch und ökonomisch Überlegene den Sieg davontragen würde. Die Vereinigten Staaten befanden sich stark im Aufwind, gerade weil sie sich aus der europäischen Narretei der Nationalkriege weitgehend herausgehalten hatten: America's business is business. Im angelsächsischen Raum hatte sich um 1900 längst der Geist des neuen Jahrhunderts Bahn gebrochen, der Geist der Ökonomie.

Die Wissenschaftlerin Jane Jacobs beschwört diesen Geist der »Händler« als Kontrastprogramm zu allen moralisierenden Doktrinen der »Wächter«, von Platon über Khomeini bis zu Greenpeace. Ohne sich weiter auf ihn zu beziehen, setzt sie sich damit in schar-

Abb. 2: *Der Sieg der »Händler« über die »Wächter«. Alles Totalitäre projiziert Jane Jacobs in die »Wächter«, deren Zeit abgelaufen sei. Es regieren die »Händler«, die durch den Markterfolg legitimiert werden und (der Theorie nach) ohne Waffen kämpfen. Das ist das Jahrhundert der Ökonomie und der angelsächsischen »Denke«.*

Die Abbildung enthält eine Illustration von Lucas Eprét.

fen Kontrast zu Werner Sombart, der den (angelsächsischen) Geist der Händler verachtungsvoll den traditionellen Werten Kontinentaleuropas gegenübergestellt hatte. In der Mitte des 19. Jahrhunderts dominierte im industriell aufbrechenden England der Manchester-Liberalismus, der das freie Spiel der wirtschaftlichen Egoismen über alles erhob und jedem staatlichen Eingriff mit Skepsis begegnete. Demgegenüber plädierte Sombart – der ähnlich wie Marx davon ausging, daß die Arbeiterschaft im Kapitalismus als wirtschaftlich stärkste Kraft schließlich obsiegen würde – für Arbeitsschutzregeln, die Förderung des Genossenschaftswesens und die Stärkung der Gewerkschaften.

Wenn man so will, hat sich Jacobs gegen Sombart durchgesetzt, denn das 20. Jahrhundert wurde zum Jahrhundert der Ökonomie, auch im alten Europa. Wer mit beiden Beinen fest in der Realität stehen will, definiert sich über seine wirtschaftlichen Leistungen. Wirtschaftsführer sind über die kleinlichen Anmutungen der Nationalstaaten erhaben. Sie denken und handeln global.

Von allen Fesseln befreit

Nach dem Fall des Eisernen Vorhangs hat das Kapital alle Fesseln gesprengt.

Die Weltökonomie hat mit dem Fall des Eisernen Vorhangs praktisch alle Grenzen gesprengt. Während des Kalten Krieges mußte sich das Kapital noch viele Einschränkungen gefallen lassen. Um den Wettbewerb zwischen Kapitalismus und Sozialismus in den Herzen der Menschen, Wähler, Konsumenten und Arbeiter zu gewinnen, mußte sich das Kapital aktiv und konsequent um den sozialen und ökologischen Konsens bemühen. Seit 1990 ist diese Notwendigkeit weitgehend entfallen.

Schon 1948 ist das damals von rund zwei Dutzend westlichen Staaten ratifizierte Allgemeine Zoll- und Handelsabkommen GATT in Kraft getreten. Obwohl im völkerrechtlichen Sinne jahrzehntelang überhaupt keine Organisation, ist es bis heute die wichtigste Institution für den weltweiten Handel mit Gütern und Dienstleistungen. Sein oberstes Ziel besteht darin, Zölle und andere nationalstaatliche Einschränkungen aus dem Welthandel zu verbannen und dem Spiel der Kräfte freien Lauf zu lassen.

Der Abschluß der Uruguay-Runde des GATT mit der Gründung der Welthandelsorganisation WTO im Jahre 1994 hat dem freien Welthandel nun auch eine starke völkerrechtliche Basis verschafft.

Die WTO mit Sitz in Genf fungiert als übergeordnete Organisation und Sicherheitsgarantie für den weltweiten Handel mit Gütern (GATT – General Agreement on Tariffs and Trade), mit Dienstleistungen (GATS – General Agreement on Trade in Services) und mit geistigem Eigentum (TRIPS – Trade Related Aspects of Intellectual Property Rights).

In Planung ist – im Club der OECD-Industrieländer meistenteils geheim verhandelt – eine noch stärkere Bevorzugung des Privatkapitals durch das Multilaterale Investitionsschutz-Abkommen MAI. Damit sollen in erster Linie die Investitionen ausländischer Unternehmen geschützt werden. Dem zugrunde liegt die Forderung, ausländische mit inländischen Investoren gleichzustellen. Bisher waren einzelne heimische Wirtschaftszweige noch teilweise vor ausländischer Konkurrenz geschützt, z.B. die Fischerei und die Kulturindustrie. Kein Wunder, wenn der französische Filmemacher Bertrand Tavernier davon sprach, daß MAI den Aufkauf französischer Produktionshäuser durch US-amerikanische Unternehmen »in fünf Minuten« nach sich ziehen würde.

Mit der Etablierung des MAI sollen nationale Regierungen weiterhin schleichend entmachtet werden. Die großen Kapitalstöcke, die sich weltweit angehäuft haben, hätten demnach keine Barrieren mehr zu überwinden. Die internationalen Konzerne und, mehr noch, die institutionellen Anlagevermögen in Höhe von Hunderten von Dollar-Milliarden, die international nach der höchsten Rendite suchen, sind von nationalen Bindungen bereits weitgehend befreit. Die Folge: Die diskreditierten, von allen Seiten verspotteten und tief verschuldeten Nationalstaaten müssen sich heute nach den Wünschen des Kapitals richten, nicht umgekehrt.

Die Nationalisten müssen sich heute nach den Wünschen des Kapitals richten.

Auch ökologisch hat der Abbau von Grenzen oft schlimme Folgen. Die Rodung von Wäldern, die zunehmende Verkehrsbelastung, der Handel mit Trophäen, das Leerpumpen von Öl- und Gasfeldern sind sichtbare Beispiele. Weniger sichtbar ist die Aushöhlung der Umweltpolitik und des Umweltbewußtseins durch den schneidenden Wind des globalen Wettbewerbs.

Grenzen abbauen, Investitionsstaus auflösen und ein ungehemmter globaler Zugriff für globale Kapitalströme sind die Kulminationspunkte der entfesselten Ökonomie. Das Jahrhundert der Ökonomie strebt zur Vollendung auf der globalen Ebene, eine Handlungsstringenz, die lange Zeit gar nicht so deutlich zu Bewußtsein kam.

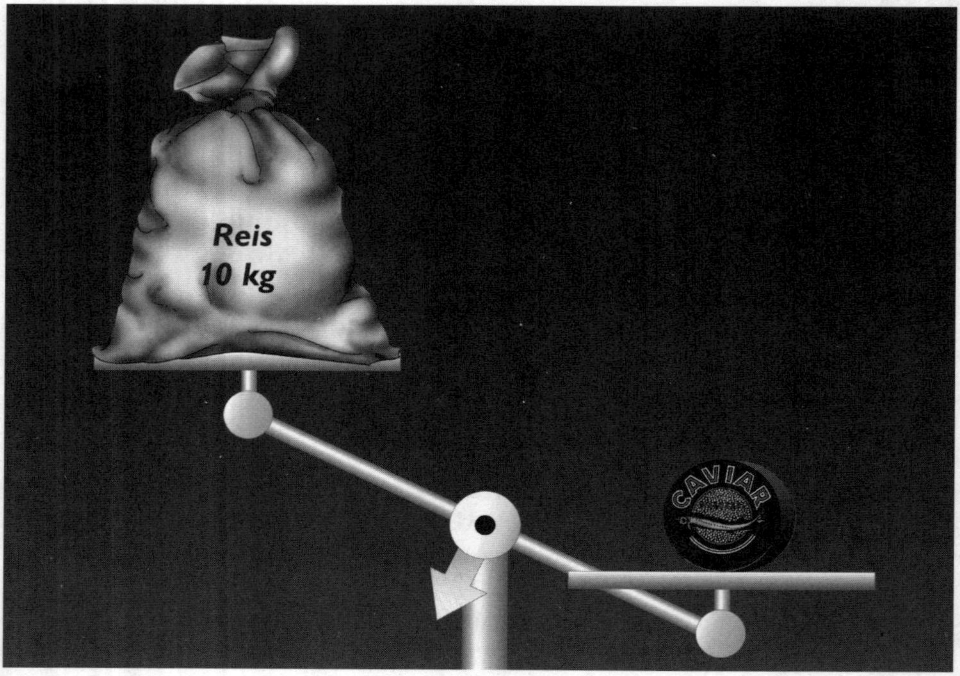

Abb. 3: *Die Ideologie von den guten Händlern und den bösen Wächtern erweist sich als trügerisch, wenn die Marktgesetze über den Hunger in der Welt regieren. Ein Sack Reis wiegt auf dem Markt weniger als eine Dose Kaviar. Der Markt sucht den kaufkräftigen, nicht den bedürftigen Kunden.*

Wem die Stunde schlägt

Aber gerade der Wegfall dieser Selbstbindung und der demokratischen Kontrolle des Kapitals markiert den Wendepunkt. Die brutale Dominanz der Ökonomie wird aller Wahrscheinlichkeit nach die Jahrtausendwende nicht lange überleben. Schon seit einem Vierteljahrhundert ist das ökonomische Prinzip dabei, sich selbst massiv zu diskreditieren. Und wer genauer hinter die Kulissen blickt, erkennt die Schieflage.

Auf den Märkten zählt grundsätzlich nur das, wofür zahlungskräftige Käufer gefunden werden können. So ist in einer Welt, in welcher jährlich viele Millionen Menschen verhungern, ein Sack nahrhafter Hirse oder Reis weniger wert als eine Dose Kaviar. Wer viel verdienen will, findet Kaviar interessanter als Hirse. Und wer nicht einmal Hirse bezahlen kann, hungert eben. Der Hunger ist ein Phänomen der Kaufkraftarmut, nicht des Mangels an Lebensmitteln. Und die heutige Weltökonomie gibt dem Hungernden wenig Kaufkraft.

Wie den Armen, so geht es auch der Natur. Der Markt gibt der

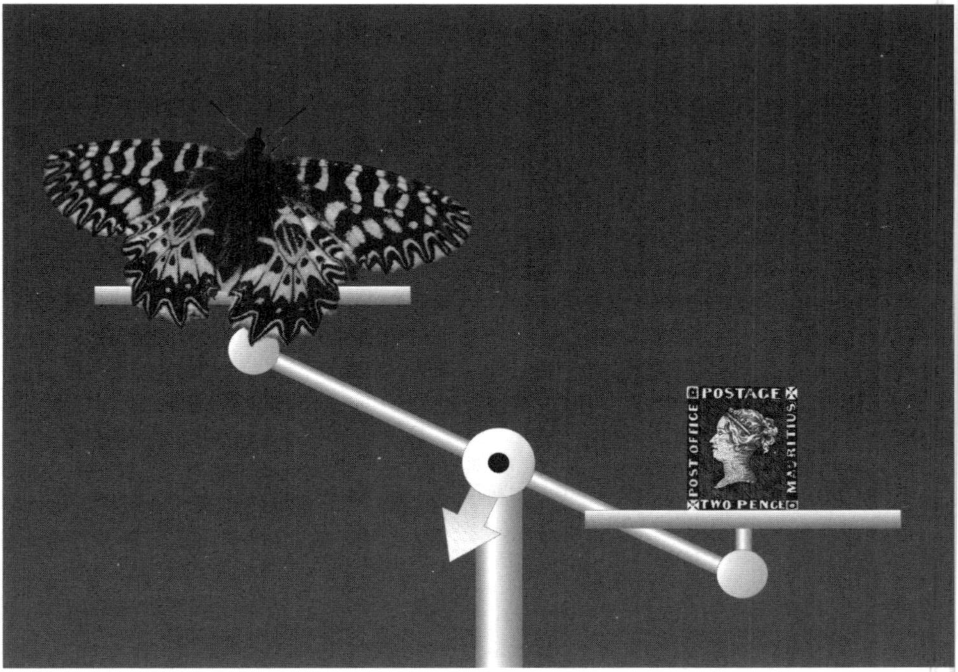

Abb. 4: *Auch das ist Ökonomie: Eine Schmetterlingsart – hier der Osterluzeifalter – kann ökonomisch unbedeutender sein als ein Fetzen Papier – hier die Blaue Mauritius.*

Schmetterlingsfoto von Prof. Dr. C. Michael Naumann.

Natur von sich aus keinen Preis. Die Ausrottung einer seltenen Käfer- oder Schmetterlingsart kann aus der profitablen Rodung von einem Quadratkilometer Urwald auf einer der 9.000 indonesischen Inseln herrühren. Die berühmte Briefmarke Blaue Mauritius mag einen Marktwert von Millionen von Mark haben. Eine Schmetterlingsart hat überhaupt keinen Marktwert. Der Osterluzeifalter, einer der schönsten mitteleuropäischen Schmetterlinge, ist hierzulande ausgestorben. Darüber hat es vermutlich nie einen Zeitungsbericht gegeben – weder auf der Wissenschaftsseite noch im Wirtschaftsteil. Wieviel Aufsehen erregt es hingegen, wenn eine der wenigen Exemplare der Blauen Mauritius einmal ihren Besitzer wechselt? Und wieviel größer wäre das Geschrei, wenn einmal ein Exemplar ein Raub von Flammen würde?

Welches Gesicht hat das 21. Jahrhundert?

Was diskreditiert die Ökonomie? Ganz einfach, die heutige Ökonomie ist strukturell eine Ökonomie des Raubbaus. Für das Bruttosozialprodukt, für das von Politikern fast aller Richtungen intensiv gewollte und geförderte Wachstum, ist die Ausräuberung von Ressourcen primär etwas Positives. Die Rodung eines Urwaldes bringt wirtschaftlichen Umsatz, die Schonung nicht. Öl, Gas und Kohle zu fördern, bedeutet Wachstum – es im Boden zu lassen, bedeutet Verzicht auf Wachstum und Arbeitsplätze. Der Bau eines Touristenhotels an einem Strand, der seit hunderttausend Jahren von Schildkröten für die Eiablage aufgesucht wird, ist ebenfalls ein Sieg für Ökonomie, Umsatz und Arbeitsplätze.

Das geht so lange gut, oder besser: das ging so lange gut, wie Wälder, Bodenschätze und einsame Strände zur Genüge vorhanden waren und so lange die Reststoffe der industrialisierten Produktion und des Konsums von der Natur mühelos aufgenommen werden konnten. Doch seit den 70er Jahren dieses Jahrhunderts wissen wir im Prinzip, daß diese Bedingung bald nicht mehr erfüllt sein wird.

Jede Sekunde verlieren wir 1.000 Tonnen Mutterboden durch Erosion sowie 3.000 Quadratmeter Wald, jede Sekunde werden nahezu 1.000 Tonnen Treibhausgase in die Luft gepustet. Die großen Trends wie Artenschwund, Klimaverschlechterung, Boden- und Waldverluste sind nach wie vor völlig ungebrochen und in aller Welt verbreitet.

Schon heute rotten wir jeden Tag rund zwanzig, vielleicht auch an die hundert Tier- oder Pflanzenarten aus. Unter Umständen lag diese Vernichtungsrate bereits doppelt so hoch während der verheerenden Waldbrände in Südostasien und Südamerika im Jahre 1997, die durch menschliche Zündeleien ausgelöst wurden und sich durch das Ausbleiben des Regens wegen des einmalig gewaltigen El Niño-Phänomens zur Katastrophe ausgeweitet hatten.

Jeder Deutsche verursacht einen »ökologischen Rucksack« von über 50 Tonnen pro Jahr.

Ein großer Teil der Zerstörung der biologischen Vielfalt hängt direkt oder indirekt mit den riesigen Stoffumwälzungen zusammen, die unser normaler Alltag provoziert. Mein Kollege Friedrich Schmidt-Bleek hat 1994 errechnet, daß jeder Deutsche jedes Jahr einen »ökologischen Rucksack« von über 50 Tonnen verursacht. Der Rucksack setzt sich zusammen aus Hunderten von Einzelverbräuchen und deren Vorgeschichten.

Schmidt-Bleek hat viele Produkte und Dienstleistungen von seinem Team im Hinblick auf die Materialumsätze von der Wiege bis zur Bahre berechnen lassen. Im Durchschnitt verursacht jedes Industrieprodukt pro Tonne Eigengewicht einen Naturverbrauch von 30 Tonnen Material aller Art. Denn zur Gewinnung des Rohstoffes werden erhebliche Mengen von Abraum bewegt, und an jeder Stufe des Produktionsprozesses wird Energie eingesetzt.

Bei den Metallen sieht es besonders düster aus. Für eine Tonne Edelmetall – Gold z.B. – müssen bis zu 500.000 Tonnen umgewälzt werden, wobei oft lokal große Schäden durch das Bergwerk und die Extraktion des Metalls aus dem Erz entstehen. »Wer hätte gedacht, daß der Goldring am Finger des Familienvaters nach dieser Rechnung mehr wiegt als der Kleinbus, mit dem er seine Kinder spazierenfährt«, sagt Schmidt-Bleek.

Um ein Kilogramm Kupfer zu gewinnen, das sich dann z.B. zu Kabeln weiterverarbeiten läßt, müssen 500 Kilogramm Rohmaterialien bewegt werden. Deshalb müssen wir politisch alles dafür tun, daß Kupfer nicht weggeworfen wird und in Müllöfen landet. Es muß dringend wiedergewonnen werden, um auf diese Weise den ökologischen Rucksack dramatisch zu verkleinern. Denn jede Tonne Kupfer, die man wiedergewinnt, vermeidet entsprechende Bergwerksschäden.

Jeder Mensch hat einen »ökologischen Fußabdruck«.

In weitgehend analoger Weise haben Mathis Wackernagel und William Rees die ökologischen Belastungen der Lebensweise von Menschen aus unterschiedlichen Ländern als die »ökologischen Fußabdrücke« berechnet. Gemeint ist damit jene Fläche, die benötigt wird, um die Lebensbedürfnisse eines Kanadiers, Deutschen oder Japaners zu befriedigen. Sie betragen für einen Europäer etwa drei Hektar pro Kopf! In diesem Sinne sind fast alle europäischen Länder völlig überbevölkert, während China und Indien dies (noch) nicht sind, da die dort lebenden Menschen sehr viel geringere direkte und indirekte Flächenansprüche haben. Sie tun allerdings in ihrer Entwicklungs- und Modernisierungspolitik alles, um möglichst rasch auch im Sinne der ökologischen Fußabdrücke überbevölkert zu werden.

Außer den lokalen und globalen Stoffströmen und Fußabdrücken muß uns vor allem das Problem des Treibhauseffekts Sorgen bereiten. Es ist durchaus nicht auszuschließen, daß das gigantische 1997er El Niño-Phänomen bereits teilweise ein Ergebnis von menschlich mitbeeinflußten Klimaänderungen war. Die Versicherungsgesellschaften betrachten in jedem Fall die aus dem Kostenruder laufenden klimabedingten Schadensfälle mit großer Sorge. Die größte Rückversicherungs-Gesellschaft der Welt, die Münchener Rück, hat rechtzeitig zum Berliner Klimagipfel von 1995 das nachstehende Bild publiziert, bei welchem der Anstieg der Schäden auf über 50 Milliarden Dollar pro Jahr innerhalb der letzten Jahrzehnte sichtbar wird.

Schon heute emittieren wir so viel Kohlendioxid in die Atmosphäre, daß selbst bei einer Stabilisierung der Emissionen auf dem heutigen Niveau – was durch das Protokoll von Kioto zur Klimarahmenkonvention noch nicht einmal garantiert ist – die Konzentrationen von CO_2 noch etwa 150 Jahre zunehmen werden – mit möglicherweise entsetzlichen Folgen für die Höhe des Meeresspiegels, für die Vegetation und folglich für Mensch und Tier.

Daß das Klima auf der Erde stark mit den CO_2-Konzentrationen zusammenhängt, weiß man seit 1984, als die sensationellen Befunde der antarktischen Eisbohrungen von der sowjetischen Station Vostok publiziert wurden. Die nachstehende Abbildung zeigt das Ergebnis. Und sie zeigt auch den überaus raschen Anstieg der CO_2-Konzentrationen in den letzten hundert Jahren, die einen ähnlich steilen Anstieg der Temperaturen erwarten lassen.

Wenn die Weltbevölkerung sich ein weiteres (letztes) Mal verdoppeln und zugleich die Mehrzahl der dann lebenden Menschen einen dem europäischen Standard entsprechenden Wohlstand genießen wird, dann gnade uns Gott! Ob die Erde unter diesen Bedingungen überhaupt noch einigermaßen bewohnbar ist, läßt

Abb. 5: *Zunahme der Sturmschäden in den vergangenen dreißig Jahren, dokumentiert vom größten Rückversicherungskonzern der Welt, der Münchener Rückversicherungs-Gesellschaft (nach Spiegel, 12/1995).*

Sturmschäden

Abb. 5

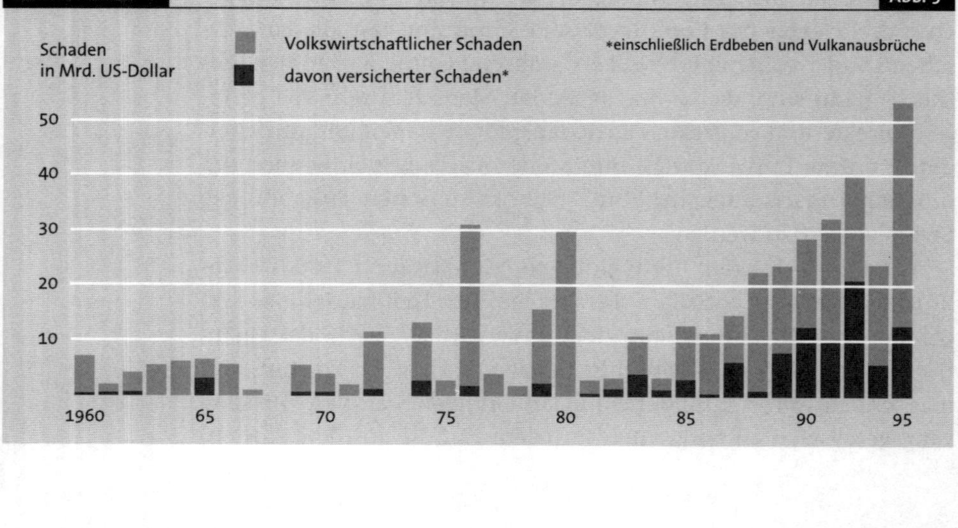

sich nicht so leicht vorhersagen. Aber gewiß kann von einer auch nur halbwegs intakten Natur dann nicht mehr gesprochen werden. Und man braucht kein Prophet zu sein, um zu der Annahme zu gelangen, daß die Menschheit in dieser vielleicht gar nicht fernen Zukunft dem Schutz der verbliebenen Reste von Natur eine höhere Priorität einräumen werden als dem, was man heute Wachstumsökonomie nennt: ganz einfach deshalb, weil die Natur auch dann noch die Basis des Überlebens und erst recht der Lebensqualität sein wird.

Die Rückeroberung der Welt

Somit wäre also vorprogrammiert, daß das 21. Jahrhundert als das *Jahrhundert der Umwelt* (der Natur) in die Geschichte eingehen wird. Daß dahinter keine rosig-optimistische Vision steht, ist aus dem Gesagten überdeutlich geworden. Ein großer Zorn über den hochtechnisierten Raubbau des 20. Jahrhunderts und seine Antriebskräfte dürfte zu einer tiefgehenden Diskreditierung der Ökonomie und Wirtschaftspolitik heutiger Prägung führen.

Dabei ist es durchaus noch möglich, jene katastrophale Zuspitzung zu vermeiden, die die Konfessionsführer im 17. Jahrhundert, die französischen Könige im 18. Jahrhundert und die Nationalmi-

Abb. 6: *Aufgrund von Messungen im antarktischen Eis konnte man die CO_2-Konzentrationen und die Temperaturen auf der Erde in den letzten 160.000 Jahren ziemlich sicher rekonstruieren und fand eine enge Korrelation.*

Geschichte der CO_2-Konzentration — Abb. 6

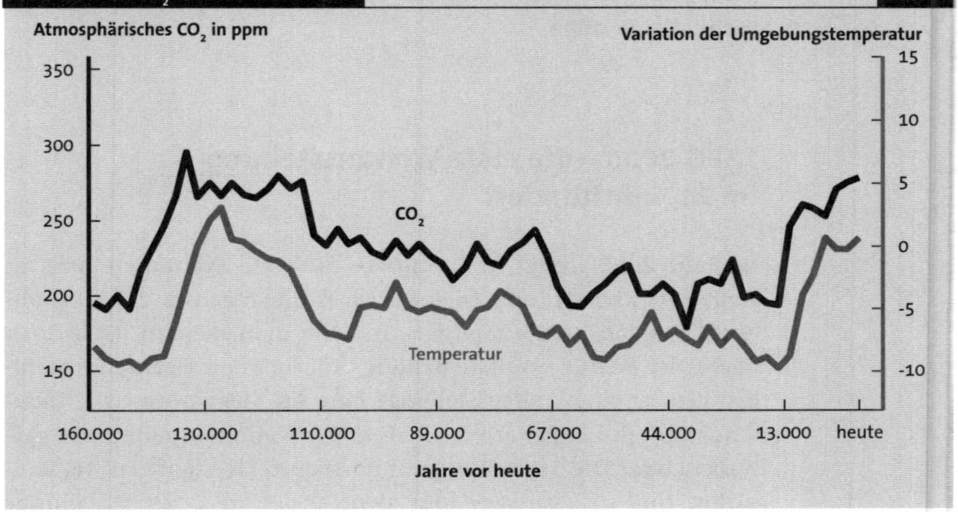

litaristen im 19. Jahrhundert provoziert hatten. Die Ökonomie kann prinzipiell sehr wohl umweltverträglich umgestaltet werden. Mehr noch: Die Wirtschaftspolitik kann geradezu zum Rückgrat einer umweltschonenden Zivilisation werden. Aber hierzu müßte sie von vielen Doktrinen der »Händler« Abschied nehmen. Sie müßte insbesondere ihre kreuzzugartige Bekämpfung aller staatlichen Beeinflussung und das Schlechtreden von demokratisch legitimierten ökologischen oder sozialen Bestimmungen als »Verzerrungen« oder »Handelshemmnissen« erheblich abmildern. Ansätze dafür, wie dies zu bewerkstelligen wäre, werden in diesem Buch noch ausführlich besprochen werden.

Die Wirtschaftspolitik kann zum Rückgrat einer umweltschonenden Zivilisation werden.

Natürlich ist der Ökonomie-Ökologie-Konflikt beileibe nicht das einzige Thema, welches wir im 21. Jahrhundert erwarten. Auf der Basis einer »Delphi-Studie« des Bundesforschungsministers sowie von Aussagen des Worldwatch-Instituts in Washington und der Weltgesundheitsorganisation in Genf hat die Zeitschrift *Bild der Wissenschaft* im August 1997 einen Ausblick auf das nächste Jahrhundert gewagt. Mutmaßliche Zahlen finden sich dort mysteriös versteckt hinter einer hübschen Drehscheibe, die immer nur ein Datum mit Beschriftung gleichzeitig preisgibt (s. *Abb. 7*).

Man sieht allerdings, daß – abgesehen von ein paar medizinischen und technischen Mutmaßungen – für die nächsten zwei Jahrzehnte hauptsächlich ökologische Prognosen gestellt werden. Das nehme ich als Beleg dafür, daß ich mit der Einschätzung der herausragenden Bedeutung der Umwelt im nächsten Jahrhundert nicht alleine stehe.

EXPO 2000 – die erste Weltausstellung im 21. Jahrhundert

Im Jahr 2000 findet in Hannover die erste Weltausstellung in Deutschland statt, und zugleich ist es die erste des 21. Jahrhunderts. Ein Jahrhundertereignis, möchte man meinen. Und doch bleibt der Begriff »Weltausstellung« hierzulande eigenartig profillos. Was ist eine Weltausstellung? Eine Art Megamesse, eine Industrieschau der Superlative, ein Fest der Nationen, eine nationale Nabelschau? Die Vorstellungen sind ebenso facettenreich wie konturlos. Und rückwärtsgewandt, denn das Wort »Weltausstellung«

Abb. 7: *Die Zukunftsscheibe von* Bild der Wissenschaft. *Im Jahre 2008 – dies als Beispiel – erwarten die Experten, wird die Alzheimer-Krankheit heilbar sein.*

bezieht seine Faszination mehr aus dem vergangenen als aus dem zu Ende gehenden Jahrhundert.

1851 fand in London die erste Weltausstellung statt. Es war ein absolutes Weltereignis. Der Kristallpalast, eine imposante Eisen-Glas-Konstruktion, die mit ihrer funktionalen Bauweise Architekturgeschichte schrieb, war Ausstellungsort und Wahrzeichen dieser ersten Weltausstellung. Die Halle wurde zum Symbol einer neuen Zeit, in der die industrielle Produktionsweise begann, die Welt zu verändern. Die technische Aufbruchstimmung der Gründerzeit bildete den zivilisatorischen Resonanzboden für die Idee der Weltausstellungen.

Die Betonung lag auf Welt. Die Überwindung eines engen Nationalismus war das hehre Grundmotiv: Freihandel statt Protektionismus, die Aufhebung nationalstaatlicher Beschränkungen, die vor allem der sich entwickelnden Wirtschaft hinderlich waren. Es ging darum, das Korsett nach außen abgeschotteter nationaler Volkswirtschaften abzustreifen. Internationaler Handel erforderte aber internationale Absprachen, Konventionen und Normen. Deshalb begleiteten zahlreiche Kongresse und Tagungen die ersten Weltausstellungen, die alle fünf Jahre, anfangs im Wechsel zwischen Paris und London, veranstaltet wurden.

Weltausstellungen als Steigbügelhalter der Ökonomie

Die Idee der Weltausstellung war ein Sinnbild für die Herausbildung der Weltwirtschaft.

Die Idee der Weltausstellung war ein Sinnbild für die Herausbildung der Weltwirtschaft und für den Abschied vom Nationalstaat, ein Aufbruch in das Zeitalter der Ökonomie, basierend auf der jeweils neuesten Technologie. Ein imposanter Block aus Gußstahl, den Krupp zeigte, die erste Mähmaschine, der erste Gasherd, dampfbetriebene Spinnmaschinen aus England sowie die geschwungenen Thonet-Stühle gehörten zu den am meisten bestaunten Ausstellungsstücken der ersten Weltausstellung in London.

Und jede folgende Ausstellung trat mit dem Anspruch an, größer und spektakulärer zu sein und das Neueste an technischen Erfindungen zu präsentieren. Industrieunternehmen versuchten sich mit technischen Spitzenleistungen gegenseitig zu übertreffen. Aluminium, Kautschuk, Linoleum, Anilinfarben, Fahrstühle, Dampfmaschinen sowie das Bessemer-Verfahren, das die Stahlherstellung revolutionierte, Druckmaschinen, Gasmotoren, Kanonen, Lokomotiven, Näh-, Schreib- und Waschmaschinen – zahlreiche technische Neuerungen wurden auf Weltausstellungen einer staunenden Öffentlichkeit präsentiert und über die neuen Druckmedien in alle Welt verbreitet.

Auf der Ausstellung 1867 in Paris trug einer der ersten hydraulischen Aufzüge die Besucher auf das Dach der Maschinengalerie, des größten freitragenden Gebäudes der Welt. Die Sensation auf der ersten Schau in der Neuen Welt 1876 in Philadelphia waren die Schreibmaschine und das Telefon. 1878 in Paris begeisterten Eismaschinen und elektrische Bogenlampen die Besucher. Publikumsmagnet war der haushohe Dampfhammer, den ein französischer Hersteller auf dem Gelände ausgestellt hatte. Wahrzeichen der Ausstellung 1889 in Paris waren der Eiffelturm und die »Maschinengalerie«, bestaunte Sensation der Phonograph von Edison, der es erstmals möglich machte, Töne aufzuzeichnen und wieder abzuspielen.

Auf der Ausstellung zur Jahrhundertwende in Paris wurde der

staunenden Welt ein pompöser Palast der Elektrizität gezeigt, der die faszinierenden neuen Möglichkeiten des elektrischen Stroms demonstrierte. Die Besucher fuhren auf rollenden Gehwegen um das Ausstellungsgelände und bewunderten die erste Rolltreppe, die ersten einsatzfähigen Elektroloks und die zahlreich ausgestellten Automobile, die unübersehbar die Ära der industriellen Massenproduktion ankündigten. Die Fülle der zur Schau gestellten technischen Neuerungen prägte das Bild eines unaufhaltsam voranschreitenden technisch-industriellen Fortschritts.

Abb. 8: *Der »Palast der Elektrizität« bei der Pariser Weltausstellung im Jahre 1900 dokumentiert den uneingeschränkten Technikoptimismus zu jener Zeit.*

Quelle: Archiv für Kunst und Geschichte (AKG), Berlin

Amusement du peuple

Die Weltausstellungen waren stets auch riesige Vergnügungsparks; ihr wirtschaftlicher Erfolg hing ab vom Publikumsinteresse. Im 20. Jahrhundert, als Technik zum Allgemeingut wurde und sich technische Neuerungen mit zunehmender Geschwindigkeit auf dem Markt durchsetzten, verstärkte sich dieser Trend zum Vergnügungsspektakel. Bereits auf der Weltausstellung in Chicago 1893 hatten die Veranstalter ein Zehntel des Geländes für Vergnügungs- und Erholungszwecke reserviert, auf der Ausstellung der Jahrhundertwende in Paris waren es nicht mehr in erster Linie Maschinen und Technik, die die Menschen in ihren Bann zogen, sondern Illusionskabinette wie Wasser-, Licht-, Reise- und Fahrspiele.

Mit der Jahrhundertschau in Paris erreichte die Serie von Weltausstellungen ihren Höhepunkt. Zwar veranstaltete St. Louis vier Jahre nach der Jahrhundertwende eine noch gewaltigere Weltausstellung, in deren Rahmen die Olympischen Spiele eröffnet wurden, von der öffentlichen Wirkung her blieb Paris aber unübertroffen. In ihrem Glanz verblaßten auch die folgenden Ausstellungen, von denen keine neuen Impulse mehr ausgingen. Dafür erhielten Weltausstellungen nun einen offiziellen, völkerrechtlich geregelten Status. Denn bislang hatte es keine verbindlichen Regeln über die Ausrichtung von Weltausstellungen gegeben.

Die Welt von morgen erblicken

Im Jahr 1928 schlossen sich 37 Staaten zum »Bureau International des Expositions« (B.I.E.) zusammen. Ähnlich dem Internationalen Olympischen Komitee entscheidet diese internationale Organisation seither in einem internationalen Bewerbungsverfahren darüber, welche Stadt eine Weltausstellung ausrichten darf. Eingeführt wurde auch eine Unterscheidung zwischen großen »universalen Weltausstellungen« und kleineren »Welt-Fachausstellungen«, die sich einem bestimmten, enger definierten Thema widmen.

Nach der zehnjährigen Unterbrechung durch den Ersten Weltkrieg und den wenig erfolgreichen Versuchen, an die Ausstellungen des vergangenen Jahrhunderts anzuknüpfen, blieb es den Vereinigten Staaten mit den Weltausstellungen in Chicago 1933 und in New York 1939/40 vorbehalten, frischen Wind in das Weltausstellungsgeschehen zu bringen. Chicago gab nicht nur erstmals ein inhaltliches Leitthema vor, sondern machte mit dem Motto »A Century in Progress« zum ersten Mal den Fortschritt an sich zum Thema.

Multinationale Konzerne präsentierten ihre Visionen.

Und New York richtete mit seinem optimistischen Motto »Building the World of Tomorrow« den Blick in die Zukunft. Fortschritt und Zukunft wurden nun zu einem verbindenden Thema der Weltausstellungen. Gesellschaftliche Leitbilder in Form allgemein formulierter Motti gaben den Ausstellungen eine inhaltliche Richtung vor. Multinationale Konzerne präsentierten nicht mehr nur Produkte, sondern errichteten eigene Pavillons, in denen sie ihre Visionen vom Leben in der Zukunft zur Schau stellten.

High-Tech-Flüge

Der Zweite Weltkrieg unterbrach die Weltausstellungen erneut. Als nach 18 Jahren, 1958 in Brüssel, erstmals nach dem Krieg wieder eine universale Weltausstellung veranstaltet wurde, war die Neubestimmung des wissenschaftlich-technischen Fortschritts im Dienste des Menschen das zentrale Thema. Ihr Motto lautete »Bilanz für eine menschlichere Welt«. Die Hoffnungen richteten sich nun auf »Hochleistungs-« oder »Spitzentechnologien«, in erster Linie die friedliche Nutzung der Atomenergie, unmittelbar gefolgt von der Weltraumforschung. Dies prägte unübersehbar die Weltausstellung: Ihr Wahrzeichen war das Atomium, das Monument des Atomzeitalters, ihre Hauptattraktion die Originalmodelle der beiden Sputnik-Satelliten im sowjetischen Pavillon.

Nach Brüssel gab es eine Reihe kleinerer, themenbezogener sowie drei universale Weltausstellungen: Montreal 1967, Osaka 1970 und Sevilla 1992. Während Montreal und Osaka, zumindest von ihren Themen her, den Menschen in den Mittelpunkt rückten, widmete sich Sevilla dem »Zeitalter der Entdeckungen«. Diese bislang letzte universale Weltausstellung sowie die themenspezifische Ausstellung zum Thema Meere in Lissabon 1998 wurden zu ausgelassenen, völkerverbindenden Fiestas. Insgesamt ist es aber nicht gelungen, für die Weltausstellungen nach dem Zweiten Weltkrieg ein eigenes Profil, eine spezifische Identität zu entwickeln.

EXPO 2000 – Auftakt des Jahrhunderts der Umwelt?

Knapp 150 Jahre sind seit der ersten Weltausstellung vergangen. Die EXPO 2000 ist nun nicht nur das erste Ereignis dieser Art in Deutschland und das erste des neuen Jahrhunderts, sondern versucht auch in inhaltlicher Hinsicht, die Idee der Weltausstellung durch neue Ideen und Konzepte zu beleben. Die wichtigste Neuerung ist mit Sicherheit, daß die EXPO 2000 durch einen klaren inhaltlichen Bezug auf die Agenda 21, das Schlußdokument der Konferenz von Rio, und ein verbindliches Motto, das für alle Teil-

Die EXPO 2000 sucht Lösungen für die Zukunftsfragen der Menschheit.

nehmerländer bindend ist, der inhaltlichen Beliebigkeit der Weltausstellungen der vergangenen Jahrzehnte entgegenzusteuern sucht. Lösungen für die Zukunftsfragen der Menschheit vorzustellen, lautet der beileibe nicht geringe Anspruch dieser Schau an der symbolischen Wegmarke des Jahrtausendwechsels. Die EXPO 2000 versteht sich als ein Laboratorium der Zukunft, in dem der Mensch im Mittelpunkt steht.

Dies soll vor allem ein eigener thematischer Beitrag der Weltausstellungsmacher leisten: Auf 100.000 Quadratmetern will die Expo in einem eigenen Themenpark »eine emotional bewegende Auseinandersetzung mit den globalen Menschheitsthemen vermitteln«. Neben den Nationenpavillons sowie einem breiten Kultur- und Ereignisprogramm als den traditionellen Elementen bildet dieser eigene thematische Beitrag der Weltausstellungsmacher die dritte Säule der EXPO 2000. Während noch offen ist, ob die Wirtschaft, die dieses Unterfangen finanzieren soll, eine inhaltlich unabhängige Präsentation ermöglichen wird, gewinnt die vierte Säule dieser Weltausstellung schon in der Vorbereitungsphase an Bedeutung:

Erstmals in der Geschichte der Weltausstellungen ergänzt nämlich die EXPO 2000 das zentrale Ausstellungsgelände durch eine Vielzahl dezentraler Standorte und wird damit zu einer prinzipiell globalen Veranstaltung. Diese »Weltweiten Projekte« sollen innovativ und exemplarisch konkrete Lösungen für die vielbeschworenen Zukunftsfragen der Menschheit anbieten. Die Expo knüpft damit ein weltumspannendes Netz zukunftsfähiger Ideen. Deren Bandbreite reicht von der Trinkwassergewinnung aus Nebel über einen Tauchroboter, der Wartungsarbeiten in gefährlichen Zonen übernehmen kann, bis hin zur dezentralen Biomüllvergärung im bayerischen Rottal.

Die EXPO knüpft ein weltumspannendes Netz zukunftsfähiger Ideen.

Dem Grundthema aller Weltausstellungen bleibt aber auch die EXPO 2000 verpflichtet. Sie erweitert nur den Bezugsrahmen – ein weiteres Mal. Der technisch-industrielle Fortschritt stand im Mittelpunkt der Weltausstellungen des 19. Jahrhunderts. Nachdem zwei Weltkriege die Zerstörungskraft der vom Menschen entfesselten Technik vor Augen geführt hatten, rückten die Expos nach dem Krieg den Aspekt des Humanen in das Zentrum. Es ging um die Neubestimmung technischen Fortschritts im Dienst des Menschen.

Und nachdem in den letzten Jahrzehnten nun offensichtlich geworden ist, daß die technisch-industrielle Entwicklung mittlerweile die Stoffströme und damit das über Jahrmillionen austarierte

Gleichgewicht unseres Planeten zu beeinflussen beginnt, holt die EXPO 2000 mit ihrem Motto *Mensch, Natur, Technik* jetzt die Natur als dritte Dimension herein. Daß sie dies mit einem verbindlichen Bezug auf ein Dokument der Vereinten Nationen tut, könnte der Idee der Weltausstellungen einen neuen Impuls geben.

Lebensträume im Themenpark

Die Weltausstellung EXPO 2000 hat sich vorgenommen, ihren Besuchern den Einstieg ins 21. Jahrhundert mit einem großen, publikumswirksam inszenierten Themenpark anzubieten. Das Übersetzen großer, umstrittener Themen in eine Ausstellungslandschaft kann prinzipiell auf zweierlei Art geschehen. Möglichkeit 1: Man schlägt sich auf die Seite einer Konfliktpartei und läßt sie frei Schnauze inszenieren. Das Ergebnis wäre zwar eindeutig, stieße aber sofort auf Widerspruch, wie ein Blick in das Einzelthema Energie schnell beweist. Entweder Greenpeace demonstriert eine sanfte Energiezukunft ohne Atomwirtschaft oder Siemens schwelgt von der CO_2-freien Emissionszukunft mit dem Bau weiterer Atomkraftwerke. Möglichkeit 2: Man schafft eine Landschaft, in der die unterschiedlichen Erörterungslagen zu den diversen Zukunftsfragen abgebildet werden. Erst diese Variante gibt dem Besucher die Möglichkeit, »sich eine Meinung zu bilden«. Die Voraussetzung dieses Ansatzes aber ist die Teilnahme aller, »die etwas zu sagen haben«. Kandidaten müssen ihre »wahre Identität« präsentieren dürfen.

Kandidaten müssen ihre »wahre Identität« präsentieren.

Der Mensch steht im Zentrum des Themenparks und seiner Einzelthemen. Das sind:

- die menschlichen Grundbedürfnisse und ihre zum Teil noch recht ärmliche Befriedigung;
- die Ernährung, einschließlich des Kontrasts zwischen Hunger und Überfluß;
- die Gesundheit, und das heißt genauer: die unglaublichen Techniken der modernen Medizin;
- die Energie, ein Lieblingsthema des Jahrhunderts der Ökonomie: Die Energie treibt all die Räder an, welche »die Wirtschaft« in Gang halten;
- die Mobilität, auch dies ein Lieblingsthema der Wirtschaft;

- Wissen, Information und Kommunikation. Daß Microsoft einen viel höheren Börsenwert hat als Daimler, Deutschlands größter Konzern, beweist, daß auch in der Wirtschaft Energie und Motoren nicht mehr die allein seligmachenden Faktoren sind.

In diesem Buch, welches dem Einzelthema »Das 21. Jahrhundert« gewidmet ist, haben wir die Möglichkeit, über die großen Herausforderungen, die uns das 21. Jahrhundert bringt, im vollen Bewußtsein der Probleme nachzudenken und Lösungsperspektiven zu skizzieren. Das Buch stellt deshalb eine Art intellektueller Begleitmusik zur Inszenierung im Themenpark dar. Hier ist der Ort, um über die weltweiten Trends, über die Gefahren und über den technologiebetonten Strukturwandel im 21. Jahrhundert zu sprechen.

So wollen wir uns im folgenden mit den technologischen Trends auseinandersetzen. Wenn wir diese Trends so nehmen, wie sie sind, und sie einfach fortschreiben, dann laufen sie auf eine rasante, weitere Erhöhung der Arbeitsproduktivität hinaus. Dieser Konsequenz, von vielen Millionen gefürchtet, von anderen als Inbegriff des Fortschritts besungen, widmen wir den nächsten Abschnitt. Erst danach haben wir vielleicht die volle Motivation, um über trendbrechende, attraktivere Lösungsmuster nachzudenken.

Die Arbeitsproduktivität rast davon – und mit ihr die Arbeitslosigkeit

Steht das Ende der Arbeit bevor?

In einem vielbeachteten, aber vom wirtschaftlichen Establishment scharf kritisierten Buch hat Jeremy Rifkin 1995 *Das Ende der Arbeit* angekündigt. 800 Millionen Arbeitslose oder schwer Unterbeschäftigte zählt mittlerweile die Internationale Arbeitsorganisation ILO in Genf. Und die Entwicklung geht rasant weiter.

In Deutschland, Japan und den meisten westeuropäischen Ländern hat sich die Arbeit in den vergangenen Jahrzehnten rapide verteuert, insbesondere die Lohnnebenkosten sind nach oben geschnellt. Im Gefolge ist auch die wirtschaftliche Notwendigkeit der Arbeitsrationalisierung nach oben geklettert – bis zu dem Punkt, daß wir heute in Deutschland ein Wachstum von etwa 2,5 Prozent benötigen, um nur den derzeitigen Stand der Beschäftigung zu halten. Weniger Wachstum bedeutet zwangsläufig mehr

Arbeitslosigkeit. Aber mit dem Galopp der Erhöhung der Arbeitsproduktivität kann das Wachstum auf Dauer gar nicht mithalten.

Zwei Seiten einer Medaille

In den USA ist eine andere Entwicklung eingetreten. Dort ist durch den Rückbau der Sozialpolitik seit Ronald Reagan verhindert worden, daß der Faktor Arbeit nennenswert teurer wurde, er ist in vielen Fällen sogar billiger geworden. Dadurch hat sich der Anreiz zum Wegrationalisieren verringert. Die Arbeitslosigkeit hat deutlich abgenommen, sowohl im Vergleich zu Europa als auch absolut. Gleichzeitig ist aber die Arbeitsproduktivität zurückgeblieben. In Amerika braucht man im Gefolge nur ungefähr 0,6 Prozent Wachstum, um positive Beschäftigungseffekte zu erzielen. Überschattet wird der Erfolg durch eine beklemmende Not der Armen und Ärmsten, durch die Flucht vieler in die Kriminalität und durch immense Kosten für Verbrechensbekämpfung, Gefängnisse und zivile Sicherheitstechniken.

Aber auch in den USA und selbst in den Entwicklungsländern setzt sich mittelfristig fast jede technologisch bedingte Erhöhung der Arbeitsproduktivität durch, da der technische Fortschritt an den Grenzen der Niedriglohnländer nicht Halt macht. Die technologische Nachahmung ist allemal viel billiger als die technologische Pionierarbeit. Folglich wird man selbst in China und Indien Robotik einführen, was zu gravierenden Arbeitslosigkeitskrisen führen dürfte. 800 Millionen Arbeitslose weltweit rekrutieren sich nämlich bereits in erster Linie aus Billiglohnländern.

800 Millionen Arbeitslose weltweit rekrutieren sich bereits aus Billiglohnländern.

Gemeinsam produktiv in den Abgrund

Die Steigerung der Arbeitsproduktivität treibt aber besonders hierzulande die Arbeitslosenstatistik in die Höhe. In Eisenach hat Opel unter dem Jubel der Thüringer Bevölkerung und der Wirtschaftskommentatoren ein völlig neues Werk eingerichtet. Dort ist die Automobilherstellung etwa viermal so »produktiv« wie in den älteren Werken. Darauf ist man stolz. Schließlich ist die Produktivität die Basis für hohe Löhne bei gleichzeitig hoher Wettbewerbsfähigkeit. Die für die Wettbewerbsfähigkeit ausschlaggebenden »Lohn-

Abb. 9: *Das vielgerühmte neue Opelwerk in Eisenach setzt neue Maßstäbe bei der Arbeitsproduktivität. Aber es signalisiert zugleich einen weltweiten Abbau von Arbeitsplätzen in der Automobilindustrie.*

Abdruck mit freundlicher Genehmigung der Opel Eisenach GmbH.

stückkosten« sind niedrig, wenn die Arbeitsproduktivität hoch ist. Auf diesem einfachen Zusammenhang beruhte jahrzehntelang die weitgehende Harmonie zwischen Arbeitgebern und Arbeitnehmern, wenn es um die Erhöhung der Produktivität ging.

Die Eisenacher Pioniertat hat Folgen. Alle Autokonzerne der Welt sind jetzt gezwungen, ihrerseits die Produktivität weiter zu erhöhen – was auch längst im Gang ist. Die Spirale der Arbeitsproduktivität wird um eine ganz große Windung weiter nach oben gedreht.

Bei weltweit rasch wachsenden Märkten war diese Entwicklung gesellschaftlich kein Problem. Das haben wir Europäer vor allem in den 50er und 60er Jahren erlebt, als sowohl die Produktivität als auch der Absatz der produzierten Waren um rund fünf Prozent jährlich stieg und kontinuierlich Vollbeschäftigung herrschte. Alle in einer Branche freigesetzten Arbeiter konnten im Bedarfsfall woanders übernommen werden. Das vielleicht berühmteste Beispiel war die Wahl Bochums als Standort für eine neue Autofabrik – ebenfalls von Opel – in den 60er Jahren, als die ersten größeren Ruhrgebietszechen schließen mußten.

Heute herrscht in nahezu allen klassischen Gütermärkten eine deutliche Sättigung, weil die Produktionskapazitäten auch in den Schwellen- und Entwicklungsländern gewaltig ausgebaut wurden.

Ein erheblicher Teil der deutschen Exportwirtschaft ist damit beschäftigt, nicht etwa deutsche Industriegüter in diese Länder zu exportieren, sondern das Know-how und die Anlagen, die es den aufstrebenden Ländern möglich machen, ihrerseits – und zu deutlich niedrigeren Kosten, als wir es je könnten – alle nur denkbaren Industriegüter zu Hause zu produzieren. So nimmt also in Deutschland – im Vergleich zu den USA, Japan und Großbritannien mit erheblicher Verspätung – der Prozentsatz der Industriearbeitsplätze rapide ab. Und im Dienstleistungssektor ist zu den heutigen Lohntarifen eine Ausweitung des Arbeitsplatzangebots so gut wie ausgeschlossen. Im Gegenteil: Die Rationalisierungswelle hat angefangen, auch hier zuzuschlagen.

Die Globalisierung schnappt über

Die Einführung von Robotik und das Ausmustern von Personal haben Konjunktur.

Der Grund für die neue Dynamik der Arbeitsrationalisierung liegt im Wesen des Wettbewerbs. Die Verschärfung des weltweiten Wettbewerbs durch die neue Globalisierungswelle seit 1990 hat das Kostenmanagement im Vergleich zu Strategien der Marktausweitung immer wichtiger werden lassen. Die Einführung von Robotik und das Ausmustern von nicht unbedingt benötigtem Personal haben seither Konjunktur. Gleichzeitig hat das für betriebliche Modernisierung verfügbare Kapital deutlich zugenommen, Hand in Hand mit den Gewinnen. Mit Verbesserungen für die Investitionsfreude der Privatwirtschaft ist der Arbeitslosigkeitskrise nicht beizukommen, so lange das Wegrationalisieren von Personal eines der plausibelsten Renditeverbesserungsziele der betrieblichen Investitionen ist.

Da dies in den meisten OECD-Ländern und selbst in vielen Niedriglohnländern heute noch unbezweifelbar der Fall ist, ist die Rifkin'sche Trendbeschreibung – leider – mehr und mehr zur Realität geworden.

Mit großen staatlichen Anstrengungen wird immer wieder versucht, die Arbeitslosigkeitskrise zu meistern oder zu mildern. Aber die Instrumente der 70er Jahre, die im wesentlichen auf dem Keynes'schen »deficit spending« basierten, sind stumpf geworden. John Maynard Keynes hatte in England nach der Weltwirtschaftskrise von 1928 die Idee, daß der Staat Geld ausgeben kann, welches er noch gar nicht hat, um so den Motor von Nachfrage und Produktion wieder anzukurbeln, mit der anschließenden Folge, daß die Staatsfinanzen durch erhöhte Steuereinnahmen wieder saniert werden könnten.

Die deutsche Bundesregierung hat zwar, der Not gehorchend, nach 1990 die Kosten der deutschen Einheit nach gleichem Strickmuster des deficit spending begleichen wollen, in analoger Hoffnung auf einen Aufschwung Ost, der dann auch die Steuermittel sprudeln lassen würde. Aber erstens war zu diesem Zeitpunkt die Berufung auf Keynes nicht mehr chic, und zweitens hat die unvermittelte Weltmarktöffnung Ostdeutschlands dort so viele kostenträchtige Ruinen und hohe Arbeitslosigkeit hinterlassen, daß die Hoffnungen auf Rückzahlbarkeit auf lange Sicht begraben werden müssen.

Das irreführende Bruttosozialprodukt

Mittlerweile hat man auch in weiten Kreisen erkannt, daß die Ankurbelung der Wirtschaft gar nicht unbedingt mehr Wohlstand schafft. Der Wohlstand eines Landes wird durch den Umsatzindikator Bruttosozialprodukt (BSP) keineswegs mehr angemessen beschrieben. Das BSP mißt bloß diejenigen Aktivitäten, die sich umsatzmäßig erfassen lassen. Das führt zu nachweisbaren Schieflagen. Einfacher Beweis: Bei jedem Verkehrsunfall und bei jedem Geiseldrama steigt das BSP, aber nicht der Wohlstand. Noch ein Beispiel: Babys haben mutmaßlich größere Freude an Muttermilch als an Kunstmilch, aber die Flasche und deren Inhalt können umsatzmäßig gemessen werden, das Stillen hingegen nicht. Insofern fällt das Stillen, zumal wenn es die Mutter von einer meßbaren beruflichen Tätigkeit abhält, beim BSP auch dann negativ ins Gewicht, wenn es dem Säugling mehr Wohlbefinden verschafft und vielleicht seine Abwehrkraft gegen Krankheiten stärkt.

Bei jedem Verkehrsunfall steigt das Bruttosozialprodukt.

Seit vielen Jahren ist die Diskrepanz zwischen BSP und Wohlbefinden/Wohlstand bekannt. Entsprechend hat es schon zahlreiche Versuche gegeben, zu einem besseren, den Wohlstand repräsentierenden Maßstab zu kommen. Zu einem überzeugenden Ergebnis gelangten Herman Daly und John Cobb (1989) und später die New Economics Foundation und das Stockholm Environment Institute. Die hierfür festgelegte Kennziffer wurde zunächst als Index of Sustainable Economic Welfare (ISEW) bezeichnet. Der ISEW – oder

Wirtschafts- und Wohlstandswachstum in den USA Abb. 10

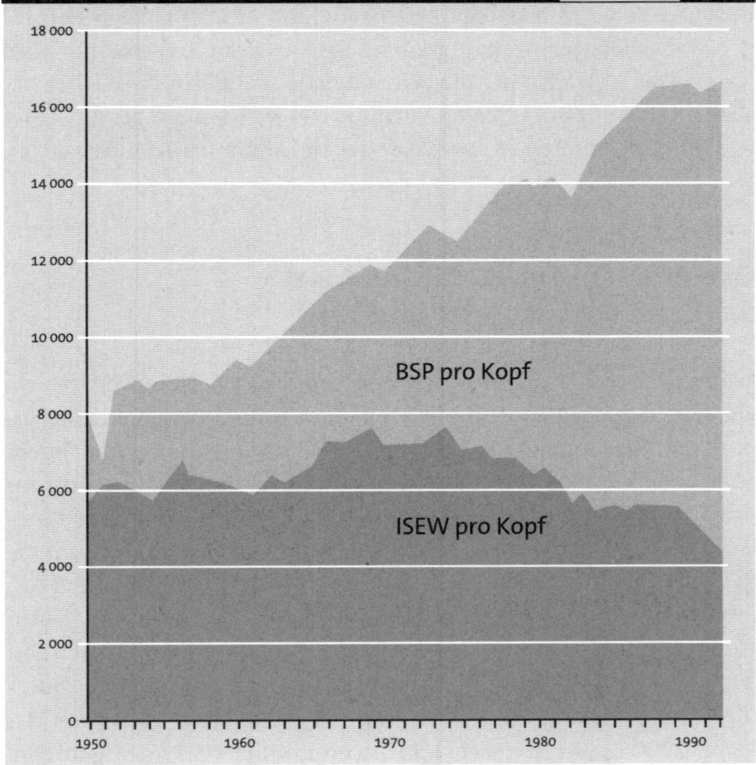

Abb. 10: *Wirtschaftswachstum und Wohlstand laufen in den Industrieländern auseinander – hier das Beispiel USA. Der Index of Sustainable Economic Welfare (ISEW) ist ein besserer Maßstab für das wirkliche Wohlergehen als das Bruttosozialprodukt (BSP).*

deutsch: Index für Nachhaltige Wirtschaftliche Wohlfahrt – umfaßt nicht nur den konventionellen Wohlstand, sondern zwei Dutzend Indikatoren des sozialen, ökologischen und wirtschaftlichen Wohlstands. Er berücksichtigt aber auch schwindende Ressourcen und Umweltschäden.

Die Ergebnisse der Analyse des ISEW haben ein überraschendes Ergebnis zu Tage gebracht. In der Früh- und Hochphase der Industrialisierung bewegen sich ISEW und BSP weitgehend parallel. In der Spätphase scheint diese Parallelität abzubrechen. Seit etwa Mitte der 70er Jahre driften sie in den hochentwickelten Industrieländern auseinander.

Es gibt keine einfachen Erklärungen für die wachsende Diskrepanz zwischen Wirtschaftswachstum und realem Wohlstand. Ein Aspekt ist die Umweltverschmutzung, die positiv zum BSP beiträgt, auch und gerade dann, wenn man mit hohem Aufwand (Umsatz) gegen die Verschmutzung ankämpft. Ein zweiter und für den ISEW bedeutenderer Aspekt: Die Lebensqualität sinkt für die Mehrzahl der Menschen, wenn die Einkommensverteilung ungerechter wird – auch wenn gleichzeitig die Wirtschaftsleistung zunimmt. Dies hat aber mehr mit der radikalen Öffnung der Weltmärkte als mit einer wie immer gearteten »Spätphase« der Industrieentwicklung zu tun.

Öko-Effizienz im 21. Jahrhundert – die Reise beginnt jetzt und hier

Während sich der Faktor Arbeit weltweit zum Überschußfaktor entwickelt, den wegzurationalisieren aber unter sozialen Gesichtspunkten alles andere als sinnvoll ist, wird die Natur immer mehr zum knappen Gut. Das Ende des Raubbaus muß heute schon ins Auge gefaßt werden. Die Wirtschaft muß sich in Richtung Kreislaufwirtschaft entwickeln. Wie im organischen Bereich müssen die der Erde entnommenen Stoffe zum größten Teil im Kreislauf gehalten werden und schließlich auf unschädliche Weise der Natur zurückgegeben werden. Eine Vision in Richtung Öko-Effizienz ist dabei längst kein Hirngespinst mehr, sondern wird täglich, Stück für Stück, Wirklichkeit. Auch bei den weltweiten Projekten der EXPO 2000 lassen sich viele ressourcenproduktiver Projekte finden.

Öko-Effizienz – kein Hirngespinst.

EXPO-Projekte zu Land, Wasser und Abwasser

Beispiel: Wasserverbrauch im Wohnbereich. Pro Kopf verbraucht jeder Deutsche täglich 133 Liter Trinkwasser. Nur drei Liter davon werden getrunken oder zum Kochen gebraucht. Der Rest rauscht durch die Toilette, durch den Abfluß von Waschbecken und Badewannen, läuft durch Geschirrspüler und Waschmaschinen.

Die Kreislaufführung über ein Trockenklo, die Verwendung von Brauchwasser für die Wagenwäsche oder die aktive Nutzung von Regenwasser bieten einfache Einsparmöglichkeiten. Mit ihrer Hilfe kann man den Durchsatz von Wasser in einem bundesdeutschen Haushalt ohne jeden Wohlstandsverlust um den Faktor Zehn vermindern. Tom Koenigs, der Umweltdezernent der Stadt Frankfurt, gibt in seinem Wasserspar-Buch einfache, aber effektive Tips.

Einsparungen sind in vielen Alltagssituationen möglich. Ein Single verbraucht nach Berechnungen von Koenigs schon am Morgen (Duschen, Zähneputzen, Geschirr spülen) 276 Liter. Die dreiköpfige Familie von Koenigs verbraucht hingegen zusammen nur 105 Liter. Wenn jeder bloß zwei Minuten duscht, verbrauchen sie insgesamt nur 80 Liter, plus 25 Liter fürs Geschirrspülen.

Die Liste der Wasserspar-Tips ist lang. Um hier nur einige zu nennen: Duschen statt baden, Wasser nach dem Gemüsewaschen für das Blumengießen verwenden, undichte Installationen in der Klospülung vermeiden, Regenwassernutzung für Toilette, Gartenbewässerung und Waschmaschine einbauen.

Die Liste der Wasserspar-Tips ist lang.

Viele dieser effizienten Verfahren waren in unseren Breitengraden früher schon bekannt. Vor etwa 150 Jahren verfügte man weitgehend über eine kleinräumige Wasserkreislaufwirtschaft mit Regenwassersammlung und Zisternen. Aber dieses Verfahren ist in den Städten hierzulande aufgegeben worden, als man Stadtwälle und Wassergräben geschleift hat. An ihre Stelle trat eine zentralisierte Wasserwirtschaft. Die Wasserwerke, die daraus entstanden und die wir heute kennen, haben kein Interesse am Wassersparen, sondern im Gegenteil am Wasserverbrauch.

Blickpunkt Berliner Wasser

Doch es geht nicht nur um weniger Wasser, es geht auch um sauberes Wasser. Ein Blick in die Region Berlin und Brandenburg verdeutlicht stellvertretend für andere Städte und Gebiete, wo Schwachstellen und Probleme in der Wasserversorgung liegen. Das Berliner Trinkwasser ist von besonderer Güte: sauberes Wasser, das nicht einmal gechlort werden muß. Gefördert wird es ausschließlich aus städtischen Brunnen in 20 bis 190 Meter Tiefe, die im sogenannten Warschauer Urstromtal liegen. Die Werte für Krankheitskeime, Nitrate, Phosphor und Nährstoffe liegen klar im grünen Bereich.

Die Gefahr kommt von oben. 60 Prozent des wieder neu angereicherten Grundwassers stammt aus Flüssen und Seen, deren Wasser an der Sohle und am Ufer in die Tiefe versickert. Auf diesem Weg nach unten filtern Sand- und Kiesschichten feste Bestandteile heraus, Mikroorganismen bauen Schadstoffe ab. Die Oberflächengewässer beeinflussen entscheidend das Berliner Trinkwasser.

Gefahrenpunkt 1 in Berlin ist zunächst die Spree. Durch die künstliche Flutung der Braunkohle-Tagebaulöcher in der Lausitz werden dem Fluß dort große Wassermengen entzogen, wodurch immer weniger Spreewasser in Berlin ankommt. Weniger Wasserzufluß aber bedeutet weniger Mengenausgleich des entnommenen Grundwassers. Die Folge: Der Grundwasserspiegel sinkt. Problematisch ist außerdem, daß die vorwiegend durch die landwirtschaftliche Düngung eingetragenen Schadstoffe (Nitrate, Phosphor) mengenmäßig gleich bleiben.

Zur nachhaltigen Grundwasseranreicherung bieten sich zwei Rezepte an: Zum einen wird Oberflächenwasser vor der Versickerung qualitätsmäßig aufbereitet. Das erfolgt wie in Jungfernheide über Sickerbecken mit mächtigen Sand- und Kiesschichten. Zum anderen sollte weniger Grundwasser entnommen werden. Kurz: Der Verbraucher sollte Wasser sparen. In Berlin ist der Wasserverbrauch zwar rückläufig, hingegen sind ambitionierte Zielsetzungen wie in Frankfurt, wo man ein Programm zur Senkung um 20 Prozent aufgelegt hat, noch Zukunftsmusik.

Ziel ist es, die Seen von Nährstoffen zu entlasten.

Gefahrenpunkt 2 sind die Berliner Seen, wo steigende Phosphat- und Nitratmengen zu erhöhtem Algenwachstum führen. Ziel ist es deshalb, die Seen von Nährstoffen zu entlasten. Ein Beispiel ist der Tegeler See im Nordwesten Berlins, aus dem das Wasserwerk Tegel per Uferfiltrat gespeist wird. Die dortige Phosphateliminationsanlage ist zudem ein gelungenes Stück Berliner Industriebaukultur.

Gefahrenpunkt 3 ist die »Entwässerung der geklärten Abwässer«. Denn die großen Klärwerke in Berlin und Brandenburg leiten das weitgehend gereinigte Abwasser in Kanäle und Gewässer des Urstromtals, aus dem wiederum das Trinkwasser gewonnen wird. Bei niedriger Wasserführung wie im Sommer sind dabei zwei Phänomene zu beobachten: Der Anteil von gereinigtem Abwasser in den Gewässern steigt, deren Wasserqualität aber sinkt. Darüber hinaus steht die Suppe dank langsamerem Abfluß länger in Berlin. Das Problem wird noch dadurch verschärft, daß die Region Berlin-Brandenburg zu den abflußärmsten Gebieten Deutschlands zählt.

Die bisherige Wasserpolitik, die Abwässer aus Berlin hinaus zu befördern, weicht langsam Überlegungen, das weitgehend gereinigte Abwasser innerstädtisch versickern zu lassen. Dies geschieht entweder in den Nichtsommermonaten durch direkte Einleitung in die Spree oder über große natürliche Rieselfelder wie Karolinenhöhe, das von der Kläranlage Ruhleben beschickt wird.

Gefahrenpunkt 4 ist die unkontrollierte Versickerung von Abwässern über Leckagen in der Kanalisation, vor allem im Osten der Stadt, oder die mutwillige Umweltverschmutzung auf Anwesen, die nicht an die acht zentralen technischen Klärwerke Berlins über Kanalrohre angeschlossen sind. Nachts werden aus Gruben und Sammelbehältern Abwasser abgepumpt und in den Garten geleitet. Hintergrund ist der steigende Entsorgungspreis von bis zu 40 Mark pro Kubikmeter Abwasser.

Gefahrenpunkt 5 sind schließlich Altlasten im Bereich ehemaliger russischer Liegenschaften oder stillgelegter Industriebetriebe, die als Müllkippe oder illegale Entsorgungslager mißbraucht werden, bis der Staatsanwalt sich einschaltet.

Fazit: Trinkwasserschutz beginnt bereits vor den Toren Berlins. Weniger bis gar kein Eintrag von Phosphor und Nährstoffen aus der Düngung ist das erklärte Ziel. Aber auch innerhalb der Stadtgrenzen gibt es viel zu tun: Wasser sparen, heißt die Devise für den Bürger.

Berlin. Die tun was

Nachhaltiges Wassermanagement ist in Deutschland zweifellos ein wichtiges Zukunftsthema. Mit an vorderster Front steht hier ein EXPO-Projekt in Berlin. Bis zum Jahr 2000 will ein Forschungsverbund an der TU Berlin eine umfassende Bestandsaufnahme der Berliner Wasserver- und -entsorgung vornehmen. Neben den vielfältigen Stoffströmen sollen insbesondere die unterschiedlichen Wassernutzungsarten unter die Lupe genommen werden. Die Flüsse und Seen in Berlin erfüllen nämlich vielfältige Funktionen, sei es nun für die Schiffahrt, als Naturraum für Freizeitaktivitäten oder zum Abfluß der geklärten Abwässer aus der Stadt heraus.

Die Flüsse und Seen in Berlin erfüllen vielfältige Funktionen.

Nach der Diagnose folgt die Therapie. Ausgehend von den gewonnenen Erkenntnissen sollen Empfehlungen für ein nachhaltiges Wassermanagement einer Großstadt getroffen werden. Die Wassernutzer sollen lernen, mit dem kostbaren Naß so umzugehen, daß es auch künftigen Generationen in gleicher Qualität zur Verfügung steht. Kein Wunder, daß die Berliner Wasserbetriebe an dem Forschungsvorhaben außerordentlich interessiert sind. Die Ergebnisse des großangelegten Wasserprojekts werden schließlich zur Jahrtausendwende auf dem Kongreß »Wasser Berlin 2000« vorgestellt und später einmal auch auf andere Städte übertragen werden.

Ein Bad im Abwasser

Neben der Wassernutzung gerät auch die Beseitigung unserer Abwässer immer deutlicher in den Mittelpunkt. Auch hier weist ein EXPO-Projekt neue Wege: das abwasserfreie Haus. Eines der diesbezüglich am weitesten fortgeschrittenen Projekte wird im niedersächsischen Einbeck verwirklicht. Die darüber angestellte Beispielrechnung verblüfft: Ein 4-Personen-Haushalt entläßt auf den Tag verteilt 333 Milliliter pro Minute. Das entspricht etwa einem gut gefüllten, kleinen Bierglas. 99,6 Prozent des häuslichen Abwassers besteht aus Wasser.

Abgesehen von Reinigungsmitteln sind darin überwiegend Nährstoffe gebunden, die wiederverwendet werden könnten. Das Abwasser fließt zunächst in eine Dreikammergrube, die als Pufferspeicher dient. Von da aus werden kontinuierlich kleinere Abwassermengen auf natürliche Flächen verteilt. Dies kann ein Schilfklärbeet, ein Abwasserteich oder ein anderer Bodenfilter sein.

Das Reinigungsverfahren ist denkbar einfach: Das Abwasser versickert in einem natürlichen Beet, wo kleinste Bakterien die meisten Schadstoffe abbauen. Das so gereinigte Abwasser wird über Drainagen zur Wiederverwendung zurück ins Haus oder in einen Verdunstungsteich geleitet. Als Brauchwasser für die Toilettenspü-

Abb. 11: *Das abwasserfreie Haus von Dieter Schliwa in Einbeck.*
Foto: Dieter Schliwa

lung leistet es unvermindert gute Dienste. Gereinigtes Abwasser aus Bodenfiltern hält sogar die Grenzwerte nach der EU-Badegewässerrichtlinie ein. In Einbeck haben sich die Nutzer des abwasserfreien Hauses deshalb einen Badeteich angelegt, in den das gereinigte Abwasser gepumpt wird.

Mit der Kraft der Natur

Noch spektakulärer ist das Beispiel der Gemeinde Lahstedt östlich von Hannover. Das komplette Abwasser der 3.000-Seelen-Gemeinde wird künftig über Schilfklärbeete gereinigt, bevor es in einen kleinen Fluß geleitet wird. Pflanzenkläranlagen sind nach dem heutigen Stand von der Reinigungsleistung her den technischen Klärwerken ebenbürtig. Das Umweltbundesamt betrachtet sie sogar als geeignet für die Reinigung gewerblicher Abwässer. Darüber hinaus sind die Betriebskosten erheblich günstiger, die Anlagen sind wartungsarm und verbrauchen kaum Energie. Außerdem ist die Lebensdauer von Naturbeeten erheblich länger als die technischer Klärwerke.

Dezentrale Abwasserbeseitigung ist in Deutschland ein noch wenig beachtetes Thema. Ungewiß ist, wann beim wehrlosen Verbraucher die Schmerzgrenze der Abwassergebühren, die – mit steigender Tendenz – bei vier Mark pro Kubikmeter liegt, erreicht sein wird. Ökologische Hauskläranlagen liegen im Vergleich bei etwa einer Mark pro Kubikmeter Abwasser.

Mehr Öko-Effizienz wagen

Alle diese Beispiele rings ums Wasser zeigen, um wieviel effizienter wir im Umgang mit unseren Ressourcen werden können. Dies hat Stephan Schmidheiny und der von ihm gegründete Business Council for Sustainable Development (inzwischen *World* Business Council for Sustainable Development) in dem für den Erdgipfel in Rio 1992 geschriebenen Buch *Kurswechsel* klar zum Ausdruck gebracht. Schmidheiny prägte das neue Wort der »Öko-Effizienz« als ein in praktisch allen Branchen gültiges Managementprinzip.

Öko-Effizienz ist ein in allen Branchen gültiges Managementprinzip.

Öko-Effizienz und damit einhergehend Faktor Vier und Faktor Zehn sind Schlagworte in der Umweltdebatte, über die auch in den

Chefetagen europäischer Unternehmen diskutiert wird. Die Begriffe stehen für ein Wirtschaften, das Rohstoffe besser nutzt. Zur Herstellung derselben Menge an Gütern und Dienstleistungen sollen weniger natürliche Stoffe und Energie verbraucht werden. Die Einsparung entlastet die Natur. Faktor Vier bedeutet eine Senkung auf ein Viertel, Faktor Zehn auf ein Zehntel des heutigen Bedarfs.

Zu den einleuchtendsten Beispielen für Effizienzsteigerungen gehört die Energiesparlampe. Sie erzeugt genausoviel Licht wie eine herkömmliche Glühbirne, braucht aber nur ein Fünftel des Stroms und hält zehnmal so lange.

Öko-Effizienz verursacht mehr Nutzen als Kosten.

Für den Privatsektor bedeutet Öko-Effizienz zweifellos einen großen Aufklärungsfortschritt. Die Öko-Effizienz hat auch im Vergleich zum klassischen, schadstoffbezogenen Umweltschutz den großen Vorteil, prinzipiell mehr Nutzen als Kosten zu verursachen.

Aber auch die Industrie beginnt die Vorzüge des neuen Leitbilds anzuerkennen. »Öko-Effizienz muß Teil der Unternehmenskultur werden«, fordert Hubert P. Johann, der langjährige Umweltbeauftragte der Mannesmann AG. Sein Vorschlag: »Alle umweltrelevanten Aspekte der industriellen Produktion müssen schon vor der Fertigung erfaßt werden.« Bereits der Konstrukteur habe zu bestimmen, welche Materialien eingesetzt werden und wieviel Abfall daraus entstehe. Die Werkstoffauswahl müsse darüber hinaus recyclinggerecht sein.

Stoffkreisläufe beim Kunststoff-Recycling

Ein eindrucksvolles Beispiel, wie man beispielsweise Kunststoff recycelt, liefert ein EXPO-Projekt im thüringischen Leinefelde. Dort wird aus farbig bedruckten Industriefolien ein weiterverarbeitbares Granulat erzeugt, das wiederum Grundlage künftiger Kunststoffherstellung ist. Bislang landeten diese Folien im Müllcontainer.

Zu Beginn des Verfahrens werden die Folien sortiert. Ein Schredder zerkleinert dann Mixed Plastics, also Folien, bei denen mehrere Kunststoffe aufeinander gepreßt wurden. Die Folienschnitzel werden anschließend bei Temperaturen zwischen 180 und 230 Grad geschmolzen und mit einem Spezialverfahren zu Granulat verarbeitet. Aus den kleinen Körnchen werden schließlich vorzugsweise Wickelkerne hergestellt, aber auch Haushaltswaren sowie Verpackungszubehör für die Folienindustrie. Da die Folienhersteller meist auch die Abnehmer der Wickelkerne sind, entsteht kein zusätzliches Transportaufkommen. Das Fahrzeug, das die Folien liefert, nimmt auf der Rückfahrt die Wickelkerne mit.

Der Markt ist bei 200.000 bis 300.000 Tonnen jährlich durchaus entwicklungsfähig, wenn man bedenkt, daß in Leinefelde gerade erst einmal 10.000 Tonnen verarbeitet werden. Wie bei anderen Verfahren zum Kunststoff-Recycling ist der Schwachpunkt des Projekts der hohe Energieverbrauch. Denn die Kunststoffabfälle müssen wie geschildert erhitzt und verflüssigt werden. Um die dabei entstehende Wärme jedoch effizient zu nutzen, ist bis zur EXPO der Bau eines Blockheizkraftwerkes geplant.

Energie läßt sich effektiver und umweltfreundlicher erzeugen

Apropos Energieverbrauch. Auch hier ließe sich die Effizienz um ein Vielfaches erhöhen. Fossile Energieträger bilden das Rückgrat der Energieversorgung der Bundesrepublik. 85 Prozent des Primärenergieverbrauchs in der Bundesrepublik werden durch Öl, Gas und Kohle gedeckt. Aus grauer Vorzeit, wie der Brennstoff, scheinen auch die Kraftwerke zu stammen, die Materie in nutzbare Energie verwandeln – zumindest, was ihren Wirkungsgrad bei der Energieumwandlung anbelangt.

Herkömmliche Kraftwerke wandeln nur 30 bis 40 Prozent der Verbrennungswärme in elektrischen Strom um. Diese Energieverschwendung hat ihren Grund teilweise in der Struktur der Energieversorgung, ihren Gebietsmonopolen und dem Trend zu großtechnischen Lösungen. Im Gegensatz zu Strom kann Wärme nicht über weite Strecken transportiert werden.

Zentrale Großkraftwerke heizen nur die Atmosphäre auf.

Zentrale Großkraftwerke erzeugen bei der Stromproduktion jedoch Unmengen von Wärme, für die es keine Abnehmer gibt – schon gar nicht dort, wo die Kraftwerke stehen, die man nicht zuletzt wegen ihrer Umweltauswirkungen auf der grünen Wiese errichtet hat. Sie heizen also nur die Atmosphäre auf – im doppelten Sinne: direkt über die freiwerdende Wärme und indirekt über das Kohlendioxid, das in fossilen Brennstoffen gebunden ist, bei der Verbrennung frei wird und in seiner wachsenden Konzentration in der Atmosphäre wesentlich zum Treibhauseffekt beiträgt.

Schwarze Pumpe

Da kurz- und mittelfristig auf den Beitrag fossiler Energieträger nicht verzichtet werden kann, ist die Steigerung der Effizienz der Energieausnutzung des vorhandenen Kraftwerksparks ein unverzichtbarer Beitrag zu einer effektiven Verminderung der CO_2-Emissionen, zu der sich die Bundesregierung verpflichtet hat. Ein Beispiel ist das neuerrichtete Braunkohlekraftwerk Schwarze Pumpe südlich von Cottbus.

Erstmals erreicht die dortige Anlage, die aus zwei Blöcken mit je 800 Megawatt Leistung besteht, einen Wirkungsgrad von mehr als 40 Prozent. Das bedeutet, daß mehr als 40 Prozent der bei der Verbrennung der Braunkohle erzeugten Wärme in Strom umgewandelt wird. Herkömmliche Kraftwerke erreichen um die 37 Prozent, auch Anlagen mit 30 Prozent sind im bundesdeutschen Kraftwerkspark keine Seltenheit.

In Schwarze Pumpe wird die freiwerdende Wärme nicht in die Luft geblasen.

In Schwarze Pumpe wird ein Teil der freiwerdenden Wärme zudem nicht über die beiden Kühltürme in die Luft geblasen, sondern versorgt Kommunen und Industriebetriebe mit Fernwärme und Prozeßdampf. So können 55 Prozent der Energie, die in der eingesetzten Braunkohle steckt, genutzt werden. Dies führt zu deutlich verringerten Schadstoffemissionen. Rund 91 Prozent weniger Schwefeldioxid, 61 Prozent weniger Stickoxid, 98 Prozent weniger Staub und 31 Prozent weniger Kohlendioxid sind es nach Angaben der Kraftwerksbetreiber im Vergleich zu dem stillgelegten Altkraftwerk.

4,5 Milliarden Mark hat die VEAG in den Kraftwerksneubau investiert. Insgesamt 20 Milliarden Mark investiert der Energiekonzern bis zum Jahr 2005 in die Erneuerung von Kraftwerken und Leistungsnetz.

Sanfte Erpressung à la RWE

Ein ähnliches Programm läuft im rheinischen Braunkohlerevier. Dort hat die nordrhein-westfälische Landesregierung die Inbetriebnahme des Braunkohletagebaus Garzweiler II von einer umfassenden Modernisierung des Kraftwerksparks abhängig gemacht. Im Gegenzug hat sich das Rheinisch-Westfälische Elektrizitätswerk AG (RWE) zu einem »beispiellosen Effizienzsteigerungsprogramm«, so das Eigenlob, verpflichtet. Mit 20 Milliarden Mark will das RWE seine Braunkohlenkraftwerke auf den technischen Stand von heute bringen.

BoA heißt das innovative Anlagenkonzept, mit dem das RWE die technische Vorreiterschaft zurückgewinnen will. BoA steht, ganz banal, für »Braunkohlekraftwerk mit optimierter Anlagentechnik«. Durch technische Verbesserungen wird Dampf mit höherer Temperatur und höherem Druck erzeugt, was den Wirkungsgrad erhöht. Der soll bei BoA-Kraftwerken bei 43 Prozent liegen. Auf Basis dieser Technologie soll in Niederaußem das »weltweit größte, modernste und umweltfreundlichste Braunkohlekraftwerk«, so die RWE, entstehen.

Das neue Kraftwerk ersetzt sechs kleinere Kraftwerke, die einen durchschnittlichen Wirkungsgrad von 31 Prozent aufweisen. Derweil plant das RWE schon den nächsten Schritt: Das Konzept BoA+ soll mittelfristig eine Steigerung des Wirkungsgrades auf bis zu 48 Prozent ermöglichen. Das »plus« steht für die Trocknung der Braunkohle vor der Verbrennung. Bislang wird die Kohle nämlich »grubenfeucht« verbrannt: Gut die Hälfte des Brennstoffs ist Wasser.

Bislang wird die Kohle »grubenfeucht« verbrannt.

Langfristig hält das Wuppertal Institut für Klima, Umwelt, Energie eine Steigerung des Wirkungsgrades auf 48 bis 50 Prozent für machbar. Unter Effizienzgesichtspunkten sind den traditionellen zentralen Kraftwerken allerdings dezentrale Lösungen mit Kraft-Wärme-Kopplung vorzuziehen. Kraft-Wärme-Kopplung nutzt die eingesetzte Energie in zweifacher Weise: Die mechanische Energie treibt einen Generator, der daraus Strom erzeugt. Die thermische Energie wird in einem Wärmerückgewinnungssystem zur Erzeugung von heißem Wasser oder Dampf genutzt. Damit erhöht sich der Wirkungsgrad auf 70 bis 90 Prozent.

Es wächst zusammen, was zusammengehört

Anwendungsmöglichkeiten für die Technik der Kraft-Wärme-Kopplung finden sich in unterschiedlichen Größenordnungen. Die Bandbreite reicht vom kleinen, dezentralen Blockheizkraftwerk, das ein Haus oder einen Wohnblock mit Wärme und Strom versorgt, bis hin zu industriellen, großtechnischen Anlagen, deren Versorgungsgebiet die Größe einer Stadt oder eines Stadtviertels umfaßt.

Unter den weltweiten Projekten der EXPO 2000 finden sich Beispiele für den Einsatz von Kraft-Wärme-Kopplung nicht nur im regenerativen Bereich, sondern auch in Verbindung mit fossilen Energieträgern. Beides sind Bausteine einer wirksamen CO_2-Minderungsstrategie.

Sowohl Nordrhein-Westfalen als auch das Land Brandenburg setzen auf den vermehrten Einsatz kleinerer Braunkohlekraftwerke mit Kraft-Wärme-Kopplung und die Förderung regenerativer Energien. So stellt das Land Brandenburg für die Heizkraftwerke Frankfurt/Oder und Cottbus jeweils 50 Millionen Mark aus Mitteln der Technologieförderung zur Verfügung. Wegen ihrer innovativen Technologie sollen die beiden Kraftwerke im Rahmen der EXPO 2000 vorgestellt werden. Beide Anlagen arbeiten auf Basis von Kraft-Wärme-Kopplung und verfeuern veredelte Braunkohle, was weitere Pluspunkte auf dem Effizienzkonto bringt. Der Brennstoff wird bereits getrocknet und gemahlen in speziellen Transportbehältern angeliefert. Auf der Rückfahrt nimmt die Lausitzer Braunkohle AG die Verbrennungsrückstände zur Entsorgung zurück.

Das Alte effizienter machen

Das neue Heizkraftwerk in Frankfurt/Oder versorgt das Fernwärmenetz der Stadt mit Heizenergie und produziert in Kraft-Wärme-Kopplung zugleich Strom, der in das örtliche Netz eingespeist wird. Herzstück der Anlage ist ein mit Braunkohlestaub befeuerter Kessel, der 500 Grad heißen Dampf erzeugt. Dieser treibt eine Dampfturbine, ein Generator wandelt die Bewegung in elektrischen Strom um. Anschließend speist der Dampf zwei Heizkondensatoren, die Wärme für das Fernwärmenetz der Stadt bereitstellen. Insgesamt liegt die Leistung des Kraftwerks bei 50 Megawatt Strom und 80 Megawatt Wärme. Über 80 Prozent des eingesetzten Brennstoffes werden in Nutzenergie umgewandelt.

Erst eine Handvoll Kraftwerke arbeitet mit druckaufgeladener Wirbelschichtfeuerung.

Ebenfalls mit Kraft-Wärme-Kopplung arbeitet das Heizkraftwerk der Stadt Cottbus, das derzeit in Bau ist und zur Heizperiode 1999/2000 in Betrieb gehen soll. Es verwendet eine neue Technologie, die weltweit erst in einer Handvoll Kraftwerke eingesetzt wird: die druckaufgeladene Wirbelschichtfeuerung. Im Gegensatz zu herkömmlichen Kraftwerken ist der Verbrennungsraum hermetisch abgeschlossen und steht unter Druck. Die Kohlepartikel werden unter Druck eingeblasen und verbrennen dort gleichsam in einem Schwebezustand. In den Rohrleitungen der Brennkammer entsteht Dampf, der über zwei nacheinander geschaltete Turbinen geleitet wird und hier Strom erzeugt. Zudem wird dort Dampf entnommen, der das Fernwärmenetz der Stadt speist. Da die Verbrennung unter Druck stattfindet, lassen sich auch die heißen Rauchgase zur Stromerzeugung nutzen. Sie werden über eine Gasturbine geleitet.

Das macht das Verfahren höchst effizient. Der Wirkungsgrad bei der Stromerzeugung liegt bei 42 Prozent, durch die Kraft-Wärme-Kopplung werden etwa 90 Prozent des Energiegehalts des eingesetzten Brennstoffes genutzt. Solche Werte erreichen sonst nur kombinierte Gas- und Dampf-Kombikraftwerke.

Auch die Emissionswerte können sich sehen lassen. Im Vergleich zu dem alten Kraftwerk verringern sich die Emissionen bei Kohlendioxid um ein Drittel, bei Stickstoffdioxid um die Hälfte, bei Kohlenmonoxid um 30, bei Staub um 12 Prozent. Bei Schwefeldioxid sind es nur noch drei Prozent der Werte des alten Kraftwerks. Im Unterschied zu herkömmlichen Kraftwerken besitzt das Wirbelschicht-Kraftwerk keine Entschwefelungsanlage. Vielmehr wird der Kalk schon bei der Verbrennung zugegeben.

Braunkohlekraftwerke, einst als Dreckschleudern der Nation verschrieen, präsentieren sich nun also im sauberen Gewande. Als Zukunftstechnologie kann die Energieerzeugung aus Braunkohle dennoch nicht gelten – allenfalls als Brückentechnologie, die zur Anwendung kommt, bis neue, regenerative Verfahren der Energieerzeugung auf breiter Front den Durchbruch geschafft haben.

Als Zukunftstechnologie kann die Energieerzeugung aus Braunkohle nicht gelten.

Hochprozentiges aus Berlin

Unter dem Gesichtspunkt des Klimaschutzes ist die Braunkohle dem Erdgas himmelweit unterlegen. Bei den spezifischen Kohlendioxidemissionen sind Erdgaskraftwerke der Braunkohle um einen Faktor Zwei überlegen. Die Kohlendioxidemissionen pro erzeugter Kilowattstunde sind im Erdgaskraftwerk nur halb so hoch wie im Braunkohlekraftwerk.

Eine besonders effiziente Ausnutzung des eingesetzten Brennstoffes bringen die modernen Gas- und Dampf-(GuD-)Kraftwerke.

Abb. 12: *Eines der effektivsten Kraftwerke der Welt: das Gas- und Dampf-Kombikraftwerk »HKW Mitte« in Berlin.*
Foto: VEAG Berlin

Das modernste von ihnen steht in Berlin: das Heizkraftwerk (HKW) Mitte, das ein Zehntel des Strombedarfs der Hauptstadt und Wärme für bis zu 60.000 Wohnungen und 500 öffentliche Gebäude erzeugt. Ein gutes halbes Jahr nach seiner Einweihung wurde das Kraftwerk als »weltweites Projekt« der EXPO 2000 registriert.

Auch das HKW Mitte arbeitet mit Kraft-Wärme-Kopplung, erzeugt also nicht nur Strom, sondern nutzt auch die dabei entstehende Wärme. Das moderne Gas- und Dampf-Kombikraftwerk liefert 380 Megawatt Strom und speist noch einmal soviel Energie in das Fernwärmenetz Berlin Mitte ein. Herzstück der Anlage sind zwei Gasturbinen, in deren Brennkammern vorzugsweise Erdgas unter hohem Druck bei einer Temperatur von 1.100 Grad Celsius verfeuert wird. Die Verbrennungsgase strömen durch die Schaufelräder der Turbinen und beschleunigen diese auf 3.000 Umdrehungen pro Minute. Zwei gekoppelte Generatoren wandeln diese Bewegungsenergie in elektrischen Strom um. Anschließend erzeugen die heißen Verbrennungsgase in zwei »Abhitzekesseln« 500 Grad heißen Wasserdampf, der eine Dampfturbine treibt. Sie produziert nochmals rund 100 Megawatt elektrischen Strom.

Damit ist die Energieausnutzung noch nicht am Ende. Denn der immer noch heiße Dampf, der aus der Turbine strömt, wird in drei Wärmetauscher geleitet, die ihm seine restliche Wärme entziehen und sie an den Wasserkreislauf des Heiznetzes Berlin Mitte abgeben. Das neue HKW Mitte ist eines der effizientesten Kraftwerke der Welt. Die Energieausnutzung beträgt nahezu 90 Prozent, laut Herstellerangaben »ein Spitzenwert im internationalen Vergleich«.

Doch ist die neue Kraftwerkstechnik nicht nur effektiver, sondern auch weit umweltfreundlicher als Altanlagen vergleichbarer Leistung. Gegenüber dem alten Kraftwerk Mitte, das 30 Jahre in Betrieb war, emittiert das neue HKW Mitte pro erzeugter Kilowattstunde 50 Prozent weniger Stickoxid, 80 Prozent weniger Staub und 75 Prozent weniger Schwefeldioxid.

Biomasse bringt Kohle

Sechs bis 13 Prozent des derzeitigen bundesdeutschen Energiebedarfs könnten aus Biomasse gewonnen werden. Dies hat das Büro für Technikfolgenabschätzung des Deutschen Bundestages (TAB) in einer aktuellen Untersuchung festgestellt. Ausgeschöpft wird derzeit jedoch nur ein Zehntel. Energie aus Biomasse – dies umfaßt sowohl die Verbrennung von Holz und Stroh in speziellen Biomasse-Heizkraftwerken, den Einsatz von Pflanzenöl, das aus den Samen von Ölpflanzen wie Raps oder Sonnenblumen gepreßt wird, als Treibstoff für Motoren oder die Verbrennung von Biogas.

Biogas ist ein Gemisch aus Methan und Kohlendioxid, das bei der Vergärung organischer Stoffe entsteht. Derzeit boomt der Bau von Biogasanlagen. Doch auch eine andere Branche hat ein Auge auf die Vergärungstechnik geworfen: die Entsorger von Biomüll und von Klärschlamm. Denn die Entsorgung organischer Abfälle bereitet immer größere Probleme. Nicht alle Abfälle aus der Biotonne eignen sich für die Kompostierung, und Flächen, auf denen Klärschlamm ausgebracht werden kann, stehen nur begrenzt zur Verfügung. Eine Lösung bietet die Vergärung: Das Müllvolumen wird reduziert und der organische Abfall zugleich als alternative Energiequelle genutzt.

Derzeit boomt der Bau von Biogasanlagen.

Abb. 13: *»Der beste Sortierer ist der Mensch.« Rottaler Landfrauen sortieren Biomüll.*

EXPO-Projekt »Rottaler Modell«: Strom aus der Biotonne

Ein besonders wegweisendes Projekt ist im bayerischen Landkreis Rottal-Inn zu finden. Auf den ersten Blick ist der Ko-Hof in Unterpaikertsham bei Triftern ein Hof wie andere im Rottal auch: ein traditioneller Vierseithof mit gut 60 Hektar Grund und 120 Kühen im Stall. Lediglich die nagelneue Maschinenhalle neben dem alten Kuhstall wirkt für das Anwesen etwas groß geraten. Auf dem großen, betonierten Rund in ihrer Mitte liegt ein dunkler Haufen, aus dem wie Farbtupfer Orangenschalen hervorleuchten. Ein strenger Geruch liegt in der Luft – Biomüll. Ein kleiner Radlader nimmt eine Schaufel des Materials auf und kippt es auf die rotierenden Schnecken eines Transportbandes. Gleichmäßig verteilt, landet die unappetitliche Mischung aus verdorbenem Obst, zerfetzten Plastiktüten und Abfällen aus Küche und Garten auf einem Sortierband, an dem mehrere Frauen arbeiten. Sie tragen feste, gummierte Handschuhe und weiße Schutzkittel. Ihr Job ist es, Fremdstoffe aus dem Müll zu klauben.

Der Ko-Hof ist nicht nur landwirtschaftliches Anwesen, sondern zugleich Entsorgungsbetrieb. Denn die beiden bayerischen Land-

Landwirte produzieren Strom aus Biomüll und Gülle.

kreise Rottal-Inn und Dingolfing/Landau gehen bei der Verwertung ihres Biomülls neue Wege: Im dezentralen »Rottaler Modell« produzieren Landwirte in einem Kreislaufprozeß aus Biomüll und Gülle Strom. Genauer: Biomüll wird mit Gülle aus der Landwirtschaft vermischt. Durch Vergärung entsteht daraus Biogas, aus dem ein kleines Blockheizkraftwerk Strom und Wärme erzeugt.

Auf dem Bauernhof seines Bruders Ignaz betreibt Karl Lechner seit zwei Jahren die erste Anlage des Rottaler Modells. Dazu haben die beiden Brüder eine eigene GmbH gegründet. Ein zweiter Verwertungsbetrieb steht bei Wurmannsquick am anderen Ende des Landkreises Rottal-Inn, ein dritter entsteht im Landkreis Dingolfing-Landau. Zusammen sollen die drei Anlagen den gesamten Bioabfall der beiden Landkreise verwerten. So steht es im Vertrag, den der Abfallwirtschaftsverband Isar-Inn mit der »Gesellschaft für dezentrale Bioabfallverwertung« Isar-Inn geschlossen hat. Karl Lechner ist ihr Geschäftsführer.

Zehn bis zwölf Tonnen Biomüll bekommt der Betrieb pro Tag angeliefert, gerade so viel, wie sich am selben Tag verarbeiten läßt. Dazu sind die Verwertungsbetriebe aus hygienischen Gründen verpflichtet, denn über Nacht könnten Kleintiere Abfall in die Landwirtschaft verschleppen. Außerdem verringert die sofortige Verarbeitung die Geruchsbelastung, da die Abfälle aus der Biotonne im Müllfahrzeug kräftig durchmischt werden, was die Fäulnisprozesse hemmt.

Die saubere Trennung des Abfalls ist Voraussetzung für seine Weiterverwertung. Weil dies nicht schon in den Haushalten geschieht, müssen vor der Vergärung alle Fremdkörper aus dem Biomüll sortiert werden. Zum einen sind das Holz und andere feste organische Bestandteile, die separat in einem Holzhackschnitzelheizwerk verbrannt werden, zum anderen all das, was unachtsame Zeitgenossen in die Biotonne werfen, obwohl es dort nicht hineingehört: von der Strumpfhose bis zum kompletten Rasenmähermotor reicht die Palette der Fundsachen. Die Betreiber setzen dabei auf Handarbeit. Nur so sei es möglich gewesen, den hohen Störstoffanteil nach der Einführung der Biotonne in den Griff zu bekommen. Und die unappetitlich erscheinende Arbeit unterscheide sich nicht wesentlich von anderen Arbeiten in der Landwirtschaft, was auch die Frauen am Band bestätigen. Sie sind froh über das Zubrot, das sie sich mit ihrer Nebentätigkeit verdienen können.

Nach dem Sortieren läuft der Abfall durch einen Häcksler und verschwindet in einem Betonschacht im Untergrund. Alles weitere spielt sich in den Tanks unter dem Hallenboden ab. Der zerkleinerte Biomüll wird eine Stunde lang auf 70 Grad erhitzt und dadurch hygienisiert, anschließend wird er in dem Biogasfermenter zu gleichen Teilen mit Gülle aus dem Kuhstall vermischt. Diese enthält Bakterien, die sich begierig auf den neuen Nährstoff stürzen und das Gebräu in dem unterirdischen Tank unter Luftabschluß zum Gären bringen. Dabei entsteht Biogas, ein Gemisch aus dem brennbaren Methangas und Kohlendioxid. Fast einen Monat dauert es, bis die Bakterien ihr Werk getan haben.

Ihr Erzeugnis, das Biogas, befeuert den Motor des Blockheizkraftwerks, der in einem schallisolierten Raum im Keller der Halle steht. Er ist das Herzstück der Anlage und nach Angaben von Karl Lechner europaweit der erste Pflanzenöl-Zündstrahlmotor, der mit Biogas betrieben wird. Pflanzenöl bringt das mächtige Dieselaggregat zum Laufen. Einem Turbodiesel vergleichbar, saugt es dann das Gas in die Brennkammer, wo es zusammen mit dem Pflanzenöl verbrennt und den Motor so richtig auf Touren bringt. Zu 10 bis 15 Prozent verbrennt der Motor Pflanzenöl, der Rest ist Biogas. Gegenüber einem reinen Gasmotor hat der Zündstrahlmotor einen besseren Wirkungsgrad. 34 Prozent der eingesetzten Energie setzt der Motor in Strom um. Im Dauerbetrieb zeigt die Nadel des Anzeigegeräts im Schaltschrank ständig um die 85 Kilowattstunden elektrischer Leistung.

85 Prozent des erzeugten Stroms speisen die Betreiber in das öffentliche Netz ein, der Rest dient zur Versorgung von Haus, Hof und Anlage. Aus 2.500 Tonnen Biomüll, der Gülle aus der Viehhaltung und 25.000 Kilogramm Rapsöl hat der Betrieb im zurückliegenden Jahr fast 600.000 Kilowattstunden Strom erzeugt und 530.000 ins öffentliche Netz eingespeist. Das ist etwa so viel wie 120 Einfamilienhäuser verbrauchen. Da der Strom ausschließlich aus regenerativen Energieträgern stammt, zahlt die Stromversorgungsgesellschaft die Einspeisevergütung von derzeit 14,8 Pfennigen pro Kilowattstunde.

Die Erzeugung regenerativer Energie ist das wirtschaftliche Standbein des Betriebes.

Die Erzeugung regenerativer Energie ist das wirtschaftliche Standbein des Betriebes, sein Spielbein ist die Idee geschlossener Kreisläufe: Keinerlei Emission oder Abfall mehr zu haben, also zu verwerten, was sich irgendwie verwerten läßt, ist die Idee, die der Tüftler Karl Lechner umzusetzen sucht.

An der Scheunenwand direkt neben dem Aufgang zur Rapsölpresse hängt ein Schaubild, das die Zusammenhänge veranschaulicht. Drei farbige Kreise sind dort abgebildet, die wie Zahnräder ineinandergreifen und sich gegenseitig anzutreiben scheinen. Zwei Nährstoffkreisläufe sind es laut Beschriftung und ein Energiekreislauf. Im einzelnen: Bei der Vergärung von Biomüll und Gülle entsteht Biogas, welches das Blockheizkraftwerk antreibt. Der erzeugte Strom versorgt Haus und Hof, der Überschuß geht ins öffentliche Netz; die erzeugte Wärme dient zur Entkeimung des Bioabfalls, erwärmt das Gebräu in den Gärtanks und heizt das Wohnhaus.

Als Endprodukt der Vergärung bleibt nährstoffreicher Dünger, der an Stelle von Mineraldünger auf den Feldern des Anwesens ausgebracht wird. Auf einer Anbaufläche von gut 15 Hektar wächst hier der Raps, aus dem das Öl gepreßt wird, das, zusammen mit dem Biogas, das Zündstrahlaggregat antreibt. Die Rückstände der Ölpressung dienen als Futter für die Rinder, von denen wiederum die Gülle stammt, die zusammen mit dem Biomüll vergoren wird. Die einzige Schwachstelle ist die Abwärme, die noch nicht vollständig verwertet werden kann, weil in der kleinen Ortschaft Abnehmer mit kontinuierlichem Wärmebedarf fehlen. Erste Abhilfe schafft eine Getreidetrocknungsanlage. Lechners Traum ist ein Stirlingmotor, der Wärme unmittelbar in elektrischen Strom umwandelt.

Insgesamt kommt das Rottaler Modell der Idee geschlossener Stoff- und Energiekreisläufe schon recht nahe. Nicht nur wegen der höheren Energieeffizienz, sondern vor allem wegen der Idee geschlossener Kreisläufe setzt Lechner auf den Pflanzenöltreibstoff. Denn dieser bildet das zentrale Bindeglied zwischen Nährstoff- und Energieproduktion. Die Ölpflanzen mit ihrem hohen Nährstoffbedarf verwerten den nährstoffreichen Dünger, der als Endprodukt des Fermentationsprozesses übrigbleibt. Zusätzlicher Effekt: Eine zusätzliche chemische Düngung, die ansonsten den Anbau von Energiepflanzen ökologisch problematisch macht, wird dadurch überflüssig.

Der Pflanzenöltreibstoff bildet das zentrale Bindeglied zwischen Nährstoff- und Energieproduktion.

EXPO-Projekt Ostritz: Energie für eine ganze Stadt

Eine Stadt versorgt sich selbst mit Energie – und zwar nahezu ausschließlich aus erneuerbaren Quellen. Zukunftsmusik? In Ostritz ist die Vision Realität. Seit Mitte 1998 versorgt sich die sächsische

Kleinstadt an der polnischen Grenze nahezu vollständig mit Energie aus regenerativen Quellen. Ostritz gilt als Modell für eine andere Energiezukunft.

Bereits Anfang der 90er Jahre ließ die Stadtverwaltung von Ostritz untersuchen, wieviel Energie ihre 3.500 Einwohner verbrauchen. Bei 500 bis 1.000 Kilowatt elektrischen Stroms und knapp zwölf Megawatt Wärme liegt der Energiebedarf der Kleinstadt. Gedeckt wurde er in erster Linie aus fossilen Energieträgern. Viele Ostritzer heizten nach wie vor mit Braunkohle, andere waren nach der Wende auf Öl, Flüssiggas oder Elektrospeicheröfen umgestiegen. Für die Stromversorgung war der regionale Stromversorger Energieversorgung Sachsen AG (ESAG) zuständig. Ausgehend von dieser Analyse überlegten die Stadtväter, ob sich nicht die vier Staustufen an der Neiße oder der Wind, der auf der Kammlage nördlich der Stadt beständig weht, zur Stromerzeugung nutzen ließen. Oder das Holz aus den Wäldern für die Versorgung mit Wärme.

Kurz: Man besann sich auf die lokalen Ressourcen. Ergebnis der Überlegungen war ein Energiekonzept, mit dem Ostritz neue Wege in der kommunalen Energieversorgung beschritt. Die nachwachsenden Rohstoffe Holz und Pflanzenöl bilden die Grundlage der Energieversorgung. Wasser, Wind und Sonne runden sie ab.

Kernstück der Energieversorgung der Stadt ist das Biomasseheizkraftwerk, das auf dem Gelände einer innerstädtischen Industriebrache, der ehemaligen Textilfabrik, errichtet wurde. Es erzeugt 650 Kilowatt elektrischen Strom und gut zwölf Megawatt Heizwärme – genug, um die ganze Stadt damit zu versorgen. Die Heizzentrale besteht aus vier unabhängigen Heizanlagen, die nach Bedarf einzeln zugeschaltet werden können. Dies ermöglicht eine flexible Anpassung an den jahres- und tageszeitlich schwankenden Wärmebedarf und somit eine effektive Nutzung der Ressourcen. Ein Blockheizkraftwerk auf Pflanzenölbasis liefert den Grundbedarf an Wärme und erzeugt auf der Basis von Kraft-Wärme-Kopplung zusätzlich elektrischen Strom, der in das öffentliche Netz eingespeist wird. Dafür erhalten die Technischen Werke Ostritz die Einspeisevergütung für Strom aus regenerativen Energieträgern. Dieses Aggregat erzeugt, neben seinen 650 Kilowatt elektrischen Strom, dieselbe Menge Wärme.

Ein Blockheizkraftwerk auf Pflanzenölbasis liefert den Grundbedarf.

Drei weitere Kesselanlagen decken den zusätzlichen Bedarf an Heizenergie und Warmwasser. Für die Mittellast stehen zwei Holzhackschnitzel-Kesselanlagen mit jeweils zwei Megawatt thermi-

Abb. 14: *Vergangenheit und Zukunft: Vor der Kulisse des Braunkohlekraftwerks Hagenwerder III wird das Fundament einer Windenergieanlage errichtet. Heute drehen sich die Windräder, die Kohlendioxidschleuder wurde Ende 1997 stillgelegt.*

scher Leistung bereit. Befeuert werden sie mit Schwachholz und Holzabfällen aus den Wäldern der Region. Das vermeidet lange Transportwege und sorgt zudem für das nötige Auslichten des Jungwaldes, das wegen niedriger Holzpreise nicht selten unterbleibt.

Bliebe die sogenannte Spitzenlast, also die Verbrauchsspitzen, die dann entstehen, wenn viele Leute dasselbe tun, z.B. morgens die Heizung aufdrehen, duschen sowie Kaffeemaschine und Radio einschalten. Ein Pflanzenöl-Heizkessel mit 5,5 Megawatt thermischer Leistung liefert auch für die Bedarfsspitzen an kalten Wintertagen ausreichend Energie. Das Pflanzenöl, das aus den Samen von Raps oder Sonnenblumen gepreßt wird, stammt von Ölmühlen aus der Region.

Zu den Haushalten gelangt die Wärme über ein Fernwärmenetz mit 14 Kilometern Länge, das Ende 1997 fertiggestellt wurde. Rund 80 Prozent der 730 Ostritzer Haushalte liegen im Bereich der Fernwärmetrasse. Damit die neue Energie auch angenommen wird, hat die Stadt ein Förderprogramm zur Umstellung von Braunkohle auf die umweltfreundliche Fernwärme aufgelegt. Knapp 250 Abnehmer, vom Einzelhaushalt bis zur Wohnungsbaugesellschaft, hatten zur Zeit der Inbetriebnahme im Frühsommer 1998 ihre Anschlußverträge unterzeichnet. 190 Haushalte und acht kommunale Einrichtungen, von der Schule über das Feuerwehrhaus bis zum Altenpflegeheim, wurden am Starttermin mit regenerativer Energie versorgt.

Eine Datenleitung verbindet jeden Haushalt mit dem Zentralrechner im Kraftwerk.

Wie das Heizkraftwerk entspricht auch das Fernwärmenetz »modernsten technischen Standards«, wie die Betreiber schwärmen. Eine Datenleitung verbindet jeden Haushalt mit dem Zentralrechner im Kraftwerk. Störungen oder Lecks lassen sich so sofort lokalisieren. Das 20-Millionen-Projekt wurde mit fünf Millionen vom Freistaat Sachsen und mit zwölf Millionen Mark von der Bundesstiftung Umwelt gefördert.

Wind und Wasser runden das regenerative Energiekonzept ab. Seit Dezember 1997 drehen sich auf dem Höhenzug nördlich von Ostritz zwei Windenergieanlagen mit einer Nennleistung von jeweils 500 Kilowatt. Zwei Anlagen der »Königsklasse« mit je 1,5 Megawatt sollen den von einem privaten Investor finanzierten Windpark vervollständigen. Auch im Fall der Windenergie wird die Einspeisung des Stroms in das öffentliche Netz nach dem Einspeisegesetz mit rund 17 Pfennig pro Kilowattstunde vergütet. Der vierte Baustein der regenerativen Energieversorgung ist die Reaktivierung der Wasserkraft.

Schon 1914 liefen an der Oberlausitzer Neiße 18 Wasserkraftanlagen mit einer Leistung von 3.200 Kilowatt. In der Zeit der industriellen Großkraftwerke war jedoch kein Platz für sie. Nun will man wieder an die erfolgreiche Tradition der Wasserkraftnutzung anknüpfen. Im Ortsteil Leuba wurden an einer Staustufe bereits zwei Turbinen mit einer Leistung von je 40 Kilowatt in Betrieb genommen, für die geplante Wasserkraftanlage mit 110 Kilowatt Leistung im Kloster Marienthal lief zur Zeit der Abfassung dieses Beitrages das Genehmigungsverfahren.

Sobald alle Anlagen in Betrieb sind, erzeugt Ostritz deutlich mehr elektrischen Strom, als es selbst verbraucht – zumindest rechnerisch. Praktisch aber hängt die Stadt weiterhin am Leitungsnetz des regionalen Stromversorgers, in dem sich keineswegs nur regenerativ erzeugte Elektronen tummeln. Um das Versorgungsnetz zu übernehmen, fehlt der Stadt im Moment jedoch das Geld.

Weitere kleinere Projekte runden die »energieökologische Modellstadt« ab. So installierte die Stadt auf dem Dach des Feuerwehrhauses einen Sonnenkollektor und eine Photovoltaikanlage; das Regenwasser wird für die Toilettenspülung und die Bewässerung der Grünanlagen genutzt und der Ortsteil Bergfrieden erhielt eine biologische Schilfkläranlage. Eine ökologische Modellsiedlung »Wohnpark Altstadt« ist geplant, ein Projekt für ökologisch verträglichen Hochwasserschutz in Vorbereitung.

Als Katalysator bei der Entwicklung der verschiedenen Beispielprojekte wirkte das Internationale Begegnungszentrum (IBZ), das 1992 im Kloster St. Marienthal entstanden ist. Seine Hauptaufgabe sieht das IBZ darin, Gruppen aus Deutschland, Mittel- und Osteuropa zusammenzuführen, um gemeinsam Lösungswege für die Umweltprobleme zu finden, die östlichen Nachbarn ja noch mehr unter den Nägeln brennen. In dem mittelalterlichen, idyllisch in einer Neißebiegung gelegenen Kloster Lösungsmöglichkeiten zu diskutieren und sie gleich um die Ecke besichtigen zu können, ist das Konzept der Modellstadt Ostritz St. Marienthal.

Diese Kombination von Umweltbildung und umwelttechnischen Innovationen gab für die Deutsche Bundesstiftung Umwelt (DBU) den Ausschlag, sich in Ostritz ungewöhnlich stark zu engagieren. Neben der lokalen Umweltentlastung sei Ostritz aufgrund seiner Signalwirkung besonders interessant, so die Umweltstiftung: »Die besondere Qualität dieser Projekte liegt darin, daß sie ausstrahlen – vor allem nach Polen und Tschechien«, betont DBU-Generalsekretär Fritz Brickwedde.

Deshalb hat die DBU Ostritz zu ihrem tausendsten Förderprojekt gewählt und gut 20 Millionen Mark für die Realisierung der 34 Einzelprojekte der »energieökologischen Modellstadt« bereitgestellt. Ostritz sei »ein ganz besonderes Projekt«, sagt Brickwedde, sein »Modellcharakter liegt vor allem in dem Zusammenwirken vieler Mosaiksteine, die ein Projekt ergeben«.

Ostritz ist ein ganz besonderes Projekt.

Für die strukturschwache Stadt sind das Begegnungszentrum und die Registrierung als EXPO-Projekt ein Lichtstreif am Horizont. Rund 25 Prozent beträgt die offizielle Arbeitslosenquote, ohne die ABM-Stellen des zweiten Arbeitsmarktes wären es wohl mehr als 30 Prozent. Allein 2.500 Arbeitsplätze sind in der Region durch die Stillegung des Braunkohletagebaus Hagenwerder und des zugehörigen Großkraftwerks verloren gegangen. Energieökologische Modellprojekte können nur einen winzigen Beitrag leisten, um diese Lücken zu schließen. Ostritz' Bürgermeister Günter Vallentin hofft darauf, daß seine Stadt als Modell einer anderen Energiezukunft öffentliche Aufmerksamkeit gewinnt.

EXPO-Projekt »Biobecher«

Joghurt auslöffeln und den Becher in die Biotonne werfen

»Bio« ist in; mit ökologisch korrekten Produkten läßt sich Gewinn machen. Diese Erkenntnis setzt sich mehr und mehr auch in großen Firmen abseits ökologisch inspirierter Marktnischen durch. Ein Beispiel hierfür ist der Lebensmittelkonzern Danone, der seit Anfang des Jahres 1998 seinen Biojoghurt »Jahreszeiten« in biologisch abbaubaren Bechern verkauft. Im bunten Werbespot demonstrieren Kinder, wie einfach der Schutz der Umwelt geworden ist – dank Danone: Joghurt auslöffeln und den Becher in die Biotonne werfen. Mehr muß man nicht tun, denn das neue Material verrottet im Kompost.

»Biologisch abbaubare Kunststoffe« heißen die neuen Wundermaterialien. Danone bezieht seinen Jahresbedarf von geschätzten 40 Millionen Bechern von dem amerikanischen Hersteller Cargill, doch auch verschiedene deutsche Firmen bereiten sich auf die Massenproduktion von Biokunststoffen vor. Unter ihnen ist die mittelständische Firma MAFO aus dem oberbayerischen Teisendorf, die Verfahren zur Herstellung von Kunststoffen aus nachwachsenden Rohstoffen zur Anwendungsreife entwickelt hat und sich dafür mit dem Titel »Weltweites Projekt« der EXPO 2000 schmücken darf.

Der Becher sieht nicht nur aus wie ein Plastikbecher, sondern verfügt auch über alle Eigenschaften, die diesen zu einem begehrten Massenprodukt gemacht haben: Er ist federleicht, stapelbar und hygienisch. Der einzige Unterschied: Er wird aus nachwachsenden Rohstoffen hergestellt und verrottet im Kompost. Unter Einfluß von Wärme und Feuchtigkeit bauen Mikroorganismen das Material binnen weniger Wochen vollständig ab – zu Kohlendioxid, Wasser und Humus, den man wieder zur Düngung einsetzen kann. Der Stoffkreislauf ist damit geschlossen.

Ausgangsprodukt ist ein Granulat des Rohstoffs Polymilchsäure, das aus Zuckerrüben, Mais oder Gerste hergestellt wird. Mit Unterstützung der Deutschen Bundesstiftung Umwelt (DBU), die das Projekt mit 197.000 Mark gefördert hat, hat die Firma MAFO Verfahren entwickelt, um aus diesem Rohstoff marktfähige Produkte herzustellen. Mit Erfolg: Es ist gelungen, ein Produkt zu schaffen, »welches technisch und optisch konkurrenzfähig zu herkömmlichen Fast-Food-Artikeln ist«, lobt die Umweltstiftung. Dünnwandige Becher für Saft oder Wasser, stärkere für Sekt oder Bier sowie milchigtrübe für Joghurt hat die Firma bereits in ihrer Produktpalette.

Weitere Anwendungen sind in der Entwicklung: z.B. Becher für heiße Getränke, Verpackungen für Fast Food, Kreditkarten, Einwegspritzen sowie andere Wegwerfprodukte für den medizinischen Bedarf. Unternehmensgründer Zacharias rechnet damit, daß Produkte aus nachwachsenden Rohstoffen eines Tages einen großen Teil der petrochemischen Kunststoffe ersetzen werden. Deshalb will er kräftig in diesen Zukunftsmarkt investieren. Bei Magdeburg soll eine neue Fabrik mit einer Fertigungskapazität von 300 Millionen Bechern pro Jahr entstehen.

Mit seinem »Öko-Cup«, wie der Biobecher firmenintern heißt, führte Danone nicht nur ein neues Produkt in den Markt ein, sondern brachte auch Bewegung in die bis dahin ungeklärte Entsorgungsfrage. Genaugenommen bewegte sich der Biobecher in eine rechtliche Grauzone vor, denn für die Entsorgung des neuen Materials gab es zum damaligen Zeitpunkt keine verbindliche Regelung, da die Novelle zur Verpackungsverordnung, die erstmals Regelungen für die neuen Werkstoffe enthält, seit längerer Zeit im Bundesrat festhing.

Danone brachte Bewegung in die bis dahin ungeklärte Entsorgungsfrage.

Nach dem Vorstoß Danones hat das Duale System Deutschland (DSD), das bislang eine gesonderte Entsorgung abbaubarer Kunststoffe abgelehnt hatte, mit dem Joghurt-Multi ein Pilotprojekt vereinbart. In verschiedenen Sortieranlagen des Dualen Systems sollen die abbaubaren Becher aussortiert werden. Die Interessengemeinschaft biologisch abbaubare Werkstoffe e.V. (IBAW), zu der sich rund 30 Hersteller und Forschungseinrichtungen der jungen Branche zusammengeschlossen haben, vermag dieses Entsorgungskonzept jedoch nicht zu überzeugen. »Da kommt unter Massen von Kunststoffen vielleicht alle fünf Minuten ein abbaubarer Becher«, gibt man zu bedenken. Die Interessengemeinschaft setzt dagegen auf ein eigenes, vom DSD unabhängiges Entsorgungssystem.

In der Diskussion sind zwei Entsorgungsvarianten: Entweder die Verbraucher werfen die gebrauchten Verpackungen in die Biotonne oder in spezielle Sammelcontainer für biologisch abbaubare Wertstoffe. Zur Unterscheidung von petrochemischem Plastik sollen Biokunststoffe ein Recycling-Logo vergleichbar dem DSD-Symbol erhalten. Ein solches getrenntes Entsorgungssystem käme auch kostengünstiger als die Aussortierung in den DSD-Anlagen, meint die Interessengemeinschaft. Diese Kostenvorteile könnten einen Wechsel zu der neuen Technologie erleichtern, hofft man.

Zweifel sind jedoch angebracht, ob die biologisch abbaubaren

der Ausweg –
the solution –

natürliche Rohstoffe werden zu Stärke und Granulat verarbeitet → daraus werden die unterschiedlichsten Produkte gefertigt

natural raw materials processed to pellets → formed to various products

eigentlich ganz einfach

is fairly easy

EXPO2000 HANNOVER
Registriertes Projekt der Weltausstellung

1. Tag
day 01

21. Tag
day 21

28. Tag
day 28

40. Tag
day 40

die nach Gebrauch umweltfreundlich kompostiert werden

in wenigen Wochen entsteht rückstandsfrei wertvoller Humus

environmentally friendly composting after use

takes just a few weeks to obtain valuable soil

weitere Informationen: Tel. ++49 (0)86 66 - 98 86-23,
Fax ++49 (0)86 66 - 98 86-12

Kunststoffe tatsächlich umweltfreundlicher sind als ihre Vettern aus der Petrochemie. Das Umweltbundesamt jedenfalls warnt vor vorschnellen Begeisterungsstürmen. »Ökologische Vorteile durch biologisch abbaubare Kunststoffe sind bisher nicht belegt«, heißt es dort. Sprich: Es gibt bisher keine ganzheitliche Bewertung der neuen Materialien im Sinne einer Ökobilanz. Und in eine solche Bewertung müßte auch einfließen, wie die nachwachsenden Rohstoffe erzeugt werden: Sollten der Mais oder die Zuckerrüben aus der Intensivlandwirtschaft stammen, würde der Vorteil bei der Entsorgung der Biokunststoffe schnell durch eine Belastung von Böden und Grundwasser als Folge der intensiven landwirtschaftlichen Produktionsweise zunichte gemacht.

Ökologische Vorteile durch biologisch abbaubare Kunststoffe sind bisher nicht belegt.

Mit der Sonne heizen: EXPO-Projekt Plusenergiehaus

In Freiburg im Breisgau leben und arbeiten viele Fachleute in Sachen Sonnenenergie, und zwar für nahezu alle Anwendungsbereiche. Unter ihnen ist auch Rolf Disch, Deutschlands bekanntester Solararchitekt. Auf dem Gelände der ehemaligen französischen Kaserne Vauban, genauer gesagt auf deren früheren Sportplätzen, wird nach seinen Plänen die bundesweit größte Solarsiedlung mit 150 Häusern errichtet, die »mehr Primärenergie erzeugen als verbrauchen«. Das sogenannte Plusenergiehaus ist dabei nicht nur als Warenzeichen geschützt, sondern auch als weltweites Projekt der EXPO 2000 innerhalb der »Solarregion Freiburg« registriert worden.

Was das Plusenergiehaus leistet, ist verblüffend: Ein 4-Personenhaushalt verbraucht in einem herkömmlich gebauten Haus pro Jahr durchschnittlich 34.200 Kilowattstunden. In einem Plusenergiehaus können hingegen effektiv 2.300 Kilowattstunden gewonnen werden! Würde man die Einsparung auf 50 Jahre in Öl umrechnen, kämen 200.000 Liter gespartes Heizöl heraus.

Dieses öko-effiziente Paradebeispiel beruht allerdings nicht auf irgendeiner neuartigen Technologiezauberei, sondern dem konsequenten Ausnützen vorhandener Technologien. Denn im modernen Wohnungsbau ließe sich ohne Schwierigkeiten ein Optimum an Energieeffizienz erreichen. Davon ist nicht nur Rolf Disch überzeugt.

Es gibt zwei Hauptfaktoren, die aus einem Normalhaus nach gängiger Wärmeschutzverordnung ein Plusenergiehaus machen.

Erstens das sogenannte Thermoskannen-Prinzip: Man packt das Haus so gut ein, daß die Energie zur Beheizung nicht durch Fugen, Ritzen und undichte Fenster entweicht. Um das Plusenergiehaus winddicht zu bekommen, werden die Wände mit 30 Zentimeter dicker Mineralwolle abgedämmt und mit Holzplatten eingefaßt. Jedes Wandelement wird als Fertigbaumodul beim Zimmermann vorgefertigt.

Zweitens läßt man die Sonne heizen. Das hierfür angewandte Prinzip der passiven Solarnutzung ist denkbar einfach. Die nach Süden ausgerichteten Fenster fangen im Winter bei tiefstehender Sonne die Strahlen und damit Wärme ein. Im Sommer wiederum sorgen Dachüberstände und Balkone beim Höchststand der Sonne für eine Verschattung der Fenster und damit für mehr Abkühlung. Die Südseite der Dachterrasse wird zudem von einem Solardach mit Photovoltaik-Modulen überschattet. Damit wird zusätzliche Energie gewonnen.

Doch damit nicht genug. Jedes Fenster ist bauphysikalisch optimal zwischen Wärmedämmung und Lichtdurchgang ausbalanciert. Drei speziell beschichtete Scheiben Isolierglas, in deren Zwischenräume Edelgas eingefüllt ist, liefern sowohl einen optimalen

Abb. 16: *Plusenergiehaus Solarsiedlung Freiburg*

k-Wert für die Dämmung als auch einen optimalen g-Wert für den Lichtdurchgang. Die Devise lautet: Möglichst viel Wärme hereinlassen, gleichzeitig aber möglichst viel Kälte draußenlassen!

Fragt sich nur, wie der Luftaustausch über die abgedichtete Außenhülle des Hauses erfolgt. Sonst könnte es stickig werden. Auch hier greift Disch auf herkömmliche Technik zurück. Wenn die Raumluft im Innern einen bestimmten Feuchtigkeitswert übersteigt, schaltet sich ein elektrisch betriebenes Lüftungsgerät ein. Frischluft strömt herein, Abluft hinaus. Um nicht unnötig Energie zu verbrauchen, wird über einen Wärmetauscher die kühle hereinströmende Luft mit der warmen Abluft aufgeheizt.

Es ist sinnlos, heute noch Ölheizungen zu bauen, wenn es in 40 Jahren kein Öl mehr gibt.

Energiesparendes Bauen ist in Deutschland noch immer ein Randthema, obwohl der Bedarf immens ist. Denn Heizenergie hat hierzulande einen Anteil von 38 Prozent am gesamten Endenergieverbrauch, immerhin der größte Einzelposten. Nicht nur der Fernsehjournalist Franz Alt weist darauf hin, wie sinnlos es sei, heute noch eine Ölheizung zu bauen, wenn es in ca. 40 Jahren kein Öl mehr geben wird: »Solararchitektur wird integraler Bestandteil einer zukünftigen regenerativen Energiewirtschaft sein. Ökologisches Bauen ist der Kern dieser solaren Energie-Revolution.«

Die geplanten Plusenergiehäuser sind zudem in eine ökologische Siedlungskonzeption eingebunden. Regenwasser wird beispielsweise zentral in Zisternen gesammelt und kann zur Toilettenspülung und zur Gartenbewässerung genutzt werden. Über Vakuum-Toiletten, wie es sie auch in den neuen ICE-Zügen gibt, gelangen Fäkalien zu einer Biogasanlage. Zusammen mit anderen kompostierbaren Abfällen wird hier Brennstoff für ein Blockheizkraftwerk gewonnen, das wiederum Wärme und Strom erzeugt. Das gesamte Quartier soll außerdem autofrei gehalten werden. Eine Tiefgarage am Rande der Siedlung dient als Parkplatz.

Rolf Disch verspricht bei konsequenter Nutzung eines Plusenergiehauses einen satten jährlichen Gewinn. Rechnet man die energiegesparte Menge, die öffentlichen Zuschüsse für Solararchitektur und den ins öffentliche Netz eingespeisten Energieüberschuß zusammen, erzielt man einen jährlichen Gewinn von 6.000 Mark pro Haus.

Solar Valley: das Solardreieck Emscher Park

Im Ruhrgebiet, einer der wichtigsten industriellen Kernregionen Europas und vom Niedergang der Schwerindustrie massiv betroffen, entwickelt sich ein industrieller Photovoltaikschwerpunkt. Eine Schlüsselrolle spielen dabei das Land Nordrhein-Westfalen, das die Photovoltaik, genauer: die kristalline Siliziumtechnologie, entschieden fördert, und die Internationale Bauausstellung (IBA) Emscher Park, die in konkreten Einzelprojekten die ökologische und städtebauliche Erneuerung des nördlichen Ruhrgebiets vorantreibt.

Das Ziel: die Emscher-Lippe-Region am Rande des Ruhrgebiets zur führenden Photovoltaikregion Deutschlands, wenn nicht der Welt, zu machen. Die dachintegrierte Photovoltaikanlage in Herne mit einem Megawatt Leistung, das solare Fertigungszentrum von Pilkington Solar und Shell Solar in Gelsenkirchen und der Wissenschaftspark Rheinelbe in Gelsenkirchen mit einem Photovoltaik-Forschungsschwerpunkt und einer 210-Kilowatt-Anlage auf dem Dach bilden die Eckpunkte des »Solardreiecks Emscher Park«, das Photovoltaik in Forschung, Produktion und Architektur präsentieren will.

Das Solardreieck Emscher Park ist eine Art flächendeckender Show-Room.

Das Solardreieck ist eine Art flächendeckender Show-Room mit möglichst vielen öffentlichen und privaten Projekten, an denen die unterschiedlichsten Anwendungen der Photovoltaik und anderer regenerativer Energien nachvollziehbar sind. Die Entwicklung dieses Projekts zeigt, wie sich im Wechselspiel von Angebot und gezielter Nachfrage Produktionskapazitäten erweitern und an den Standort binden lassen. In diesem wechselseitigen Prozeß entstand der weltweit größte Photovoltaik-Produktionsstandort.

Auf dem Dach des Wissenschaftsparks in Gelsenkirchen entstand ein großes Photovoltaikkraftwerk. Für dieses Projekt entwickelte die Flachglas Solar GmbH, die heutige Pilkington Solar International GmbH, eine neue Fertigungstechnologie für Solarfassaden zur Serienreife und baute vor Ort eine Fabrik für die Serienfertigung fassadenintegrierter Photovoltaikmodule auf. Diese neuartigen Module boten sich wiederum für ein weiteres Vorhaben an, das die IBA in Herne entwickelte: In die »mikroklimatische« Glashülle, die die Fortbildungsakademie des nordrhein-westfälischen Innenministeriums überspannt, wurde ein Solarkraftwerk integriert. Für diesen Großauftrag erweiterte Pilkington Solar die Kapazität seiner

Modulfertigung. Projekt für Projekt entstand in Gelsenkirchen ein solares Gravitationszentrum, das ein weiteres Großprojekt anzog: Direkt neben der Modulfertigung entsteht die weltweit größte Solarzellenfabrik.

Der nächste Schritt steht bereits zur Realisierung an. Die IBA Emscher Park strickt an der Idee, auf dem Gelände der Kokerei der Zeche Zollverein in Essen ein Photovoltaikkraftwerk mit drei Megawatt zu errichten. Im folgenden ein kurzer Überblick über die Einzelprojekte des Solardreiecks:

Architektur für Sonne und Regen: der Wissenschaftspark. Der Sonne zugewandt ist die imposante 300 Meter lange Glasfassade des Wissenschaftsparks. Für die Nutzung der Sonnenstrahlen entstand auf dem Dach ein dachgeständertes Photovoltaikkraftwerk mit einer Spitzenleistung von 210 Kilowatt. Aber auch an Regentage haben die Architekten gedacht: Das Regenwasser von Dach und Fassade sammelt sich in einem Teich, wo es teils verdunsten, teils versickern kann und so dem natürlichen Wasserkreislauf erhalten bleibt.

Aber auch an Regentage haben die Architekten gedacht.

Im Inneren des Gebäudes arbeitet das Institut für Angewandte Photovoltaik an der Weiterentwicklung nanokristalliner Farbstoffzellen für die Photovoltaik. Diese sogenannten »Grätzel-Zelle« weist zwar noch einen niedrigeren Wirkungsgrad auf als die Zellen auf Siliziumbasis, verspricht aber wesentlich niedrigere Produktionskosten – man spricht von einem Strompreis von einem Fünftel im Vergleich zu Siliziumzellen. Ziel ist es, die Zelle auf eine nutzungsgerechte Größe – geplant ist ein Quadratmeter – zu erweitern, um sie für Dächer und Fassaden nutzbar zu machen. Knackpunkt in der Entwicklungsarbeit ist die Versiegelung der Glasplatten, zwischen denen die Flüssigkeit eingeschlossen ist.

Mont Cenis: Photovoltaikzellen liefern Strom und spenden Schatten. Ein gewaltiges Holzgerippe, 176 mal 72 Meter groß, überspannt die Baustelle auf dem ehemaligen Zechengelände Mont Cenis in Herne. Darunter erstrecken sich zwei parallele Gebäuderiegel aus Beton. Im Laufe von 1999 soll die Fortbildungsakademie des nordrhein-westfälischen Innenministeriums fertiggestellt sein. Dann wird eine Glashülle das neue Stadtteilzentrum überspannen und für mediterrane Klimaverhältnisse im begrünten Innenraum des Gebäudes sorgen.

Der Clou verbirgt sich in der Glashülle des gut 12.000 Quadratmeter großen Dachs: die mit einer Fläche von 10.000 Quadratmetern und einer Nennleistung von einem Megawatt weltweit größte dachintegrierte Photovoltaikanlage. Sie soll innerhalb eines Jahres 750.000 Kilowattstunden elektrischen Strom erzeugen; das entspricht dem Strombedarf von 230 Privathaushalten und ist mehr als doppelt soviel, wie das Zentrum selbst verbraucht. Als Schattenspender sollen die Solarzellen zugleich für angenehme Licht- und Temperaturverhältnisse unter dem Glasdach sorgen.

Der Clou verbirgt sich in der Glashülle des Daches.

Der Produktionsstandort: Modul- und Solarzellenfertigung. Industrieller Kern des Solardreiecks ist die Modulfertigung, die Pilkington Solar International seit 1993 in Gelsenkirchen betreibt. Das Solarkraftwerk auf dem Wissenschaftspark verhalf einer neuartigen Fertigungstechnologie zum Durchbruch: Bei dem neuartigen Verfahren werden die Solarzellen mit einem speziellen Gießharz zwischen zwei Glassscheiben eingebettet. Dies ermöglicht es, Fassadenelemente bis zu sechs Quadratmeter Größe herzustellen. Demnächst soll die Modulfabrik von einer Fertigungskapazität von derzeit etwas mehr als 3 Megawatt pro Jahr schrittweise auf 10 Megawatt erweitert werden. Damit nicht genug: In einem Joint Venture der Deutschen Shell AG und Pilkington Solar International entsteht in Gelsenkirchen die weltweit größte Solarzellenfabrik. 13 Millionen Solarzellen mit einer Leistung von zusammen 25 Megawatt sollen hier im Drei-Schicht-Betrieb in zwei vollautomatischen Produktionslinien vom Band laufen. Die erste der beiden Produktionslinien soll bereits im Sommer 1999, die zweite Anfang 2000 in Betrieb gehen.

Das Engagement von Shell ist Teil einer langfristigen Strategie des Konzerns, der davon ausgeht, daß regenerative Energien in 50 Jahren bereits 50 Prozent des Weltenergiebedarfs decken könnten. Shell will binnen fünf Jahren knapp eine Milliarde Mark in den neuen Geschäftsbereich regenerative Energien investieren und strebt einen Anteil von zehn Prozent in dem rasch wachsenden Solargeschäft noch vor dem Jahr 2005 an.

High-Tech-Dienstleistungen

Einsparungen aller Orten, sparen ist in. Große Spareffekte verspricht man sich auch von neuen Dienstleistungen. Sie sollen die Wirtschaft »dematerialisieren«, indem Produkte durch Service ersetzt werden. Die Hoffnung ruht dabei vor allem auf der entstehenden High-Tech-Dienstleistungswirtschaft. Neue Recycling-Formen, z.B. das Nachfüllen leerer Kartuschen für Computerdrucker, Mobilitätskonzepte, die sich auf Leasing statt Kauf oder auf die gemeinschaftliche Benutzung von Fahrzeugen stützen, sind Beispiele für Dematerialisierung. Ferner die Ablösung von Arbeitswegen und Dienstreisen durch Telekommunikation – von der Telearbeit bis hin zu Videokonferenzen. Sie zeigen, wie neue Formen der Organisation den gesamten Material- und Energieverbrauch senken können.

Leasing statt Kauf oder gemeinschaftliche Nutzung von Fahrzeugen sind Beispiele für Dematerialisierung.

Hans-Jörg Bullinger vom Stuttgarter Fraunhofer Institut für Arbeitswirtschaft und Organisation (IAO) sieht in den öko-effizienten Dienstleistungen riesige Innovationspotentiale schlummern, die »sowohl in ökonomischer als auch in ökologischer Hinsicht wirksam werden können«. Sein Hauptaugenmerk gilt der gezielten Orientierung am Kundennutzen. Denn dieser ist der eigentliche Zweck einer wirtschaftlichen Leistung. Der Vorteil: Die gesamte Produktionskette von der Rohstoffgewinnung bis zur Endfertigung wird abgelöst oder ergänzt von einer nichtmateriellen Leistung.

Bullinger hat diese ökologischen Dienstleistungen systematisch erfaßt. Wie man der *Abb. 17* unschwer entnehmen kann, repräsentiert die »sachgutunabhängige« Erfüllung des Kundennutzens die höchste, das additive Sachgutangebot die niedrigste öko-effiziente Dienstleistung.

Um es anschaulicher zu machen, nehmen wir als Beispiel eine Heizungsfirma. Additiv hieße: Das Unternehmen gewährleistet nicht nur Erstberatung und Wartung, sondern auch die Rücknahme und schließliche Entsorgung der Heizungsanlage. Die höhere Lebensdauer sowie die Wiederverwertung oder sachgemäße Entsorgung stehen auf der ökologischen Haben-Seite.

Integriert hieße: Die Firma böte über die gesamte Nutzungsdauer hinweg ihr Heizungssystem gegen eine Leasinggebühr an. Der Vorteil: Die Firma würde aus reinem Eigeninteresse für einen optimalen und ressourcenschonenden Betrieb der Anlage sorgen.

Eine sachgutunabhängige Dienstleistung wiederum wäre die

Öko-effiziente Dienstleistungen **Abb. 17**

ökologisches Innovationspotential / Sachgutbezug	Ergänzende Leistung zum verkauften Sachgut (»additiv«)	Nutzung bestimmter Sachgüter (»integriert«)	Erfüllung des Kundennutzens (»sachgutunabhängig«)
gering	Anwendungsberatung, Wartungs- und Reparaturmaßnahmen	Vermietung, Leasing	Gastronomie, Reinigungsdienste Friseurhandwerk, usw.
hoch	Rücknahme- und Entsorgungs-dienstleistungen	Sharing, Pooling	Contracting

Gewährleistung eines behaglichen Raumklimas über einen gewünschten Zeitraum hinweg. Wie das geschieht, ist offen. Die Firma kann nach eigenen Überlegungen die ökologisch bestausgereifte Anlage installieren, aber mehr noch. Für eine bessere Energieeffizienz kann sie zusätzlich anbieten, die Außenhülle des Hauses besser dämmen oder auch neue energieoptimierte Fenster einbauen zu lassen.

Kreislaufwirtschaft ohne Ende

Mehr Leistung statt Güter verkaufen

Der Schweizer Walter Stahel ist ebenfalls ein bekannter Verfechter der These, mehr Leistungen statt Güter zu verkaufen. In diesem Zusammenhang hat er in Genf ein Institut für Produktdauer-Forschung gegründet. Seine These läßt sich kurz zusammenfassen: Langlebige Produkte schaffen Arbeitsplätze und erhöhen die Ressourceneffizienz. Das klingt zunächst paradox in einer Welt, die den schnellen Konsum von immer mehr Produkten zum obersten Leitziel erkoren hat.

Stahel geht davon aus, daß eine Verminderung der Ressourcenströme durch eine intensivere Nutzung von Gütern erreicht werden kann: »Die Verdoppelung der durchschnittlichen Lebensdauer eines Produkts führt zu einer Halbierung der Produktion und des Abfalls, welche mit diesem Produkt zusammenhängen, inklusive der damit verbundenen Ressourcenströme und Umweltbelastungen (Verpackung, Lagerung, Transporte).« Die Geschwindigkeit der Stoffströme halbiert sich demzufolge. Leider, so Stahel, sei aber derzeit der wirtschaftliche Erfolg (Verkaufsumsatz und Bruttosozialprodukt) direkt mit den Ressourcenströmen verknüpft, weshalb langlebige Produkte noch außerhalb der wirtschaftlichen Interessen liegen.

Der Ausweg liegt in der Kreislaufwirtschaft.

Der Ausweg liegt in der Kreislaufwirtschaft. »Erst geschlossene Material- und Verantwortungskreisläufe erlauben eine Entkoppelung von wirtschaftlichem Erfolg und Ressourcenströmen.« Der Hersteller übernimmt die Produktverantwortung von der Wiege zurück zur Wiege. Der Vorteil: Kreisläufe haben keinen Anfang und kein Ende. Die Optimierung dieser Leitidee liegt in der längeren und intensiveren Nutzung von Gütern. Das übergeordnete Prinzip ist die Dienstleistungsgesellschaft: »Ein Verkauf von Nutzen statt von Gütern, durch Strategien der Vermietung, des Betriebsleasings oder des Outsourcings, schließt den Begriff der Nützlichkeit in sich ein: Firmen, die auf das Wegwerfprinzip setzen, werden dann auf ihren Produkten sitzenbleiben, denn kein Mieter wird die Miete für ein nicht-nützliches Produkt (kaputt, unverständlich, nicht benutzerfreundlich) bezahlen, welches er zurückgeben kann.«

Für Stahel ist zukünftiges Wirtschaften regional, weil Dienstleistungen am Ort des Bedürfnisses erbracht werden müssen. Dieser Umbau der Wirtschaft hat längst begonnen. Neue Dienstleistungsakteure treten auf den Plan: lokale Nachfüller von Tonermodulen für Drucker, regionale Reparaturwerkstätten oder elektrische Minimills für dezentrales Stahlrecycling statt kohlegefeuerte Hochöfen zur Stahlherstellung.

Und genau an diesem Punkt setzt Stahel mit seinem Arbeitsplatzargument an: »Es ist seit langem bekannt, daß Dienstleistungen auf dem Gebiet der Nutzungsdauer-Verlängerung von Gütern mehr und höher qualifizierte Arbeit schaffen als die entsprechende Fertigung von Neugütern.« Das leuchtet unmittelbar ein, wenn man beim Anblick einer Abrißbirne ins Grübeln kommt, ob eine Gebäuderenovierung nicht der bessere Weg gewesen wäre. Drei Viertel, so Stahel, der gesamten Energie gehen in die Herstellung von Rohstoffen wie Zement und Stahl. In den tragenden Teilen eines Gebäudes stecken drei Viertel der »grauen Energie«, im Ausbau nur ein Viertel. Wer sein Haus renoviert, erhält 75 Prozent des gesamten Energieaufwandes. Und: Eine Sanierung verursacht in etwa gleich viel Arbeit wie ein Abriß und Neubau. Also wird Energie durch Facharbeit ersetzt.

Grünes Geld, Öko-Rating und NAX

Was aber wären öko-effiziente Produkte und Dienstleistungen ohne eine Anbindung an die globalen Kapital- und Investitionsströme? Vermutlich nichts oder nur am Rande wahrgenommene Hirngespinste.

Fragt sich nur, wer die richtigen Unternehmen auswählt, bewertet und den Anlegern empfiehlt. In diesem recht jungen Zweig der Öko-Investments stößt man schnell auf die Münchner Gesellschaft für ökologische Kommunikation mbH, die ökom. Das ist eine unabhängige Umweltagentur mit zehn Mitarbeitern, die sich auf die Beratung von ökologisch orientierten Unternehmen, Organisationen und Investoren spezialisiert hat. Als Verlag gibt ökom die Umweltfachzeitschrift *Politische Ökologie* und in Zusammenarbeit mit dem Institut für ökologische Wirtschaftsforschung in Berlin (IÖW) den Informationsdienst *Ökologisches Wirtschaften* heraus.

Seit 1994 liefert die Agentur ein Öko-Rating, das Unternehmen ins ökologische Blickfeld rückt: »eine unverzichtbare Informationsquelle für alle, die wissen wollen, welche Unternehmen und Projekte mit dem Umweltschutz ernstmachen und sich nicht bloß ein grünes Mäntelchen umhängen«. Das Rating wird in den Zeitschriften Börse *Online* und *Öko-Invest* regelmäßig veröffentlicht.

Max Deml, Chefredakteur der *Öko-Invest* in Wien, ist einer der Wegbereiter des Ratings. Trotz aller Anlaufschwierigkeiten – *Öko-Invest* ist noch von Sponsoren abhängig – und der Probleme internationaler Standardisierung sieht er den Ausblick positiv: »Ökologische Aspekte werden bei der finanziellen Bewertung eines Unternehmens immer stärkere Bedeutung gewinnen. Ein Bürogebäude ist heute in den USA nur mehr sehr schwer zu vermieten oder zu verkaufen, solange beispielsweise nicht ein Zertifikat über die Asbestfreiheit vorliegt.« Bereits im Jahr 2010, so glaubt er, wird es in jedem Aktienranking eine Note für Umweltbonität geben.

Bereits im Jahr 2010 wird es in jedem Aktienranking eine Note für Umweltbonität geben.

Das zentrale Problem ist allerdings, nach welchem Kriterienkatalog man eine Unternehmensbewertung vornimmt. Neue Erkenntnisse beispielsweise über das Wirkungsgeflecht von Schadstoffen oder gesellschaftlichen Folgen von neuen Produkten erfordern ständige Anpassungen dieser Kriterien. Darüber hinaus sind weitere Fragen offen. Soll die ideale Öko-Rating-Agentur privat oder staatlich strukturiert sein? Wer sorgt für die finanzielle Unabhängigkeit?

Robert Haßler von ökom hat die komplexe Untersuchungsmethode in *Abb. 18* zusammengefaßt.

Dafür muß sich natürlich jedes Unternehmen in die Karten schauen lassen. Kein Wunder, wenn von 49 ursprünglich unter die Lupe zu nehmenden Firmen elf den Einblick verweigerten. Dieser Einblick geschieht durch Fragebögen sowie durch Interviews im Unternehmen und bei externen Stakeholdern. Die ermittelten Ist-Daten werden dann mit zuvor definierten Soll-Zielen verglichen. Die Benotung reicht von 1 bis 5 (Unternehmen ist im Umweltbereich besonders progressiv).

Stärken und Schwächen des Öko-Ratings

Den ersten Platz des bisherigen Öko-Ratings belegten der österreichische Kartonhersteller Mayr Melnhof und der holländische Fonds Biogrond Belegging mit einer Gesamtnote von 3,8, dicht gefolgt von Wasseraufbereiter BWT und Textilhersteller Kunert mit 3,7. Am Beispiel von Kunert wird deutlich, wo Schwächen und Stärken eines Öko-Ratings liegen.

Die Kunert AG ist europaweit einer der größten Hersteller von Beinbekleidung für Damen, Herren und Kinder. Im Konsumenten-

Untersuchungsbereiche des Öko-Rating **Abb. 18**

1. Umweltmanagement
- Umweltziele und Umweltbeauftragte
- Umwelt-Audit/Öko-Bilanz/Öko-Controlling
- Compliance-level mit einschlägigen Umweltgesetzen
- Umweltstandards im Ausland
- Kooperationen, umweltbezogene Aus- und Weiterbildung, Büroökologie
- ökologische Beschaffungsrichtlinien, Transport und Absatz

2. Produkte und Dienstleistungen
Ermittlung der unmittelbaren und induzierten Umweltauswirkungen von Produkten und Dienstleistungen sowie der Maßnahmen und Ziele einer ökologischen Produkt- und Dienstleistungsentwicklung:
- Langlebigkeit
- Wiederverwertbarkeit
- recyclinggerechte Konstruktion
- Produktrücknahme
- Verwendung umweltverträglicherer Materialien
- Reduzierung schädlicher Emissionen und des Verbrauchs an erschöpfbaren Ressourcen beim Gebrauch des Produktes

3. Umweltkennzahlen
Analyse folgender auf Umsatz, Output oder Anzahl der Mitarbeiter bezogenen Umweltdaten:
- Energie- und Wasserverbrauch
- Luftverschmutzung, z.B. CO_2, NO_X, SO_X, Staub
- Wasserverschmutzung
- Abfallaufkommen und Zusammensetzung das Abfallaufkommens, z.B. Anteil der wiederverwertbaren Rohstoffe, Anteil des Sondermülls

verhalten ist die umweltverträgliche Herstellung von Strumpfhosen und Strümpfen mittlerweile nach Paßform und Haltbarkeit die drittwichtigste Kaufbedingung. Zunächst wurde ein zwölfseitiger Fragebogen vom Leiter der Kunert-internen »Arbeitsgruppe Ökologie« beantwortet. Außerdem wurden alle Umwelt- und Geschäftsberichte der letzten Jahre herangezogen. Ergänzt wurde die Untersuchung schließlich durch externe Experteninterviews sowie der Auswertung einschlägiger Sekundärliteratur.

Die umweltverträgliche Herstellung von Strumpfhosen ist die drittwichtigste Kaufbedingung.

Dabei lagen die Stärken in erster Linie im Bereich »Beschaffung, Herstellung, Absatz« z.B. durch neue umweltfreundliche Färbetechnologien und im Umweltmanagement etwa durch selbstkritische Ökoberichte. Die Schwäche liegt in erster Linie in der Produktentwicklung. Kunert bewegt sich im klassischen Dilemma Mode versus Umweltschutz: Im Zweifelsfall sind die Verbraucher doch eher am aktuellen Chic als an der Haltbarkeit des Produkts interessiert. Dennoch kommt das Öko-Rating zu folgendem Fazit: »Die Kunert AG wird ihrem Ruf als Öko-Pionier gerecht. Vor allem die Bereiche, in denen Ökologie und Ökonomie in die gleiche Richtung zielen, wie z.B. die Energie- und Rohstoffeinsparung oder die Reduzierung der Abfälle und damit auch der Abfallgebühren, sind bei Kunert weit entwickelt.«

Jedes Unternehmen wird im Rahmen des Öko-Ratings zu einer Selbsteinschätzung aufgefordert. Das überraschende Ergebnis: Die Kandidaten hielten sich in der Regel für zu gut. Im Durchschnitt lag die selbsterteilte Note bei 3,4, das tatsächliche Ergebnis bloß bei 2,0. Im großen und ganzen fanden die Unternehmen jedoch die objektive Bewertung angemessen. Christian Wucherer von der Kunert AG faßt es stellvertretend zusammen: »Für Wirtschaftsjournalisten bietet das Instrument Öko-Rating die Möglichkeit, ein Unternehmen nach seinen tatsächlichen Leistungen im Bereich der Ökologie und nicht die Leistungsfähigkeit der Abteilung Öffentlichkeitsarbeit zu bewerten.«

Ein weiteres Beispiel ist die japanische Shimano Inc., die Fahrradkomponenten sowie Angelruten und -rollen herstellt. Interessant ist die Firma deshalb, weil sie im grünen Aktiengeschäft gut im Geschäft ist, aber vom Rating her nicht ganz das verspricht, was man erwarten würde. Das Unternehmen produziert seit 1921 Bremsen, Gangschaltungen und Naben für Fahrräder. Der weltweite Umsatz beträgt 1,85 Milliarden Mark. Der Marktanteil bei Fahrradkomponenten liegt bei über 80 Prozent.

Auf der ökologischen Habenseite von Shimano stehen:

- das Basisprodukt Fahrrad, das pro Kilometer im Vergleich zum Auto 245 Gramm weniger Kohlendioxid emittiert,
- die beispielhafte Unterstützung von Initiativen zur Förderung des Fahrrads als Verkehrsmittel,
- langlebige und qualitativ hochwertige Komponenten.

Demgegenüber stehen als ökologische Nachteile:

- ein fehlendes Umweltmanagement im Betrieb,
- keine Rücknahme- und Recyclingangebote.

Die Öko-Rating-Gesamtnote für Shimano liegt bei 1,8. Angemahnt werden insbesondere auch die Erfassung von Fortschreibung von konzernweiten Umweltdaten. »Es bleibt abzuwarten, ob das in einem hektischen Markt tätige Unternehmen hierfür in Zukunft Zeit finden wird.«

Zwischenzeitlich haben sich auch die anlagesuchenden Finanzinstitute der Öko-Effizienz angenommen. Diverse Investmentfonds mit der primären Ausrichtung auf Öko-Effizienz sind mittlerweile aufgelegt worden – und das mit erstaunlichem Börsenerfolg.

Wegweisend im Bereich der Umweltaktien ist der sogenannte NAX oder Natur-Aktienindex, der von der renommierten internationalen Finanznachrichtenagentur Bloomberg ermittelt wird. 20 internationale Unternehmen vom englischen Kosmetikhersteller Body Shop bis hin zur amerikanischen Schuhfabrik Timberland werden hier erfaßt. Das grüne Börsenbarometer wurde im April 1997 aus der Taufe gehoben und hat im ersten Jahr ein Plus von rund 34 Prozent erzielt. Absoluter Spitzenreiter ist Whole Foods Market mit einem Kursplus von 236 Prozent im ersten Jahr. Das US-Unternehmen ist die weltweit größte Kette von Naturkost-Einzelhandelsgeschäften.

Das grüne Börsenbarometer wurde 1997 aus der Taufe gehoben.

Einen besonders interessanten Anlagetip kann man dem von Max Deml u.a. herausgegebenen Jahrbuch für ethisch-ökologische Geldanlagen *Grünes Geld* entnehmen: Tomra ist der weltweit bedeutendste Hersteller von Pfandflaschenrücknahmemaschinen, die bereits in vielen Supermärkten anzutreffen sind. Die Automaten erkennen mittels Laserstrahlen und einer ausgeklügelten Elektronik den jeweiligen Flaschentyp, transportieren das Leergut weiter, berechnen das Pfand und drucken einen Gutschein aus, den man an der Kasse einlösen kann. Tomra zählt zu den international beliebtesten grünen Aktien. Der Kursgewinn seit 1993 beläuft sich auf mehr als 2.000 Prozent.

Faktor Vier – mehr Wohlstand, weniger Naturverbrauch

Öko-Effizienz ist längst nicht mehr nur eine Randerscheinung, sondern vielerorten das Konzept für die Zukunft. Stephan Schmidheiny und der von ihm gegründete Business Council for Sustainable Development (inzwischen World Business Council for Sustainable Development) hat dies bereits in dem für den Erdgipfel in Rio 1992 geschriebenen Buch *Kurswechsel* klar zum Ausdruck gebracht. Schmidheiny prägte das neue Wort der »Öko-Effizienz« als ein in praktisch allen Branchen gültiges Managementprinzip, was wir in *Faktor Vier,* unserem Bericht an den Club of Rome (Weizsäcker, Lovins, Lovins 1997), ebenfalls ausführlich beschrieben haben.

Dabei geht es, wie gesagt, um die Vervierfachung der Ressourcenproduktivität: Aus einem Faß Öl oder einer Tonne Erdreich kann wenigstens viermal soviel Wohlstand herausgeholt werden. Begnügen wir uns damit, den Wohlstand zu verdoppeln, dann können wir gleichzeitig den Naturverbrauch halbieren.

Erfolgreiche Kursentwicklung **Abb. 19**

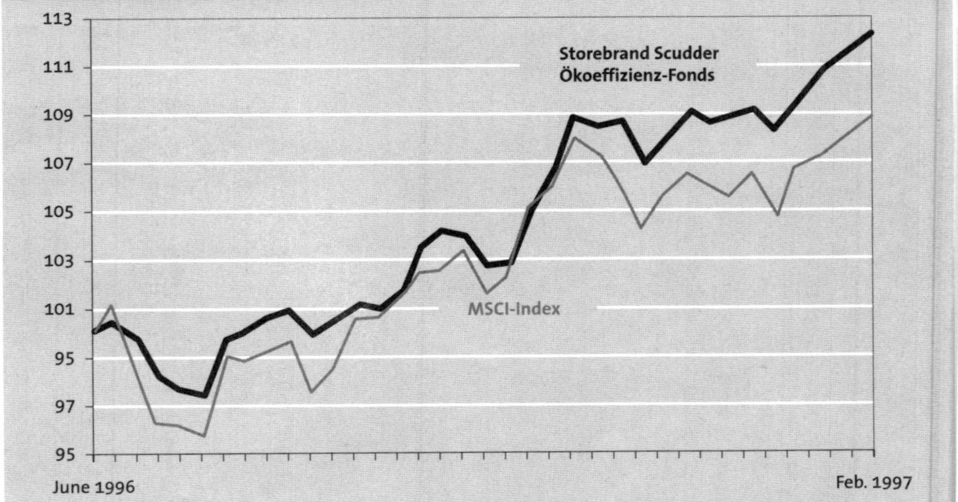

Nach: WBCSD Environmental Performance and Shareholder Value.

Abb. 19: *Der vom norwegischen Versicherungskonzern Storebrand und dem Portfoliomanager Scudder aufgelegte Öko-Effizienz-Fonds erlebte im ersten Jahr seines Bestehens eine Kursentwicklung, die sogar günstiger lag als die des Morgan Stanley Capital International (MSCI) Index. Ähnliche Erfolge konnte das 1997 lancierte SBC Eco Performance Portfolio – World Equities des Schweizerischen Bankvereins verzeichnen. (Quelle: Blumberg u.a., 1997)*

Mit der breiten Durchsetzung des Faktor Vier-Konzepts kommt man der in Rio de Janeiro akzeptierten Forderung der Nachhaltigkeit sehr nahe. Von einer ökologisch nachhaltigen Nutzung der Naturschätze läßt sich nur dann sprechen, wenn sie in höchstem Grade effizient ist. Die Faktor Vier-Revolution ist alles andere als ein Luxus, den sich bloß die reichen Länder leisten könnten, sondern gerade für die ärmeren eine elementare Entwicklungsbedingung. China, Indien, Mexiko oder Ägypten haben viele billige Arbeitskräfte und wenig Wasser, Rohstoffe und Energie. Warum sollten sie von den USA oder Europa den verschwenderischen Umgang mit Ressourcen übernehmen? Ihre Entwicklung verläuft viel besser und eleganter, wenn sie von vornherein auf die Effizienzrevolution setzen.

Kühlen Kopf bewahren

Abb. 20: *Das Rocky Mountain Institute von Amory und Hunter Lovins , in 2.200 Meter Meereshöhe gelegen, ist ein Netto-Energieerzeuger: ein Paradebeispiel für Energieproduktivität.*

Beispiele, wie man den magischen Faktor Vier erreicht hat oder mit heutiger Technik erreichen kann, gibt es zuhauf. Das fängt mit dem Wohn- und Arbeitshaus des Ehepaars Lovins an, dem Rocky Mountain Institute. Hoch oben in Eis und Schnee, wo andere Häuser gigantische Gas-, Öl- und Stromrechnungen verursachen, ist das Rocky Mountain Institut ein Netto-Energieerzeuger. Es braucht fast keine Energie. Es ist vorzüglich isoliert und bezieht die rund 20

Mitarbeiter mit ihren 37 Grad Körpertemperatur in die Heizungsbilanz systematisch ein. Damit die Luft gut bleibt, grünt drinnen ein tropischer Mini-Urwald, und es gibt eine Wärmeaustausch-Belüftung, bei der die ausströmende verbrauchte Warmluft die hereinkommende kalte Frischluft aufwärmt. Erst wenn draußen grimmige Kälte herrscht, dann erlaubt man sich auch noch, die zwei alten Kanonenöfen mit etwas Holz aus dem Garten zu befeuern.

Auch in Deutschland gibt es erste Energiesparhäuser. Eines, das Plusenergiehaus von Rolf Disch, haben wir bereits kennengelernt. Man unterscheidet grob drei Typen solcher Gebäude:

- das Niedrigenergiehaus, bei dem Heizung und Dämmung so optimiert werden, daß der Energieverbrauch radikal eingeschränkt wird (dazu gehört auch das Passivhaus, das zusätzlich passive Solarerträge erwirtschaftet),
- das Plusenergiehaus, das mehr Energie erzeugt als verbraucht,
- das energieautarke Haus, das aber noch Zukunftsmusik ist.

In Darmstadt wurde, im wesentlichen nach Lovins' Erkenntnissen, ein erstes Passivhaus gebaut, das außer passiver Sonnenenergie kaum Energie von außen braucht, vielleicht noch zehn Prozent der ortsüblichen Heizenergie. Mittlerweile ist die Passivhaustechnologie durch kostengünstige Vorfertigung und kurze Bauzeiten auch preislich mit Normalbauten konkurrenzfähig. Dies ist die architektonische und ökologische Grundidee für die Kronsberg-Siedlung in Hannover. Sie wird um mindestens einen Faktor Vier energieeffizienter sein als heutige Siedlungen.

Im Zeichen des Kronsbergs

Wo sich einst monotone Rübenäcker unbehelligt ausbreiten konnten, entsteht derzeit in unmittelbarer Nähe zum EXPO-Gelände ein völlig neuer Stadtteil. Die sogenannte Kronsberg-Siedlung soll irgendwann einmal 6.000 Wohnungen und Reihenhäuser auf einer Fläche von 160 Hektar umfassen. Zunächst werden aber noch kleinere Brötchen gebacken. Bis zur Weltausstellung sollen 2.500 Wohnungen, ein Stadtteilzentrum, Schulen und Kindertagesstätten fertig sein. EXPO-Mitarbeiter und Gäste der Teilnehmerstaaten finden hier Heimstatt für das vier Monate dauernde Großereignis.

Bis zur Weltausstellung sollen 2.500 Wohnungen fertig sein.

Die Siedlung wird nach den modernsten ökologischen Standards errichtet. Energiesparende Bauweise, Verwendung umweltgerechter Baumaterialien, eine eigene Energieversorgung mit Blockheizkraftwerk und Nutzung von Sonnen- und Windenergie, eine eigene Abfallverwertung und ein innovatives Wasserkonzept sind die Eckpfeiler des Programms, das selbst Exponat der Weltausstellung ist. Unter dem Begriff »Ökologische Optimierung Kronsberg« firmiert es als eines der weltweiten Projekte der EXPO 2000.

28 Bauträger, zum größten Teil aus dem Raum Hannover, nutzen die lukrativen Zuschüsse des öffentlich geförderten Wohnungsbaus. 400 Millionen Mark Förderung wurden bisher für das ehrgeizige Vorhaben veranschlagt. Die Bauträger verpflichten sich als erstes zu einer Begrenzung des Heizenergieverbrauchs auf 50 Kilowattstunden pro Quadratmeter im Jahr. Qualifizierte Ingenieurbüros sorgen für die nötige Umsetzung dieser Anforderung.

Das Energiekonzept bildet das Herzstück der Kronsberg-Planung: Zwei Blockheizkraftwerke sollen eine flächendeckende Nahwärmeversorgung garantieren. Für die Stromversorgung sind drei Windenergieanlagen mit einer Gesamtleistung von über drei Megawatt geplant. Ein Passivhaus-Block mit 100 Wohneinheiten soll die Werte der Niedrigenergiehäuser in der Siedlung nochmals um 20 Kilowattstunden unterschreiten. In der »Solar-City« sollen Sonnenkollektoren samt Speicher die Beheizung und Warmwasserversorgung weiterer 100 Wohnungen und einer Kindertagesstätte ermöglichen – und zwar ganzjährig.

Ökologisches Bauen ist ein weiterer Eckpfeiler der gesamten Planung. Für die Verwendung umweltgerechter Baumaterialien sowie der Vermeidung von Bauabfällen gelten strenge Auflagen: Wer sich nicht an ökologische Standards hält, wird mit einer Kürzung der Fördermittel bestraft. Dazu zählt unter anderem die Wiederverwertung des Bauaushubs vor Ort, was anschließende, lange Transportwege spart. Darüber hinaus wird anfallendes Erdmaterial beispielsweise für den Bau der Lärmschutzwälle an der angrenzenden A7 benötigt.

Neue Wege weist auch das Wasserkonzept. Flächenversiegelung durch Bebauung beeinträchtigt den Wasserhaushalt, da Regenwasser schnell abfließt, statt langsam zu versickern. Der Wasserkreislauf wird gestört, da zu wenig Wasser für die Erneuerung des Grundwassers zur Verfügung steht. Anders am Kronsberg. Dort wird das gesamte Niederschlagswasser, das sich auf Dächern und Straßen sammelt, in begrünte Mulden geleitet, unter denen sich

Niederschlagswasser wird in begrünte Mulden geleitet.

ein Kiesbett befindet. Dieses sogenannte »Mulden-Rigolen-System« ermöglicht ein langsames Versickern des Wassers im Boden. Auch auf der Seite des Verbrauchs greift das Wasserkonzept. So werden alle Wohnungen mit Wasserspareinrichtungen wie Spar-Perlatoren und Durchflußbegrenzern ausgestattet. Im Wohn- und Gewerbegebiet Kronsberg-Süd wird schließlich neben der Trinkwasserversorgung ein eigenes Brauchwassernetz für Toilettenspülung, gewerbliche Nutzung und Bewässerung installiert. Es speist sich aus dem Regenwasser von Plaza und Pavillon-Gelände Ost.

Nicht nur in ökologischer, sondern auch in sozialer Hinsicht will die Stadt Hannover glänzen. Drei Vorhaben des weltweiten Projekts »Stadt als sozialer Lebensraum« beziehen sich auf die Kronsberg-Siedlung. »Habitat« versucht ein mulikulturelles Zusammenleben in einem Quartier mit etwa 92 Wohnungen zu realisieren. »Fokus« ist ein Wohnprojekt für behinderte Menschen. Etwa 60 Wohnungen sollen schließlich im ganzen Siedlungsgebiet verstreut für ältere Menschen reserviert werden.

Weniger Sprit, mehr Auto

Ein zentrales Faktor Vier-Beispiel ist auch das derzeitige Lieblingsthema von Amory Lovins, das »Hyperauto«. In der deutschen Diskussion klingt es oft so, als sei das technologische Ziel das »Fünf-Liter-Auto«, das Auto mit einem Spritverbrauch von 5 Litern pro 100 Kilometer. Dieses Ziel spiegelt nach Amory Lovins die Diskus-

Abb. 21: *Das Konstruktionsprinzip des Hyperautos: leichte, robuste Kunststoffe, Hybridmotor, optimale Aerodynamik. (Ich danke Amory Lovins für die Überlassung des Bildes.)*

sion von gestern wieder. In Wirklichkeit geht es an der technologischen Front um ein Auto, welches einen Spritbedarf von anderthalb bis zwei Litern hat. Ein solches Auto wurde von Amory Lovins und seinen Mitarbeitern völlig neu konzipiert. Durch Leichtbauweise und Hybridmotoren kam Amory Lovins auf Konstruktionen, die mehr als viermal so energieeffizient sind wie die heutige Autoflotte. Die Idee setzt sich, wenn auch erst langsam, bei den Autobauern der Welt durch. Und wenn man davon ausgeht, daß China und Indien jeweils für zehn Prozent ihrer Bevölkerung den Autobesitz ermöglichen werden, dann wird für diese Länder schon aus Gründen der Außenhandelsbilanz das Hyperauto die bei weitem attraktivste Option sein.

Ein weiteres Faktor Vier-Beispiel ist, wie bereits erwähnt, die allseits bekannte, aber noch keineswegs überall genutzte Sparlampe. Aber beim Stromverbrauch im Haushalt geht es nicht nur um Lampen. Praktisch alle stromverbrauchenden Haushaltsmaschinen kann man um einen Faktor Vier effizienter arbeiten lassen. Für die rasch wachsenden und zumeist in warmen Klimazonen befindlichen Schwellen- und Entwicklungsländer von besonderer Bedeutung ist die Energieeffizienz beim Air Conditioning. Zahlreiche Staudämme und Kohlekraftwerke werden gebaut, um eine völlig ineffiziente Luftkühlung in Bürohäusern und Touristenhotels zu betreiben, mit enormen wirtschaftlichen und ökologischen Kosten.

Faktor Vier-Müll

Noch weiter geht es mit der Energie- und der Stoffproduktivität, wenn man nicht nur an einzelne Fahrzeuge, Häuser oder Maschinen denkt, sondern an die ganze Produktionskette. Den Ausgangspunkt bildet stets die Zufriedenheit des Kunden, des Endnutzers. Jeder Anbieter müßte eigentlich versuchen, möglichst viel Nutzerzufriedenheit mit möglichst wenig Energie- und Stoffaufwand zu erreichen. Die Langlebigkeit von Produkten, die Energieeffizienz aller Vorprodukte, die Verminderung der Transportintensität in der Zuliefererkette, das systematische Wiederverwenden von Produktionsabfällen, das Recycling oder das Remanufacturing sowie die elegante elektronische Steuerung des Energieeinsatzes sind Elemente für die Erhöhung der Ressourcenproduktivität.

Viele Faktor Vier-Beispiele betreffen die Stoffproduktivität.

Viele Faktor Vier-Beispiele betreffen die Stoffproduktivität, von der Wiederverwendung von Baustoffen bei Gebäuden bis zum Leasing von Chemikalien und dem Einsatz von Belland-Material als leicht rezyklierfähigem Kunststoff.

Zwischenzeitlich hat es auch am Ende der Stoffkreisläufe noch eine kleine Sensation gegeben: die Müllsortier- und verwertungsanlage in Aßlar im Lahn-Dill-Kreis. Hier wird der unansehnliche Restmüll aus der schwarzen Tonne vorgetrocknet, dann mechanisch in drei Fraktionen aufgetrennt: Metall, stein-ähnliche Stoffe und »Trockenstabilat«. Das letztere besteht aus organischen Resten, Plastik und Papier und hat einen Brennwert pro Tonne wie Braunkohle, ist also für Müllverbrennungsanlagen entscheidend besser als der heute angelieferte feuchte Restmüll. Die drei Fraktionen können zu Preisen auf dem Markt abgesetzt werden, die praktisch die gesamten Entsorgungskosten decken – ein dramatischer Kontrast zu den heutigen Abfallkosten. Durch Einbeziehung des genannten Belland-Materials kann auch der sonst in der gelben Tonne landende Verpackungsmüll problemlos und überaus kostengünstig in das Aßlarer System einbezogen werden.

Faktor Vier-Verkehr

Faktor Vier macht aber auch nicht vor dem Verkehrssektor Halt. In diesem Zusammenhang geht es um den Einsatz von Telekommunikation anstelle von Güter- und Personentransporten und um neue Konzepte des Stadtverkehrs, wie sie etwa im brasilianischen Curitiba erfolgreich erprobt werden. In dieser brasilianischen Millionenstadt hat es der damalige Bürgermeister Jaime Lerner geschafft, ein höchst effizientes und sich finanziell selbsttragendes System von Bussen zu entwickeln, die in sehr kurzen Abständen fahren und ein rasches Ein- und Aussteigen ermöglichen. So ist in einer Zeit, wo anderswo der Individualverkehr ausuferte, ein preiswertes, oberirdisches Massentransportmittel zum Rückgrat der urbanen Mobilität geworden.

Ein anderes Beispiel ist das fahrerlose Schienen-Leichtfahrzeug, das einen Einsatz als individuell rufbarer Fernbus für hohe Geschwindigkeiten ermöglicht. Car-sharing ist in vielen europäischen Städten längst schon Wirklichkeit.

Besonders bekannt geworden ist die Untersuchung der Transportintensität von Erdbeerjoghurt.

Besonders bekannt geworden ist die Untersuchung der Transportintensität von Erdbeerjoghurt oder anderen Molkereiproduk-

Transportintensität der Herstellung von Erdbeerjoghurt **Abb. 22**

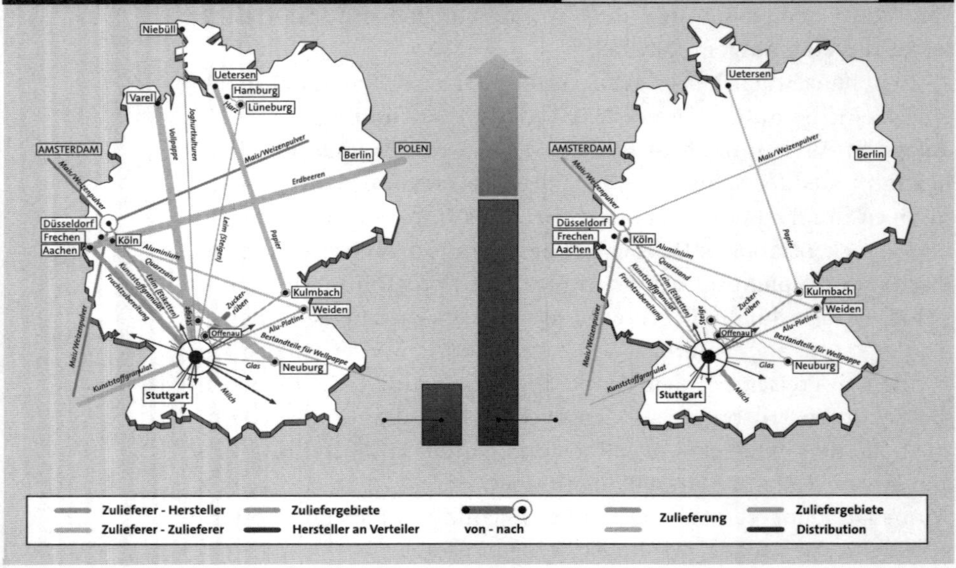

Abb. 22: *Die berühmt gewordene Studie von Stefanie Böge über die Transportintensität der Herstellung von Erdbeerjoghurt. Es kann leicht nachgewiesen werden, daß man die gleiche Menge und Qualität von Erdbeerjoghurt mit einem Viertel oder auch einem Zehntel der Lastwagenfahrten organisieren kann (rechtes Bild).*

ten. Durch eine wesentlich dezentralisiertere Organisation, wie sie früher auch allenthalben existierte, kann man den Tonnenkilometer-Aufwand um mehr als einen Faktor Vier reduzieren, allerdings mit mehr menschlicher Arbeit. Anknüpfend hieran kommt sofort die Überlegung, was man zur Verminderung der Lastwagenkilometer tun kann, und man kommt relativ mühelos zu entsprechenden Vorschlägen. Man kann im Prinzip die dezentrale Molkereiwirtschaft in Verbindung mit dezentraler Früchteproduktion, Becherrecycling, wiederverwendbaren Deckeln und möglicherweise lokalen/regionalen Joghurtspezialitäten (analog den von Dorf zu Dorf verschiedenen Weinen) einrichten.

Ökologische Steuerreform: Packt das Eisen an, solange es noch zu biegen ist!

Einzuräumen ist natürlich, daß die Dezentralität unter den heutigen Wirtschaftsbedingungen im Vergleich zur zentralisierten Produktion und Logistik teuer ist. Erst wenn der Verbrauch von Natur (zum Beispiel die Zerschneidung von Landschaftsschutzgebieten, in welchen seltene Schmetterlinge leben) »künstlich« teuer gemacht wird, während die menschliche Arbeit von der überhöhten Abgabenlast befreit wird, ändert sich die Rentabilität wieder zugunsten der Dezentralität. Dies ist das Ziel einer »ökologischen Steuerreform«. Das 21. Jahrhundert ohne ökologische Steuern ist eigentlich ein Ding der Unmöglichkeit.

Eigentlich sind sich alle einig, ob Oskar Lafontaine, wenn er die ökologische Steuerreform als das »Reformprojekt der 90er Jahre« bezeichnet, das bei geringerer Umweltbelastung einen höheren Wohlstand für alle bringt, oder Wolfgang Schäuble, der bereits 1994 forderte, »menschliche Arbeit billiger zu machen und im Gegenzug den Verbrauch von Rohstoffen und Energie zu verteuern«. Die Wirklichkeit sieht gegenwärtig etwas anders aus.

Das Projekt ökologische Steuerreform muß unter den großen Parteien noch konsensfähig gemacht werden. Es ist ein höchst bedauerlicher deutscher Sonderweg, daß sich ein Großteil der Gesellschaft, federführend die großen Wirtschaftsverbände, dagegen aussprechen. Das ist irrational und zerstörerisch.

Wer den Wesenskern der ökologischen Steuerreform näher betrachtet, kann darüber nur den Kopf schütteln. Die *Abb. 23* verdeutlicht die einfache Erfolgslogik.

Umweltnutzung wird teurer, menschliche Arbeitskraft billiger.

Kurz gesagt: Umweltnutzung wird teurer, menschliche Arbeitskraft billiger. Die Gleichung läßt sich dahingehend fortsetzen: Mehr Umweltschutz bringt mehr Arbeitsplätze. Doch wo beginnen? Im Mittelpunkt werden zunächst die Energiesteuern stehen.

Ökologische Steuerreform (nach Görres/Weizsäcker) Abb. 23

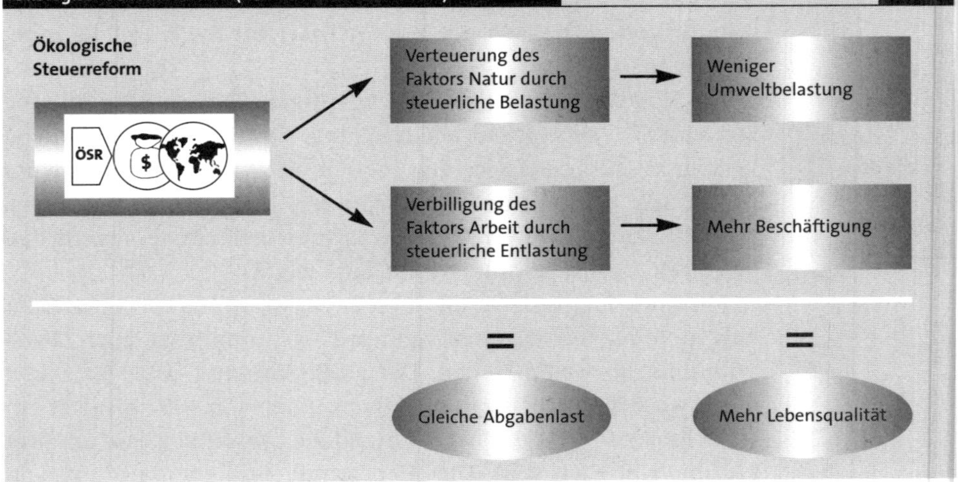

Ein moderater Anstieg muß die Devise lauten. Würde man die Energiepreise langsam über mindestens zehn Jahre anheben, könnte sich sowohl der Verbraucher als auch Industrie und Handel mit ausreichender Reaktions- und Anpassungszeit arrangieren. Für Privatleute ist dies keine unbezwingbare Herausforderung: Die Heizung verbessern, ein spritsparendes Auto kaufen, einen Öko-Kühlschrank in die Küche, auf Energiesparlampen in der Wohnung oder im Haus umrüsten oder andere effiziente Haushaltsgeräte anschaffen.

Eine interessante Berechnung legten kürzlich Carsten Krebs, Danyel T. Reiche und Martin Rocholl vor. Gemäß einer Zehnjahresplanung stieg der Preis von einem Liter Benzin von 1,65 auf 1,98 Mark, der Liter Heizöl von 0,50 auf 0,87 Mark, Erdgas von 0,50 auf 0,85 Mark, Steinkohle von 34,90 pro Zentner auf 47,41 Mark und schließlich der Strompreis von 29 auf 50 Pfennig pro Kilowattstunde. Die gesamten Energiesteuereinnahmen würden von gegenwärtig elf Milliarden auf etwa 128 Milliarden Mark steigen.

Der zu erwartende Beitrag der Energiesteuern würde republikweit insgesamt 12 Prozent Energie sparen und CO_2-Emissionen vermindern. Aber nicht nur im Klimaschutz wirkt die Steuerreform segensreich, auch die Arbeitslosigkeit würde dadurch spürbar beeinflußt werden. Die Energiesteuer fließt zunächst in den Bundeshaushalt, woraus die Sozialversicherungen höhere Zuschüsse erhalten. Damit werden letztlich aber die Arbeitslosen- und Rentenversicherung billiger. Arbeitnehmer und -geber zahlen weniger Beiträge. Sieben Prozent weniger fordern die oben erwähnten Wissenschaftler. In der Lohntüte bedeutet dies 3,5 Prozent mehr Nettolohn. Vorteil 2: Auch der Unternehmer zahlt weniger Lohnnebenkosten.

Eine Effizienzrevolution könnte Wirklichkeit werden.

Die Volkswirtschaft gehört langfristig zu den Gewinnern. Die Motivation über eine Abgabensenkung, wenn weniger natürliche Ressourcen verbraucht werden, zwingt die Unternehmen zu einer Anpassung hinsichtlich ihrer früheren Verschwendungspraxis. Eine Effizienzrevolution, wie sie in diesem Buch so ausführlich beschrieben wird, könnte Wirklichkeit werden.

Ein Blick ins Ausland lohnt sich. Die skandinavischen Länder haben die ökologische Steuerreform längst umgesetzt, auch Großbritannien in weiten Teilen. Der große Vorreiter dabei ist Dänemark, wo sich der Steueranteil des einzelnen von 1993 bis jetzt um sechs Prozent verringert hat, während die Umweltabgaben um fünf Prozent gestiegen sind. Die Niederlande sind ebenfalls auf dem besten Weg. Das Prinzip ist immer das gleiche: Ein schrittweiser, langsamer und vorhersehbarer Anstieg bei der Besteuerung des Naturverbrauchs. Wichtig ist dabei die sogenannte Aufkommensneutralität. Das Ganze soll schließlich nicht dazu dienen, daß der Staat sich an der sprudelnden Einnahmequelle bereichert. Denn damit soll zunächst der Faktor Arbeit strategisch verbilligt und entlastet werden. Das Tempo muß so festgelegt werden, daß der technische Fortschritt Schritt halten kann.

Wenn wir eine Verbesserung der Ressourcenproduktivität um zum Beispiel drei Prozent pro Jahr erreichen würden, dürfte nach meiner Auffassung der Preis der Ressourcen jedes Jahr um vielleicht fünf Prozent ansteigen. Davon abgezogen bliebe im Durchschnitt eine zweiprozentige Teuerung übrig, was absolut zumutbar wäre, wenn gleichzeitig das Geld für eine Senkung der Arbeitskosten und damit der Arbeitslosigkeit verwendet würde.

Faktor Vier-Schienenverkehr

Ein weiteres Faktor Vier-Beispiel kommt von Professor R. Kracke von der Universität Hannover. Dieser hat festgestellt, daß eine moderne elektronische Steuerung der Bahn die Frequenz der Züge auf den vorhandenen Strecken etwa um einen Faktor Vier erhöhen kann. Hierfür benötigt man nicht so viele Neubaustrecken und kann eine erhebliche Verlagerung von Gütern von der Straße auf die Schiene möglich machen.

Japan: Wir haben verstanden

Die Faktor Vier-Botschaft hat sich mit großer Geschwindigkeit verbreitet. Besonders großes Interesse findet sie in Japan, wie Katsuo Seiki in diesem Buch noch eindrucksvoll zu belegen weiß. In Hamamatsu in der zentralen Industrieprovinz Shizuoka wird daran gedacht, ein »Faktor Zehn-Institut« zu gründen, in welchem bevorzugt der noch ehrgeizigere Sprung in der Ressourcenproduktivität um einen Faktor Zehn erforscht und in innovativen Beispielen konkretisiert werden kann. Es kann höchstens sein, daß man von der geplanten Namensgebung eines solchen Instituts aus dem einfachen Grund Abstand nehmen könnte, weil es inzwischen bereits

Der noch ehrgeizigere Sprung in der Ressourcenproduktivität ist der Faktor Zehn.

Streckenkapazität der Schienenwege | Abb. 24

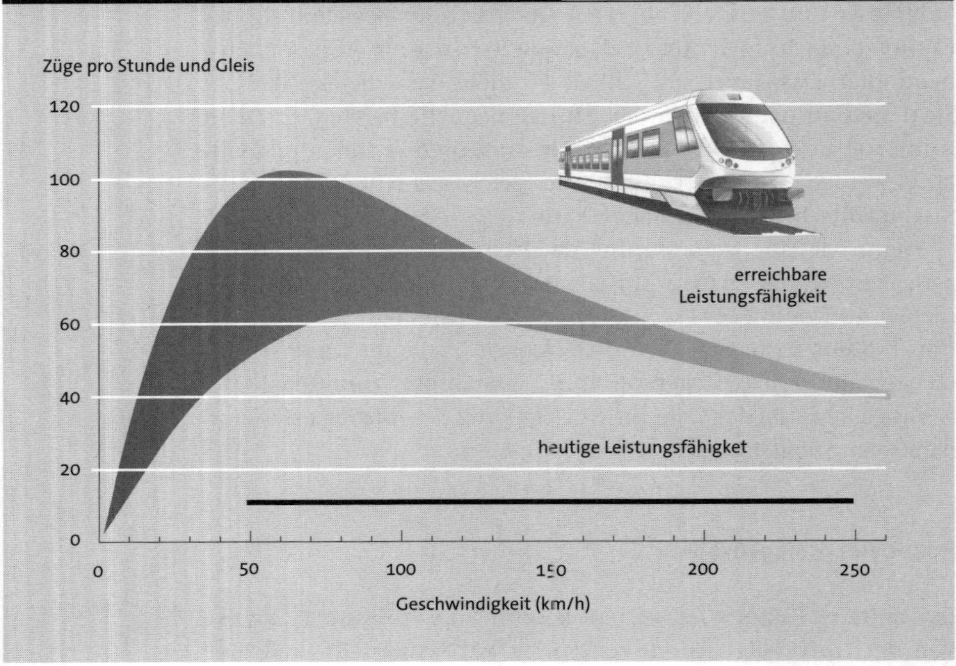

Abb. 24: *Die Streckenkapazität der Schienenwege läßt sich durch Einsatz von moderner Steuerung und andere Optimierungen etwa um einen Faktor Vier steigern (nach R. Kracke).*

ein Faktor Zehn Institut gibt, das von Friedrich Schmidt-Bleek nach seinem Ausscheiden aus dem Wuppertal Institut in Carnoules in Süd-Frankreich gegründet worden ist.

Mittendrin in Europa

Das Faktor Vier/Faktor Zehn-Gedankengut ist inzwischen in die offizielle Umweltpolitik auf EU-Ebene eingedrungen. Seit 1996 steht in Stellungnahmen der Europäischen Union zum Thema Nachhaltige Entwicklung oder zur Umweltpolitik regelmäßig der Verweis auf die Faktor Vier oder Faktor Zehn- Literatur. Wörtlich hieß es in der Stellungnahme der europäischen Präsidentschaft (damals Niederlande) bei der Sitzung der UN-Kommission für Nachhaltige Entwicklung im April 1997:

»There are studies which indicate that the magnitude of necessary changes, to be achieved by the middle of the next century, can roughly be estimated to an average ten-fold increase of the resource productivity, as compared to the current level. As an intermediate step an increase in resource productivity, for example by a factor four in the next two or three decades, seems to be within reach.«

Auch die (insgesamt schwächlich ausgefallene) Schlußerklärung der Sondergeneralversammlung der Vereinten Nationen fünf Jahre nach dem Erdgipfel von Rio (UNGASS) im Juni 1997 in New York hat dieses Gedankengut ausdrücklich aufgenommen.

Was fehlt? Änderung der Rahmenbedingungen

Natürlich gibt es für die Durchsetzung der Faktor Vier-Revolution einen Berg von Problemen und Hindernissen. Wie könnte es anders sein?

Menschen ändern ihre Gewohnheiten nicht, wenn sie nicht starke Beweggründe haben. Diese können ethischer oder materieller Art sein, oder auch beides zusammen. Zu den materiellen Beweggründen für die Trendwende gehört der Blick auf die Wettbewerbssituation: Wenn die Effizienzrevolution technologisch möglich ist, dann ist anzunehmen, daß die trotz der 1997 eingetretenen Währungs- und Wirtschaftskrise weiterhin wachsenden Entwicklungsländer Asiens diese Chancen wegen ihres rascheren Umsatzes des Kapitalstockes früher nutzen als Europa. Europa könnte also leicht abgehängt werden. Nämlich dann, wenn wir uns zu lange auf den Industriestrukturen des 19. und 20. Jahrhunderts ausruhen und als Modernisierung lediglich das Wegrationalisieren von Arbeitsplätzen betreiben.

Die Faktor Vier-Revolution wird alle Bereiche der Wirtschaft erfassen.

Ähnlich wie die Mikroelektronik und zweifellos mehr als die Gentechnik wird die Faktor Vier-Revolution und der mit ihr einhergehende Strukturwandel alle Bereiche der Wirtschaft und der Zivilisation erfassen. Während man aber bei Mikroelektronik und Gentechnik mit gezielten Förderprogrammen die technischen Einzelentwicklungen vorantreiben konnte und kann, ist die Schwerpunktverlagerung von der Steigerung der Arbeitsproduktivität auf die Steigerung der Ressourcenproduktivität eine Angelegenheit zahlloser betrieblicher Einzelentscheidungen. Die Abwägung der Großmolkerei, weiterhin Menschen wegzurationalisieren oder statt dessen eine weniger transportaufwendige Logistik zu entwickeln, ist im freiheitlichen Staat nicht durch Förderprogramme zu beeinflussen. Sie geschieht vielmehr in Ansehung der relativen Faktorkosten.

Verkehrte Subventionen

Um eine Lawine der Effizienzrevolution loszutreten, müßte man also die Rahmenbedingungen des Wirtschaftens verändern. Hierzu bieten sich zahlreiche Wege an.

Erstens müssen die Subventionen von der Förderung der Arbeitsproduktivität zur Begünstigung der Ressourcenproduktivität hin verschoben (oder auch abgeschafft) werden. André de Moor vom niederländischen Institut für die Erforschung Öffentlicher Haushalte hat 1997 die erschreckende Bilanz vorgelegt, daß weltweit jährlich über 700 Milliarden Dollar öffentliche Gelder für Subventionen in den Bereichen Energie, Autoverkehr, Wasserverbrauch und Landwirtschaft ausgegeben werden, die fast immer zu Lasten der Umwelt gehen. Dabei sind die Subventionen für Energie und Autoverkehr nur die Spitze des Eisbergs. Was zusätzlich von seiten der Gemeinden, der Provinzen oder der Nationalstaaten an Land verschenkt, an Gratis-Infrastruktur und an Steuerbefreiungen angeboten wird, könnte schließlich ein Mehrfaches dessen wert sein, was André de Moor in Rechnung gestellt hat.

Hans Peter Martin und Harald Schumann berichten in ihrem bekannten Buch *Die Globalisierungsfalle* speziell aus Ostdeutschland, welche Subventionen vom Bund und vom Land Sachsen-Anhalt beispielsweise dem amerikanischen Dow-Konzern zur Einhaltung von Bundeskanzler Kohls Versprechen angeboten wurden, den »Chemiestandort Ostdeutschland« zu retten. Für jeden der knapp 2.000 geretteten Chemie-Arbeitsplätze bei Dow müssen die Steuerzahler an die fünf Millionen Mark berappen, allerdings einschließlich sehr beträchtlicher ökologischer Sanierungskosten, die der Konzern dafür auf sich nimmt und die die Allgemeinheit sonst direkt hätte bezahlen müssen.

Die Subventionierung der Industrie machte vor 100 Jahren noch Sinn.

Die Subventionierung der Industrie machte vor hundert Jahren noch Sinn. Man konnte sich durch erhöhte Arbeitsproduktivität uneingeschränkt höheren Wohlstand versprechen. Und der subventionierende Staat konnte mit entsprechend steigenden Steuereinnahmen rechnen. Für die Situation vor Ort, also in den einzelnen Gemeinden, gilt das immer noch. Aber wenn es alle tun und die Märkte nicht mitwachsen können, dann gibt es am Ende mehr Verlierer als Gewinner, und die Staatskassen werden immer leerer statt voller. Das Heer der Arbeitslosen nimmt zu.

Andere Steuern

Zweitens müssen wir uns endlich mit der bereits angesprochenen Ökologischen Steuerreform anfreunden. Wir können sie so gestalten, daß sie praktisch nicht wehtut. Mein alter Vorschlag einer Erhöhung der Endenergiepreise auf viele Jahre hinaus um fünf Prozent jährlich (den ich in der gegenwärtigen politischen Stimmung eher noch nach unten zu korrigieren bereit wäre) ist darauf abgestellt, niemanden mit unzumutbaren Forderungen zu konfrontieren. Wenn uns der technische Fortschritt der Faktor Vier-Revolution Effizienzverbesserungen von ganz bescheidenen drei Prozent pro Jahr bescheren würde, bliebe eine durchschnittliche Verteuerung der Energiekosten um zwei Prozent pro Jahr übrig. Und wenn die Energiekosten im Extremfall zehn Prozent der Jahreskosten ausmachen, bedeutete das eine Verteuerung der Lebenshaltungskosten um zwei Promille (2% x 10% = 0,2%) pro Jahr.

Der Industrie muß man, ob man will oder nicht, Sonderkonditionen anbieten. Die industrielle Prozeßenergie sollte weitgehend von der Steuer befreit sein, wie das auch in Dänemark der Fall ist. Denn die Abwanderungsdrohung des Kapitals ist ernstzunehmen. Und es hat auch umweltpolitisch keinen Sinn, wenn Betriebe über die Grenze auswandern und womöglich im Ausland noch mehr ökologischen Schaden anrichten. Gegen die unsere Gesellschaft beherrschende Macht der Wirtschaft mit einer auf Systemveränderung zielenden Ökosteuer anzukämpfen, ist politische Traumtänzerei.

Der Industrie muß man Sonderkonditionen anbieten.

Diese Aussage darf nicht als opportunistische Anpassungsrechtfertigung an die Machtverhältnisse im Land verstanden werden. Eine über mehrere Jahrzehnte durchgehaltene Erhöhung der Preise für den Naturverbrauch ist in der Lage, der Technologie, der Zivilisation ein ganz neues Gesicht zu geben. Der Sinn des sanften, konsensorientierten Signals besteht darin, seine Wirkung *mit* dem Kapital zu erzielen, nicht *gegen* das Kapital. Neue Investitionen gehören schließlich zu den gewichtigsten Trägern der gesellschaftlichen Veränderung. Jedoch wird hier im Lande nur dann investiert, wenn das bestehende Kapital geschont und das für Investitionen verfügbare Kapital umworben wird.

Das Liebeswerben um das Kapital alleine bringt noch keine ökologische Veränderung. Das Kapital muß durch eine Mischung von Anreizen und Überzeugung dazu gebracht werden, die Richtung zu ändern. Als Anreiz wirkt sich die Ökologische Steuerreform dann aus, wenn sie auf kleine Schritte und Langfristigkeit abgestellt ist. Denn ein langfristig nach oben zeigendes Preissignal beim Endverbraucher bedeutet sichere Märkte für Effizienztechnologien mitsamt den zugehörigen Produkten und Dienstleistungen. Und überzeugen lassen werden sich die Wirtschaftsverbände schließlich mit dem Argument, daß es weltweit völlig unausweichlich wird, sich auf die Effizienztechnologien einzustellen. Wer die Entwicklung verschläft, »den bestraft das Leben«. Wer sie aber aktiv mitgestaltet, hat große Chancen auf neue Absatzmärkte.

Veränderte Preise

Daß eine Preisveränderung ökologische Wirkung zeigt, wird häufig von interessierter Seite bezweifelt. Einer der schlagendsten Belege für die Preiselastizität ist Jochen Jesinghaus gelungen, der die jährlichen Pro-Kopf-Benzin-Verbräuche in den OECD-Ländern den Benzinkosten gegenübergestellt hat. Er fand eine nahezu perfekte negative Korrelation, also Preiselastizität.

Abb. 25: *Eine klare Beziehung besteht zwischen Benzinpreisen und jährlichem Pro-Kopf-Benzin-Verbrauch. Die Zahlen gelten für das Jahr 1988, aber die Korrelation ist nahezu unabhängig vom Basisjahr.*

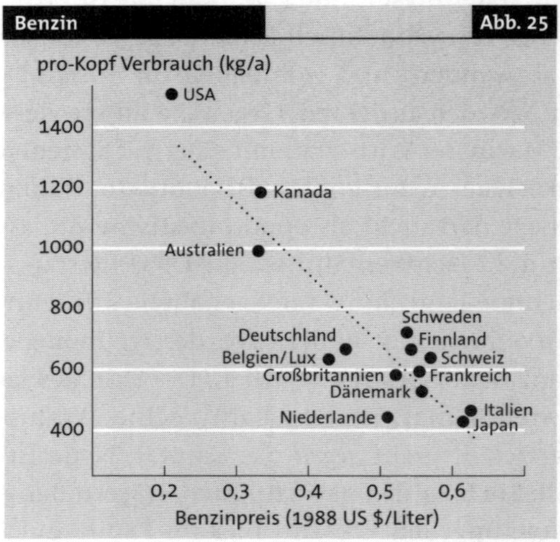

Interessanterweise ist der Pro-*Kilometer*-Benzin-Verbrauch sehr viel weniger vom Preis abhängig. Wenn nämlich ein Land effizientere Autos produziert, lassen sich diese normalerweise auch in einem anderen Land verkaufen, wo das Benzin billiger ist. Das ist übrigens ein Argument für die Autoindustrie, bei sich zuhause nicht zu niedrige Treibstoffpreise haben zu wollen. Die US-amerikanischen Großen Drei (General Motors, Ford und Chrysler) haben diesen Sachverhalt ihrer Regierung in den vergangenen Jahren bereits öfter mitgeteilt.

Energiesparen belohnen

Endlich das Prinzip des Least Cost Planning (LCP) einführen!

Drittens sollte man in Europa endlich das in Kalifornien und anderen US-Staaten sehr vorteilhaft erprobte Prinzip des Least Cost Planning (LCP) einführen. Angesichts der enormen Energieverschwendung in den USA fragten sich Amory Lovins und andere, warum eigentlich immer mehr Kraftwerke gebaut werden. Diese bohrende Frage erreichte schließlich die mächtigen Energieaufsichtsbehörden, die Public Utility Commissions. Diese ließen sich überzeugen und setzten das von Lovins vorgeschlagene LCP durch, nach welchem neue Kraftwerke nur noch dann genehmigt werden, wenn keine billigere Strategie in Sicht ist, um den angenommenen Energiebedarf zu befriedigen. Und siehe da: Es erwies sich, daß Investitionen in Strategien zur Energieersparnis ungleich rentabler sind als die in den Bau neuer Kraftwerke. LCP heißt, daß die Energieversorger das Sparen bei den Endnutzern – also in Millionen von Haushalten und Betrieben – subventionieren. Dadurch entfällt selbst bei wachsender Wirtschaft die Notwendigkeit von Kraftwerksneubauten, so daß die vorhandenen Kraftwerke eines nach dem anderen in das sogenannte »goldene Ende« gelangen: Wenn die Kapitalkosten voll abgeschrieben sind, ist jede verkaufte Kilowattstunde ein satter, goldener Gewinn.

Für die Stadtwerke Hannover haben Peter Hennicke und Dieter Seifried eine große Studie über die Anwendbarkeit von LCP in Deutschland gemacht. *Abb. 26* zeigt die Preise für eingesparte Kilowattstunden. Bei bis zu etwa acht Pfennigen pro Kilowattstunde ist eine Sparmaßnahme auch wirtschaftlich empfehlenswert, selbst bei den heutigen, zu niedrigen Strompreisen.

Die Europäische Kommission hat unter dem Namen »Rationale

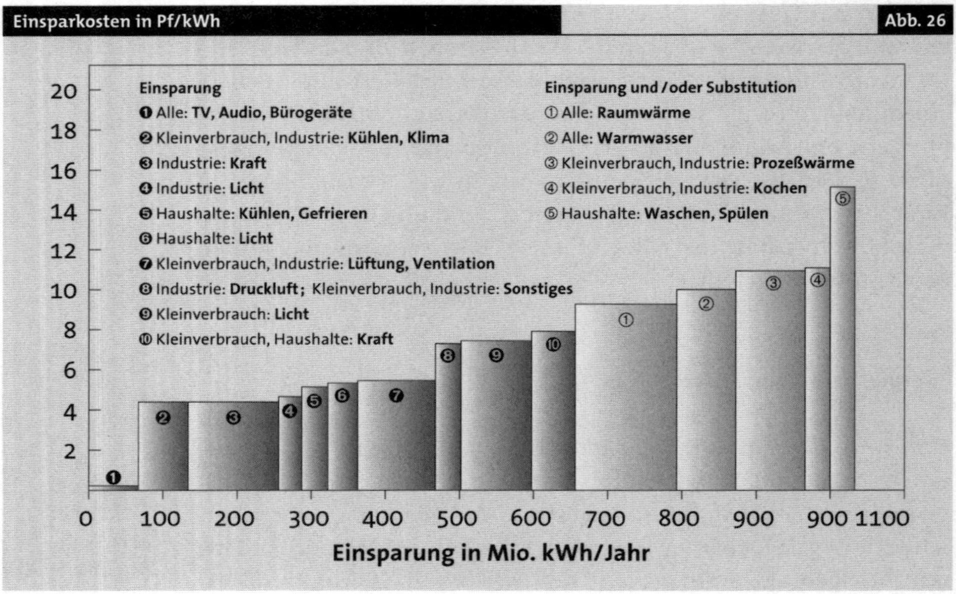

Abb. 26: *Bei den Stadtwerken Hannover wird Least Cost Planning neuerdings praktiziert, nachdem rentable Einsparpotentiale in Höhe von etwa 650 Millionen Kilowattstunden pro Jahr entdeckt worden sind.*

Planungsverfahren« eine Richtlinie vorgeschlagen, die auf dasselbe Ziel hinausläuft. Der im September 1995 eingebrachte Vorschlag ist allerdings immer noch nicht vom Ministerrat akzeptiert worden. Hingegen ist die Strom-Binnenmarktsrichtlinie beschlossene Sache und wird jetzt zügig umgesetzt. Diese Richtlinie bewirkt, wenn man so will, nur den »halben« Wettbewerb, nämlich den auf der Angebotsseite – mit der traurigen Folge sinkender Energiepreise, was wiederum den Anreiz zum Sparen deutlich vermindert.

Viel wichtiger ist eigentlich der Wettbewerb zwischen Energieerzeugung einerseits und intelligenter und effizienter Nutzung andererseits. Im Ergebnis würde er nicht nur die Umwelt entlasten, sondern könnte auch bis zu viermal so hohe Kostenentlastungen mit sich bringen wie der reine Preiswettbewerb im Energieangebot. Dieser Grundgedanke des LCP muß daher die Binnenmarktsrichtlinie ergänzen. Wichtig ist dabei eine Harmonisierung auf europäischer Ebene, beispielsweise durch die angesprochene Richtlinie für »Rationale Planungsverfahren«. Nur wenn alle Energieversorger LCP praktizieren und Energie zur Energiedienstleistung veredeln, kann dem einzelnen Versorgungsunternehmen die Angst vor dem Preisdumping durch »schmutzige« Konkurrenten genommen werden.

Wie bis dahin die Gestaltungsspielräume der Binnenmarktsrichtlinie auf nationaler Ebene genutzt werden können, hat Dänemark vorgemacht: mit einer nur schrittweisen Einführung des Wettbewerbs und mit Vorrangregelungen für LCP-Kriterien, also für effiziente Stromnutzung, Kraft-Wärme-Kopplung und Erneuerbare Energien. Mit etwas zusätzlichem öffentlichem Druck sollte sich im Laufe der Zeit auch in Deutschland eine ähnliche Regelung verabschieden lassen.

Die globalisierte Marktwirtschaft und die Demokratie

Unter Ökonomen herrscht eine Art Grundoptimismus, daß der Markt die richtigen Knappheits-Signale vermittelt, damit die nötigen Effizienz- oder Substitutionsmaßnahmen ergriffen werden. Aber was, wenn die Signale sehr spät kommen? Und was, wenn sie durch Monopole oder Oligopole verzerrt werden? Der Markttheorie ist das gleichgültig: Wettbewerber mit dem richtigen Riecher werden lange vor der Zuspitzung die richtige Vorsorge treffen und von der Knappheitskrise sogar profitieren. Und die mit dem falschen Riecher haben es nicht anders verdient. Vorsorgende staatliche Preiskorrekturen oder andere Eingriffe werden jedenfalls abgelehnt.

Wenn es doch nur alles so einfach wäre! In der globalisierten Marktwirtschaft ist die Ratio in erster Linie der akute Wettbewerb und erst in zweiter Linie der richtige Riecher. Die langfristige Vorsorge, etwa für ein von der Klimaentwicklung in *vielleicht* 30 Jahren ausgehendes Knappheitssignal, spielt jedenfalls absolut keine Rolle bei unternehmerischen Entscheidungen. Diese müssen sich vor den Renditeerwartungen der Kapitalgeber und nicht vor Generationen von Ungeborenen rechtfertigen.

In der globalisierten Marktwirtschaft ist die Ratio der akute Wettbewerb.

Die Renditeerwartungen des Kapitals sind durch die Globalisierung der Märkte in den Jahren nach 1990 sehr deutlich nach oben korrigiert worden. Das liegt einfach daran, daß Standorte mit hohen potentiellen Renditen (zumeist mit entsprechend niedrigen Löhnen und Umweltvorschriften) nach 1990 plötzlich als politisch und geschäftlich »sicher« gelten, was sie vorher nicht waren. Der Druck zur hohen Rendite hat denn auch mit Hilfe des internationalen Wettbewerbs die Langfriststrategen aus den Chefetagen weitgehend vertrieben.

Keine Angst vor der Globalisierung

Die Globalisierung mit Blick auf das Jahrhundert der Umwelt neu durchdenken.

Die Globalisierung muß unter dem Gesichtspunkt ihrer Durchhaltbarkeit, ihrer Nachhaltigkeit mit Blick auf das Jahrhundert der Umwelt ganz neu durchdacht werden. Vielleicht öffnet dies den Blick für Korrekturmaßnahmen, welche die guten Seiten der freiheitlichen Marktwirtschaft erhalten.

Die Globalisierung hat zunächst einmal zweifellos große Vorteile. Die weltweite Standortwahl erhöht die Effizienz der Wirtschaft. Das vermehrt den verteilbaren Wohlstand. Dazu kommt die erzwungene Erweiterung des Horizonts für alle Akteure, sicherlich auch etwas sehr Positives. Und schließlich sollte man bedenken, daß Länder, die in die Weltwirtschaft verflochten sind, nicht mehr auf die schreckliche Idee kommen, ihre Nachbarn zu überfallen. Also hat der Markt, hat die Globalisierung auch eine friedenssichernde Funktion.

Allerdings sind die großen Vorteile der weltweiten Marktwirtschaft in akuter Gefahr, nicht nur von den Nachteilen der Umweltzerstörung, sondern auch von sozialpolitischen Nachteilen überschattet zu werden.

Welche sozialpolitischen Nachteile treten zu Tage, wenn der verteilbare Wohlstand zunimmt? Nun, der Wohlstand wird im Zuge der Globalisierung immer weniger gerecht verteilt. Die Spreizung zwischen arm und reich wird in allen Ländern immer krasser. Zwar gibt es Länder, in denen seit einigen Jahren blühendes Wachstum herrscht und der Reichtum rasch wächst, aber selbst dort nehmen Armut und Hunger zu. Die UNCTAD hat 1997 eine neue Zahlenangabe für die Verteilungsspreizung vorgelegt. Man mißt traditionellerweise das Einkommen der reichsten zehn Prozent der Weltbevölkerung am Einkommen der ärmsten zehn Prozent. Während dieses Verhältnis in den 70er Jahren noch bei etwa 30 lag, ist es in den 80er und 90er Jahren auf 60 geklettert, mit stetig steigender Tendenz.

Diese Spreizung hat tatsächlich ursächlich mit dem Sieg der Marktwirtschaft zu tun. Wie das? Ganz einfach: Der freie Markt ist so angelegt, daß sich die Starken, die Effizienten, gegen die Schwächeren durchsetzen. Und je mehr die Starken Steuern zahlen müssen, um den Fußkranken und Schwachen zu helfen, desto schlechter ist es um ihre Wettbewerbsfähigkeit bestellt.

Für die Schwachen würde diese Marktdynamik böse enden, gäbe

es da nicht die Moral, die Religion – und die Demokratie! Diese sorgen dafür, daß die Schwachen nicht unter die Räder kommen. Auch die Natur gehört in diesem Sinne zu den »Schwachen«, und steht unter dem Schutz durch Moral, Religion und Demokratie.

Die moralische und die demokratische Machtbegrenzung waren übrigens in historischer Perspektive immer positiv für das Kapital. Sie haben der westlich-freiheitlichen Gesellschaft die Stärke und Glaubwürdigkeit verliehen, mit der sie schließlich über den bürokratischen Sozialismus siegen konnte. Letzterer hatte bekanntlich nicht nur die Vergrößerung des zur Verteilung verfügbaren Kuchens vernachlässigt, sondern auch noch die Verteilung des Kuchens in einer wenig überzeugenden Parteiprivilegienwirtschaft verkommen lassen.

Bis 1990 war die Welt durch den Wettbewerb der Ideologien gekennzeichnet. Der Kalte Krieg war teuer und schrecklich und darf nicht nachträglich verharmlost werden. Aber der ideologische Wettbewerb zwischen West und Ost hatte eindeutig den Vorteil, daß der Markt um seiner eigenen Glaubwürdigkeit willen demokratisch gezügelt werden mußte.

Die Marktwirtschaft hat ihre eigentliche Stärke in der Kombination mit der Demokratie. Der Markt stärkt die Starken. Die Demokratie sorgt dafür, daß die Schwachen sich gegen zu große Ungleichheit wehren können. Das geht, das ging solange gut, wie Markt und Demokratie ungefähr die gleiche geographische Reichweite haben bzw. hatten.

Der Markt stärkt die Starken. Die Demokratie schützt die Schwachen vor zu großer Ungleichheit.

Die nach dem Zerfall des bürokratischen Sozialismus rapide einsetzende Globalisierung des Wirtschaftsgeschehens beendet diesen Zustand. Die Globalisierung ist damit im Begriff, die Ausgewogenheit der Macht zwischen Starken und Schwachen zu zerstören. Und die Globalisierung hat eine ganz neue Mentalität der Weltbeherrschung heraufziehen lassen, wie sie in einem Titelbild von *The Economist,* der einflußreichsten Wirtschaftszeitschrift der Welt, »zauberhaft« deutlich wird (*Abb. 27*).

Seit dem Zerfall des bürokratischen Sozialismus ist das Kapital auf den sozialen Konsens im nationalen Rahmen nicht mehr wirklich angewiesen. Der scharfe Wettbewerb um optimale Kapitalrenditen zwingt die Kapitaleigner und -verwalter geradezu, die Durchsetzung der Kostensenkung wichtiger zu finden als die Pflege des Konsens. Dies führt fast zwangsläufig zum Abbau von Sozial- und Umweltstandards.

Abb. 27: *Die weißen Handschuhe verraten den globalen wirtschaftlichen Zauberer, der mit der Erde seine Jongleurskunst testet. Was passiert mit der Erde, wenn er sie einmal fallenläßt?*

Es hat zwar Versuche gegeben, gehobene Sozial- und Umweltstandards international durchzusetzen – so z.B. im Dezember 1996 bei der WTO-Konferenz von Singapur. Der Versuch endete aber in einem reinen Fiasko. Insbesondere die Länder des Südens halten jeden Harmonisierungsversuch für baren Protektionismus. Aber auch seitens des Nordens gab es starke Stimmen, die das pure Marktgeschehen durch keinerlei »Hemmnisse« gefährdet sehen wollen.

Bei einem Lamento über die Aushöhlung der Demokratie und die Gefährdung der Umwelt dürfen wir aber nicht stehenbleiben.

Wir brauchen eine politische Antwort auf diese neue Herausforderung der globalen Marktwirtschaft, und dabei sollte es im wesentlichen um zwei Strategien gehen:

1. die Stärkung von supranationalen, demokratischen und moralischen Gegengewichten gegen den puren Markt,
2. die Sicherung weltmarktunabhängiger Lebensbereiche.

Globale, demokratische Politikgestaltung

Offensichtlich brauchen wir im Angesicht einer globalisierten Wirtschaft ein prinzipiell gleichmächtiges System globaler Politikgestaltung. Dieses bedeutet zunächst eine Stärkung der Vereinten Nationen. Diese sollten letztlich in den Stand gesetzt werden, dafür zu sorgen, daß auf den Weltmärkten nicht nur die Abbau- (Raubbau-) Kosten, sondern auch die langfristigen Knappheits- und die Umweltkosten wirksam werden. Auch die Durchsetzung gewisser auf Fairneß und Menschenrechten basierender Sozialstandards kann nur über das System der Vereinten Nationen angepeilt werden.

Was den Umweltschutz anbelangt, so ist der Einstieg über die internationalen Umweltabkommen zu suchen. Dazu gehören das Washingtoner Artenschutzabkommen (CITES), welches den Handel mit gefährdeten Tieren oder Tierprodukten stark einschränkt; die Wiener Konvention und das Montrealer Protokoll sowie weitere Verschärfungsprotokolle zum Schutz der Ozonschicht; das Antarktisschutzabkommen; die Konvention zum Schutz der biologischen Vielfalt; und die Klimaschutz-Rahmenkonvention. Die letzteren beiden wurden 1992 beim Erdgipfel von Rio unterzeichnet und durchlaufen derzeit einen mühseligen Prozeß der Konkretisierung durch Protokolle, deren erstes das noch sehr rudimentäre Kiotoer Protokoll zur Begrenzung von Treibhausgasemissionen ist.

Neben dieser Konkretisierung der unter UNO-Ägide beschlossenen Konventionen müssen die Vereinten Nationen auch einen Sanktionsmechanismus entwickeln, der ähnlich starke Muskeln hat wie der der Welthandelsorganisation WTO. Ein Land, das ökologische Konventionen bricht, muß mit Handelssanktionen rechnen, die für seine Wirtschaft ruinös sein können. Die Entwicklung des Umweltprogramms der Vereinten Nationen (UNEP), bislang in Nairobi ansässig, zu einer dem Sicherheitsrat der Vereinten Natio-

Wer ökologische Konventionen bricht, muß mit Handelssanktionen rechnen.

nen vergleichbaren Behörde sollte im 21. Jahrhundert stattfinden. Institutionell bietet sich hierfür an, den weitgehend arbeitslos gewordenen Treuhandrat der Vereinten Nationen mit der neuen Verpflichtung auszustatten.

Auch die regionalen Zusammenschlüsse wie insbesondere die Europäische Union verdienen eine weitere Stärkung bei gleichzeitiger Verbesserung der demokratischen Mitwirkung. Dem Europäischen Parlament, auf das Demokraten in aller Welt mit Bewunderung und hohen Erwartungen blicken, kommt dabei eine besondere, mehr als symbolische Rolle zu. Auf ökologischem Gebiet hat die Europäische Union über 200 verbindliche Richtlinien erlassen, die von Bürgerinnen und Bürgern in den Mitgliedsländern per Gerichtsverfahren eingeklagt werden können. Der Europäische Gerichtshof in Luxemburg (EuGH) kann auf diese Weise einem mecklenburgischen Bauern oder einem Fischer auf Kreta gegenüber der deutschen bzw. der griechischen Regierung zu seinem Recht verhelfen.

Darüber hinaus muß man sich intensiv darum bemühen, eben doch eine Art Gleichschritt des Umweltschutzes und des Minderheitenschutzes zu erreichen. Es mehren sich die Stimmen, die sich für eine funktionierende internationale Gerichtsbarkeit über den Haager Gerichtshof hinaus aussprechen. Ein Kläger aus den Salomon-Inseln muß die Möglichkeit haben, einen Konzern in Deutschland oder den USA für indirekte Schäden zu verklagen, die sich der Gerichtsbarkeit des kleinen und schwachen Inselstaates entziehen. Das genannte Verfahren des EuGH kann hier als Vorbild dienen. Natürlich müssen entsprechende Sanktionsmöglichkeiten gegenüber dem verurteilten Staat bzw. der Firma hinzukommen, damit das Rechtsinstrumentarium wirksam wird.

Weitgehend Neuland ist im Vergleich zu diesen eher völkerrechtlichen Initiativen die Internationalisierung demokratischer Verhaltensweisen und Mitbestimmungsrechte über den nichtstaatlichen Sektor. Die Mitbestimmung in multinationalen Firmen sollte gestärkt werden. Mindestnormen der sozialen Sicherung, des Schutzes von Kindern, des Arbeitsschutzes und des Umweltschutzes müssen nicht nur staatlich, sondern auch nicht-staatlich, d.h. durch die publizistische Öffentlichkeit, eingefordert werden. Firmen und Länder, die nicht mitmachen, müssen den Verbraucherinnen und Verbrauchern bekannt gemacht werden.

Die Mitbestimmung in multinationalen Firmen sollte gestärkt werden.

Auf den Kapitalmärkten beginnen die noch kleinen Ethik- und

Öko-Fonds, die von Privatanlegern mit moralischen Überzeugungen bevorzugt werden, eine Rolle zu spielen. Ihre Kontrollfunktion wird desto wirksamer, je mehr sie mit den hohen Renditen konventioneller Anlagefonds mithalten können. Der Eco Performance Portfolio World Equities Fonds des Schweizerischen Bankvereins (Basel), 1997 öffentlich vorgestellt, hat in den ersten Monaten seines Bestehens den als Paradepferd der Renditeorientierung angesehenen Morgan Stanley Capital International (MSCI) – ähnlich wie der in *Abb. 19* genannte Fonds – sogar überflügelt und einen unerhörten Verkaufserfolg an den Börsen verzeichnet. So erfolgreich können nicht alle sein, insbesondere, wenn sehr strenge Kriterien an ökologische Nachhaltigkeit oder ethisches Verhalten angelegt werden. Dennoch ist es gesamtgesellschaftlich äußerst vernünftig, solche Fonds als Kapitalmarkt-Agenten für Langfristigkeit zu stützen. So wird etwa in den Niederlanden die Geldanlage in solchen Fonds steuerlich begünstigt. Auch hier stehen der Publizistik und der Anlagepraxis im Finanzsektor noch breite Spielräume offen.

Öko-Fonds für Privatanleger mit moralischen Überzeugungen

Zivilgesellschaftliche Vernetzung, weltweit

Den Anfang dieser Art machte die weltweite Kampagne gegen den Nahrungsmittelkonzern Nestlé, der zeitweise durch aggressive Werbung für Pulver- und Flaschenmilch Frauen in Entwicklungsländern von dem viel zuverlässigeren und gesundheitlich zuträglicheren Stillen abgebracht hat. Es schloß sich die von der Schweiz ausgehende Kampagne »Nestlé kills babies« an, die den Konzern nach einigen Jahren zum Einlenken und zu einer Kooperation mit Gesundheitsbehörden und Familien veranlaßte.

Für die globale Stärkung der demokratischen Gegenmacht von besonderer Wichtigkeit ist ein politisch recht neues Phänomen: die weltweit vernetzten, freiwillig organisierten Nichtregierungs-Organisationen (NGOs) der *Zivilgesellschaft*. Neue Gruppen sind hier auf den Plan getreten und haben international ihre Muskeln gezeigt. Menschenrechtsorganisationen wie Amnesty International, Umweltschutzorganisationen wie Greenpeace und der WWF, aber auch Kirchen, Wissenschaftsverbände und internationale Clubs sind bereits vielfach zu Trägern eines internationalen Gewissens und zu Aufpassern gegenüber lokal verübtem Unrecht geworden. Sie gehören alle zu den »Wächtern« im Sinne von Jane Jacobs.

Abb. 28: *Der Greenpeace-Protest gegen die Versenkung der Ölbohrinsel Brent Spar hat Millionen Autofahrer zu Greenpeace-Unterstützern gemacht und den Shell-Konzern zum Einlenken veranlaßt. Auch wenn das konkrete Objekt ökologisch schlecht gewählt war, ist seither die Macht der internationalen Zivilgesellschaft gegenüber den internationalen Wirtschaftskonzernen deutlich gestiegen.*

Quelle: Greenpeace/Sims, 1995.

Um Mißverständnissen vorzubeugen: Die Idee ist nicht, daß Amnesty International, der WWF oder der Club of Rome in die Politikberatung einbezogen werden. Ihre Rolle besteht eher darin, die öffentliche Meinung zu beeinflussen, an der sich die Politik und die Marketingstrategien der Firmen orientieren müssen. Wegen der latenten Drohung von Konsumentenboykotts werden diese zivilgesellschaftlichen Gruppen von den Unternehmensführungen überaus ernstgenommen. Der Greenpeace-Protest gegen die Versenkung der Ölplattform Brent Spar war, wenn auch nicht ökologisch, so doch politisch ein Meilenstein für die internationale Zivilgesellschaft.

Das aktive Knüpfen und Pflegen internationaler Kontakte unter Gleichgesinnten hat Konjunktur, vor allem bei Vertretern der jüngeren Generation, die den größten Teil ihres Lebens im 21. Jahrhundert verbringen werden. Durch das Internet und andere Medien ist das Knüpfen und Aufrechterhalten solcher Kontakte auch wesentlich erleichtert worden.

Auch die Kommunikation über die in diesem Beitrag ausgeführte Neuausrichtung des technischen Fortschritts kann zum Gegenstand der zivilgesellschaftlichen Einmischung werden. Wer heute in der deutschen Provinz irgendeine ökologische oder soziale Forderung vorbringt, wird routinemäßig von den kosmopoliten Geschäftsleuten belehrt: Das könne man sich heute alles abschminken, die Realität des globalen Marktes lasse diesen romantischen Luxus einfach nicht mehr zu. Etwas besser dran sind dann die, deren Freunde beim Third World Network in malaysischen Penang oder bei entsprechenden indischen, nigerianischen oder brasilianischen Umwelt- und Verbrauchergruppen mitarbeiten. Durch die internationale Vernetzung wird den Umweltschützern dann bis in lächerliche Details hinein klar, wie ähnlich die Standpauken des Unternehmerlagers über die angeblich verlorengehende Wettbewerbsfähigkeit in den verschiedenen Ländern sind. Malaysische Geschäftsleute haben vor der deutschen Wettbewerbsfähigkeit eher noch mehr Angst als umgekehrt; was aber deutsche Industrievertreter nicht daran hindert, mit Hinweis auf die Tigerstaaten kostenträchtige Bemühungen um den Umweltschutz im Keim zu ersticken. Hat sich aber erst einmal die lächerliche Ähnlichkeit der Argumente der Gegenseite weltweit herumgesprochen, dann fehlt nicht viel, um auch die Öffentlichkeit für sich zu gewinnen.

Die Standpauken des Unternehmerlagers über die angeblich verlorengehende Wettbewerbsfähigkeit

Global Governance

Ein weiteres Stichwort in diesem Zusammenhang lautet »Global Governance«. Dieser neue Begriff meint eine Weltordnungspolitik als Zusammenspiel vieler nationaler und supranationaler Kräfte. Es geht darum, daß ein politischer Wille anders als über Parlamente und Regierungen global durchgesetzt wird.

Für die Definition bestimmter Zielsetzungen, wie z.B. eine Verminderung der CO_2-Emissionen innerhalb einer bestimmten Frist, braucht man in der heutigen Welt nationalstaatliche Regierungen.

Nur, um die Regierungen auf ein solches Protokoll, wie es in Kioto beschlossen wurde, politisch festzulegen, bedarf es der weltweiten Kooperation von NGOs, die den entsprechenden politischen Druck erzeugen müssen. Sonst ist der Druck seitens der konträren Wirtschaftsverbände auf die Regierungen zu groß, weswegen sich im Moment noch Länder wie Rußland oder die USA aus einem internationalen Klimaregime einfach abmelden und keinen Fortschritt akzeptieren wollen.

Global Governance hat in erster Linie mit internationaler ökologischer Bewußtseinsbildung zu tun. Das Gefühl, daß wir in einem Boot sitzen, muß sich im Norden wie im Süden gleichermaßen durchsetzen. Und es müssen, indem das Bewußtsein wächst, die Muskeln für internationales Handeln bei NGOs wie Kirchen, Umweltverbänden, Amnesty International, aber auch der Wissenschaftlergemeinde oder den Besuchern der EXPO 2000 gestärkt werden. Ich will dabei nicht vergessen: Selbstverständlich muß dazu auch die UNO gestärkt werden, aber in einem partnerschaftlichen Sinne und nicht im Sinne einer Weltdiktatur.

Sicherung weltmarktunabhängiger Lebensbereiche

Friseure haben vor der Globalisierungsrhetorik viel weniger Angst.

Trotz der unausweichlichen – und wünschenswerten – Weltmarkteinbindung unserer Wirtschaft ist es nötig, auch weltmarktunabhängige Lebensbereiche zu fördern, wiederzuentdecken und zu sichern. Dienstleistungen und Warenproduktion im Nahbereich schaffen ein Klima der Nicht-Erpreßbarkeit. Friseure und landwirtschaftliche Direktvermarkter haben vor der Globalisierungsrhetorik viel weniger Angst als Industriearbeiter!

In Ostdeutschland sind nach der Wende – aus der Not geboren – zahlreiche *Tauschringe* entstanden, die die Beteiligten in besonderem Umfang vom Weltmarkt unabhängig machen. Mit kreativen Wortschöpfungen für die Zahlungseinheit der bargeldlosen Tauschleistungen (zum Beispiel 1 DM = 1 Dätsch'mer oder 1 Dömak) wird all das plausibel gemacht, was man zwischen Menschen unterschiedlicher technischer Begabungen und Zeitbudgets aushandeln kann. Die Idee entstand in der Thatcher-Zeit in Großbritannien. Als sich der Staat aus allen möglichen Engagements und Sozialhilfeprogrammen zurückzog, entstanden dort, ebenfalls aus der Not geboren, die LETs, die Local Exchange Trading Systems, die sich lauffeuerartig im ganzen Land ausbreiteten. Vormals Arbeitslose konnten sich über Tauschringe wieder in die Gesellschaft zurückmelden, Nachbarschaften pflegen, ihren materiellen Status verbessern, kurzum: die Resignation überwinden.

Aber auch landwirtschaftliche Direktvermarktung, Dienstleistungen für persönliche Bedürfnisse und das Handwerk insgesamt zeigen, daß die Globalisierung längst nicht alle Lebensbereiche erfassen kann. Dies gilt es zu berücksichtigen und politisch hochzuhalten – allerdings nicht zu romantisieren oder zu ideologisieren.

Insgesamt harmoniert die Wiederentdeckung des Nahbereichs mit der Erhöhung der Ressourcenproduktivität. Auch die »Ver-Dienstleistung« der Produkte durch Leasing- und Wartungsverträge stärkt die Kohärenz und die Schaffung von wirtschaftlichem Mehrwert sowie den Erhalt von Arbeitsplätzen in den Regionen und verbessert zugleich die Ressourcenproduktivität.

Einige Vor- und Wegbereiter der Öko-Effizienz

Zwei Beispiele aus der Großindustrie

Öko-Effizienz nicht nur für kleinere Unternehmen

Daß Öko-Effizienz nicht als Leitbild eingestuft werden kann, das nur in den Nischen von kleinen und mittleren grünen Unternehmern gepflegt wird, zeigt der Umstand, daß zunehmend auch globale Konzerne davon angetan sind. Aus der Fülle von Beispielen seien an dieser Stelle kurz zwei herausgegriffen.

Zum einen das Beispiel *Dow.* Der weltweit fünftgrößte Chemiekonzern mit einem Jahresumsatz von 20 Milliarden Dollar ist in 164 Ländern angesiedelt. Der Konzern besitzt 114 Chemiefabriken in derzeit 33 Ländern. Knapp 43.000 Beschäftigte sind rund um den Erdball im Einsatz. Jeder Mitarbeiter von Dow unterschreibt mit seinem Eintritt in die Firma, an der Umsetzung einer Vision mitzuwirken, die wie folgt lautet:

»1. zum Wohle der Kunden, Angestellten, Aktionäre und der Gesellschaft im Bereich der angewandten Chemie an der Spitze zu stehen,

2. der produktivste Chemiekonzern mit dem höchsten Wertzuwachs der Welt zu sein.«

Aus der Verpflichtung zu diesen beiden Aussagen spricht amerikanisches Sendungsbewußtsein. Inhaltlich sind die Aussagen auch nicht weltbewegend neu. Allerdings heißt es in der Unternehmenspräambel weiter:

»Die Kunden sind der Grund dafür, daß wir überhaupt existieren. Ihnen sind wir bei der Befriedigung ihrer Bedürfnisse aufs höchste verpflichtet. Unsere Produkte und Dienstleistungen spiegeln unser Engagement bei Qualität und Innovation wider. Unser Geschäftsverhalten zeigt Integrität und Verpflichtung gegenüber Ethik, Sicherheit, Gesundheit und Umwelt.«

Öko-Effizienz wird bei Dow ernstgenommen.

Bedeutsam ist dabei die Betonung der Umwelt. Öko-Effizienz wird bei Dow in allen Belangen ernstgenommen. Claude Fussler, Vizepräsident von Dow Europe im schweizerischen Horgen, ist einer der Vordenker des Unternehmens. Er war beteiligt an der Entwicklung des sogenannten »Öko-Innovations-Kompasses«, der sechs grundlegende ökologisch bedeutsame Felder für das Unternehmen definiert.

1. Schutz von natürlichen Ressourcen,
2. Minimierung des Gefahrenpotentials für Gesundheit und Umwelt,
3. Senken des Energieverbrauchs,
4. Senken des Materialverbrauchs,
5. Ausbau von Dienstleistungen,
6. Wiederverwendung, Recycling und Wiederverarbeitung der eingesetzten Materialien.

Ziel ist es, Produkte mit höchstmöglicher Effizienz in allen Bereichen zu verwirklichen. Dabei wird der gesamte Lebenszyklus eines Produkts vom ausgehenden Rohmaterial bis zur Abfallbeseitigung betrachtet. Wie das funktioniert, hat Fussler eindrucksvoll nicht nur auf dem Öko-Effizienz-Kongreß im März 1998 in Düsseldorf, sondern auch in seinem Buch *Driving Eco-Innovation* dargestellt. Das Unternehmen versucht, insbesondere die Material- und Energieströme einzudämmen oder sie teilweise sogar auf Null zu reduzieren. Gesundheits- und umweltgefährdende Stoffe werden in möglichst geringen Mengen verwendet. Die Lebensdauer der Produkte wird verlängert, so weit es irgend geht.

Ein anderes lobenswertes Beispiel ist das japanische Unternehmen *Canon.* Man muß es zugestehen: Das ökologische Bewußtsein war dort bereits Anfang der 70er Jahre stärker ausgeprägt als bei der

Konkurrenz. Schon damals entstanden erste umweltbewußte Produkte, beispielsweise Bürogeräte mit weniger Energieverbrauch und geringerem Lärmpegel. Die 80er Jahre standen dann ganz im Zeichen der Wiederverwertung von Ressourcen. Zuerst waren es die Tonerbehälter, daraufhin Kopiergeräte, schließlich begann man Anfang der 90er Jahre mit dem Recycling von Patronen für Tintenstrahldrucker.

Recycling von Tonerbehältern: Canon produziert jährlich 25 bis 30 Millionen Behälter. Heute werden jeweils in den drei großen Absatzregionen Asien, Europa und Nordamerika verbrauchte Toner eingesammelt und einer Wiederverwertung zugeführt. Das Programm umfaßt 245 Länder. Pro Jahr werden etwa sechs Millionen Behälter gesammelt. Wiederverwendung von Kopiergeräten: In den USA begann Canon damit in den späten 80ern. 1991 wurde im schottischen Glenrothes Fife ein Werk gegründet, das für Europa zuständig ist.

Vier beispielhafte Persönlichkeiten

Franz Josef Radermacher ist der Institutsleiter am Forschungsinstitut für angewandte Wissensverarbeitung (FAW) in Ulm. Sein besonderer Beitrag besteht darin, immer wieder darauf hinzuweisen, daß Öko-Effizienz nicht per se das Heil verspricht. Besonders im Themenbereich Nachhaltige Informationsgesellschaft hat Radermacher in den letzten Jahren viel bewegt. So leitet er die Arbeitsgruppe 3 (Nachhaltige Entwicklung und Umweltschutz durch Telematikanwendung) des Forums Info 2000, das 1996 von Minister Rexrodt ins Leben gerufen worden ist und das sich mit der weltweiten Informations- und Wissensgesellschaft auseinandersetzt.

Bisher physische Güter und Infrastrukturen können in Online-Dienste überführt werden.

Die Hoffnung, daß die neuen Informations- und Kommunikationstechnologien zu weniger Naturverbrauch beitragen, liegt in der Dematerialisierung. Zahlreiche bisher physische Güter und Infrastrukturen können in Online-Dienste überführt werden. Die erhofften Folgen: weniger Mobilität, Energieverbrauch und Schonung natürlicher Ressourcen. Gern zitiertes Beispiel sind in diesem Zusammenhang die Teleheimarbeitsplätze, die Berufsverkehr und Spritverbrauch nachhaltig mindern sollen.

Einziges Manko: Untersuchungen können häufig keine Ersparnis feststellen. Der Haken liege nämlich im sogenannten Bumerang-Effekt, auf den Franz Josef Radermacher hinzuweisen nicht müde wird. Dieser führe dazu, »daß Einsparungen sofort in vermehrte Aktivitäten umgesetzt werden«. Produkte mit höchster Öko-Effizienz würden dann sogar noch mehr Ressourcen verbrauchen als bisher. Das eindrucksvollste Beispiel hierfür sei die Dematerialisierung bei Personalcomputern (PCs). In den letzten 30 Jahren wurde pro Rechner ein Einsparfaktor von mehr als Tausend erreicht. Der PC-Boom habe diesen Effekt aber »überkompensiert«, so Radermacher: Heute werden für Computer insgesamt zehnmal mehr Ressourcen verbraucht als vor 30 Jahren.

Hubert P. Johann war bis Mitte 1998 Konzernbeauftragter der Mannesmann AG in Düsseldorf und Leiter des deutschen Arbeitskreises ISO 14.000. Sein Augenmerk galt jenen standardisierten Verfahren zur Bewertung von Umweltmanagement in den Betrieben, die man als Öko-TÜV oder Öko-Audit bezeichnet. Jedes Unternehmen unterzieht sich freiwillig einer Umweltverträglichkeitsprüfung. Am Ende des Öko-Audits steht eine Umwelterklärung des Unternehmens. Geprüft werden unter anderem die Umweltverträglichkeit neuer Technologien, Verfahren, Anlagen sowie neuer Produkte und Materialien.

Jedes Unternehmen unterzieht sich freiwillig einer Umweltverträglichkeitsprüfung.

Handlungsrahmen für europäische Unternehmen ist die »Verordnung EU 1.836 über die freiwillige Beteiligung gewerblicher Unternehmen an einem Gemeinschaftssystem für das Umweltmanagement und die Umweltbetriebsprüfung« oder weltweit die ISO Norm 14.000 ff. Ziel dieser Maßnahme ist die Verbesserung der betrieblichen Öko-Effizienz sowohl aus ökologischer als letztlich auch aus ökonomischer Sicht.

1958 gründete *Klaus Steilmann* seine GmbH & Co. KG mit einem Startkapital von 40.000 Mark. In Wattenscheid begann er mit der Produktion von Mänteln. Schon im ersten Jahr erbrachte das Unternehmen einen Umsatz von 7,8 Millionen Mark und stieß in die Phalanx der großen deutschen Mantelhersteller vor. 1963 rangierte das Unternehmen bereits unter den größten Anbietern von Mänteln und Kostümen in Deutschland. Bis Anfang der 80er Jahre wuchs das Unternehmen auch durch Zukäufe weiterer Firmen. Steilmann ist in fast allen europäischen Märkten sowie in den USA, Kanada, Mexiko, Japan, Australien und Singapur präsent. Heute ist die Steilmann-Gruppe umsatzmäßig die Nummer eins in Europa.

Seit 1990 pflegt die Steilmann-Gruppe die enge Zusammenarbeit mit wissenschaftlichen Einrichtungen. Man gab zunächst sowohl industriepolitische als auch ökologisch-wirtschaftliche Studien in Auftrag. 1991 wurde schließlich das KSI, das Klaus Steilmann Institut für Innovation und Umwelt, gegründet. 1996 erhielt das Unternehmen die EU-Öko-Audit-Zertifizierung.

Steilmann symbolisiert auf besondere Weise den Übergang vom Jahrhundert der Ökonomie zum Jahrhundert der Umwelt. Er will beides: preiswerte Mode für Millionen mit ökologischen Rahmenbedingungen. Der beste Beweis ist Steilmanns Engagement in Osteuropa. In der Ukraine und in Rumänien, wo Ende der 80er Jahre Endzeitstimmung herrschte, die Umwelt vergiftet, verstrahlt und vergessen war und kein ausländischer Unternehmer sich engagieren mochte, war er zur Stelle und sicherte Tausende von Arbeitsplätzen. Nebenbei fand dadurch eine nicht zu geringschätzende technologische und ökologische Modernisierung vor Ort statt. Eine Win-Win-Situation der allerersten Güte!

Preiswerte Mode für Millionen mit ökologischen Rahmenbedingungen

Einen interessanten Vorschlag für die Textilindustrie hat *Michael Braungart,* der Geschäftsführer des E.P.E.A. Umwelt-Instituts in Hamburg, gemacht. Das Material für einen Mantel wird demnach ausgeliehen, nach der Herstellung für einen bestimmten Zeitraum, sagen wir: fünf Jahre lang, getragen, dann zurückgegeben und wieder verwendet. Die Menschen suchen regionale Produktionsstätten auf, probieren über virtuelle Realität unterschiedliche modische Textilien an, ihre Körpermaße werden dabei automatisch registriert und innerhalb weniger Stunden wird das Kleidungsstück hergestellt. »Das neue Motto dabei ist, Maßkonfektion beziehungsweise maßgeschneiderte Textilien aus wenigen Werkstoffen, universell verwendbar, produziert am Stadtrand und zugestellt über Serviceagenturen.« Vielleicht schon bald Wirklichkeit in der Unternehmensrealität der Klaus Steilmann-Gruppe?

Ein Aufruf

Ich werde oft gefragt, was es konkret heißt, ein Vorkämpfer für ein Jahrhundert der Umwelt zu sein. Ein Vorkämpfer will Veränderung. Zwei wesensverschiedene Leistungen sind hierfür gefragt: Handeln *und* Denken. Das ist ähnlich wie bei der Aufgabe, Zahnpasta aus einer Tube zu holen. Auch hier ist zweierlei nötig: Druck auf die Tube und das Abschrauben des Deckels. Druck allein bringt die

Tube zum Platzen. Genau genommen kommt das Deckelabschrauben zuerst, der Druck nachher.

So habe ich es in meiner Biographie gehalten. Ein Vierteljahrhundert habe ich mich der Analyse, dem Denken, dem Deckelabschrauben gewidmet – übrigens in einer Zeit, in welcher anfangs der »Druck der Straße« enorm war. Aber ich beobachte, daß jetzt der Druck verschwunden ist. Ratlosigkeit und Tatenlosigkeit beherrschen die Umweltdiskussion. Man läßt den Markt regieren. Aber dieser Markt richtet viel ökologisches Unheil an. Jeder kann es sehen. Jetzt sind nicht so sehr Analysen gefragt, sondern politischer Druck. Und so habe ich eine sich mir bietende Chance ergriffen, mich direkt in die Politik zu begeben und vom Deutschen Bundestag aus in das Geschehen einzugreifen.

Aktivierung der Selbstheilungskräfte der Wirtschaft

Was ich tun würde? Nun, ein politisches Programm kann ich mir so vorstellen: Nach 25 Jahren der erfolgreichen, aber hauptsächlich bürokratischen Umweltpolitik sollte das Schwergewicht der Anstrengungen auf die Aktivierung der Selbstheilungskräfte der Wirtschaft verlagert werden. Dabei müßte im Sinne der Neuausrichtung des technischen Fortschritts die Steigerung der Ressourcenproduktivität an erster Stelle stehen, was durch geeignete Randbedingungen bewirkt werden kann: Entweder man führt handelbare Naturnutzungszertifikate ein, deren Gesamtmenge ökologisch festgelegt wird, oder man verändert das Steuersystem und das Subventionswesen so, daß sich der effiziente Einsatz von knappen natürlichen Ressourcen wirklich lohnt. Beides sollte vordringlich EU-weit, notfalls national und letztlich international geschehen.

Politischer Druck muß aufgebaut werden von allen Seiten in folgende Richtungen:

- Aufklärung über globale Zerstörungstrends,
- Beginn einer Effizienzrevolution mit ökologischen und ökonomischen Gewinnern,
- Umwelterziehung für Verbraucher und Produzenten.

Zu diesem Buch

In diesem Buch zur EXPO 2000 werden nicht nur die globalen Perspektiven aus europäischer Sicht diskutiert. Vielmehr werden auch Perspektiven aus anderen Ländern angeboten. Autoren aus anderen Erdteilen zeichnen sehr unterschiedliche Bilder einer Vision mit Richtung auf das 21. Jahrhundert.

Es werden Perspektiven aus anderen Ländern angeboten.

Die Botschaft lautet: Die globalisierte Welt des 21. Jahrhunderts wird nicht zwangsläufig zu einem Potpourri mit einer Einheitssprache, mit einer Einheitswährung und mit Einheitssitten werden. Die Diversität könnte sogar zu einem die Zivilisationen des 21. Jahrhunderts charakterisierenden zentralen Wert werden. So lange sie selbstverständlich war, bestand kein Anlaß, sie als eigenen Wert zu sehen und hochzuhalten.

Hinweisen möchte ich darauf, daß mein japanischer Freund Katsuo Seiki während des Entstehens dieses Buches leider verstorben ist. Sein Beitrag zur weltweiten Nachhaltigkeitsdebatte war bedeutsam, sein Textbeitrag in diesem Buch ist von jener visionären Kraft, die ihn ein Leben lang ausgezeichnet hat.

Literatur

Ax, Christine: *Das Handwerk der Zukunft. Leitbilder für nachhaltiges Wirtschaften.* Basel/Berlin, 1997.

Blumberg, Jerald/Korsvold, Åge/Blum, Georges: *Environmental Performance and Shareholder Value.* Genf, 1997.

Boss, Alfred/Rosenschon, Astrid: *Subventionen in der Bundesrepublik Deutschland. Bestandsaufnahme und Bewertung,* Kieler Arbeitspapier No. 793. Kiel, 1997.

Constanza, Robert/d'Arge, R./de Groot, R./Farber, S./Grasso, M./Hannon, B./Limburg, K./Naeem, S./O'Neill, F./Paruelo, J./ Raskin, R.G./Sutton, P./van den Belt, M.: »The value of the World's ecosystem services and natural capital«, in *Nature* 387 (1997), S. 253.

Daly, Herman; Cobb, John: *For the Common Good. Redirecting the Economy Towards Community, the Environment and a Sustainable Future.* Boston, 1989.

Desimone, Livio/Popoff, Frank: *Eco-Efficiency: The Business Link to Sustainable Development.* Cambridge Mass., 1997.

Dieren, Wouter van: *Mit der Natur rechnen.* Basel/Berlin, 1995.

EXPO 2000: *Der Themenpark – die Möglichkeiten der Beteiligung.* Hannover, 1997.

Henderson, Hazel: *Building a Win-Win World. Beyond Global Economic Warfare.* San Francisco, 1996.

Hennicke, Peter/Seifried, Dieter: *Das Einsparkraftwerk.* Basel/Berlin, 1996.

Korten, David C.: *When Corporations Rule the World.* San Francisco, 1995.

Krebs, Carsten/Reiche, Danyel T./Rocholl, Martin: *Die Ökologische Steuerreform. Was sie ist, wie sie funktioniert, was sie uns bringt.* Mit Vorworten von Ernst Ulrich von Weizsäcker, Klaus Zwickel und Matthias Max Schön. Basel/Boston/Berlin, 1998.

Leggett, Jeremy (Hg.): *Climate Change and the Financial Sector. The Emerging Threat – The Solar Solution.* München, 1997.

Martin, Hans Peter/Schumann, Harald: *Die Globalisierungsfalle.* Hamburg, 1996.

de Moor, André/Calamai, Peter: *Subsidising Unsustainable Development. Undermining the Earth With Public Funds.* Toronto, 1997.

Repetto, Robert/Dower, Roger/Jenkins, Robin/Geoghegan, Jacqueline: *Green Fees. How a Tax Shift Can Work for the Environment and the Economy.* Washington, 1996.

Rifkin, Jeremy: *Das Ende der Arbeit und ihre Zukunft.* Frankfurt/New York, 1996.

Schmidheiny, Stephan/Business Council for Sustainable Development: *Kurswechsel.* Zürich, 1992.

Schmidt-Bleek, Friedrich: *Wieviel Umwelt braucht der Mensch?* Basel, 1994.

Umweltbundesamt: *Nachhaltiges Deutschland. Wege zu einer dauerhaft umweltgerechten Entwicklung.* Berlin, 1997.

Wackernagel, Mathis/Rees, William: *Unser ökologischer Fußabdruck. Wie der Mensch Einfluß auf die Umwelt nimmt.* Basel/Berlin, 1997.

von Weizsäcker, E.U.: *Erdpolitik. Ökologische Realpolitik als Antwort auf die Globalisierung.* 5. akt. Aufl. Darmstadt, 1997.

von Weizsäcker, E.U./Amory Lovins und Hunter Lovins: *Faktor Vier. Doppelter Wohlstand, halbierter Naturverbrauch.* 11. akt. Aufl. München, 1997.

Vision: Öko-effizient leben und arbeiten

Zwölf Thesen

Ernst Ulrich von Weizsäcker

1. Das 21. Jahrhundert eröffnet die Aussicht auf einen neuen Paradigmenwechsel. Was kommt nach der Ökonomie? Die Umwelt beziehungsweise ihre Knappheit wird zum Leitmotiv werden.

2. Die Menschheit wird dem Schutz der verbliebenen Natur eine höhere Priorität einräumen als dem, was man heute Wachstumsökonomie nennt: ganz einfach deshalb, weil die Natur auch in Zukunft noch die Basis des Überlebens und erst recht der Lebensqualität sein wird.

3. Die Wirtschaft muß sich in Richtung Kreislaufwirtschaft entwickeln. Wie im organischen Bereich müssen die der Erde entnommenen Stoffe zum größten Teil im Kreislauf gehalten und schließlich auf unschädliche Weise der Natur zurückgegeben werden.

4. Öko-Effizienz sowie Faktor Vier und Faktor Zehn stehen für ein Wirtschaften, das Rohstoffe besser nutzt und dadurch die Natur entlastet. Zur Herstellung derselben Menge an Gütern und Dienstleistungen sollen weniger natürliche Stoffe und Energie verbraucht werden. Faktor Vier bedeutet eine Senkung auf ein Viertel, Faktor Zehn auf ein Zehntel des heutigen Bedarfs.

5. Die Effizienz von Produkten wird sich weniger an ihren Leistungen, sondern vielmehr an ihren Verbrauchsdaten bemessen. Dabei geht es um den gesamten Lebenszyklus dieser Produkte – vom ursprünglichen Rohmaterial bis hin zur Abfallbeseitigung.

6. Dienstleistungen werden die Wirtschaft »dematerialisieren«, indem Produkte durch Service ersetzt werden. Das Mottto lautet: mehr Leistungen statt Güter verkaufen.

7. Langlebige Produkte vervielfachen die Nutzungsdauer, erhöhen dadurch die Ressourceneffizienz und schaffen qualifizierte Arbeitsplätze in Herstellung, Beratung und Handwerk.

8. Zukünftiges Wirtschaften ist nicht nur global, sondern auch regional, weil Dienstleistungen am Ort des Bedürfnisses erbracht werden müssen.

9. Umweltnutzung wird steuerlich belastet, menschliche Arbeitskraft entlastet. Die Gleichung läßt sich dahingehend fortsetzen: Mehr Umweltschutz bringt mehr Arbeitsplätze.

10. Öko-Erste Hilfe für private Haushalte: Wärmeisolierung verbessern, ein spritsparendes Auto benutzen, einen Öko-Kühlschrank in die Küche stellen, auf Energiesparlampen in der Wohnung oder im Haus umrüsten und effizientere Haushaltsgeräte anschaffen.

11. »Global Governance« meint eine Weltordnungspolitik als Zusammenspiel vieler nationaler und supranationaler Kräfte. Es geht darum, daß ein politischer Wille anders als nur über Parlamente und Regierungen und Märkte durchgesetzt werden kann.

12. Politischen Druck wird es von allen Seiten in folgende Richtungen geben: bessere Aufklärung über globale Zerstörungstrends, Beginn der Effizienzrevolution mit ökologischen und ökonomischen Gewinnern sowie Umwelterziehung für Verbraucher und Produzenten.

Ein weltweiter Technologiepakt fürs 21. Jahrhundert

Katsuo Seiki, Tsutomu Yamaguchi

Was meint »nachhaltige Entwicklung« eigentlich?

Obwohl mittlerweile jeder von »nachhaltiger Entwicklung« spricht, ist bis heute vage geblieben, was sich hinter dem Schlagwort verbirgt. Die von der UN eingesetzte »Weltkommission für Umwelt und Entwicklung« versuchte es 1987 mit einer Tautologie. Im sogenannten Brundtland-Bericht schlug sie eine Definition vor, die sowohl auf den Schutz als auch auf die Nutzung der Natur abzielte und beides mit wirtschaftlichem Wachstum verband. Gemeint sei eine Entwicklung, so der Wortlaut, »die die Bedürfnisse der Gegenwart befriedigt, ohne dabei zu riskieren, daß künftige Generationen ihre Bedürfnisse nicht mehr befriedigen können«. Doch wie soll man bei einem derart groben Maßstab eine konkrete Marschroute auf der Landkarte entdecken?

Obwohl die Begriffsbestimmung der Weltkommission so nebulös ist, ist sie bis heute weitgehend akzeptiert – vor allem wohl deshalb, weil es bisher noch niemandem gelungen ist, einen besseren Vorschlag zu machen.

Ein Ausflug in die Geschichte

Um die Haltung des Brundtland-Berichts richtig einordnen zu können, muß man einen Blick zurück in die Geschichte werfen. Schon 1972 hatte sich der Club of Rome intensiv bemüht, den Begriff »nachhaltige Entwicklung« zu füllen, nachdem dieser erstmals 1968 auf zwei internationalen Konferenzen aufgetaucht war. Mit Hilfe eines Computermodells wollten Meadows und seine Kollegen die Wechselbeziehungen zwischen wirtschaftlichem und Bevölkerungswachstum, Unterernährung, Rohstoffausbeutung und Naturzerstörung analysieren. Die Simulation, um die es in ihrem Bericht

Die Grenzen des Wachstums ging, sollte zeigen, wie es in 100 Jahren auf der Erde aussähe, wenn der eine oder andere Entwicklungspfad eingeschlagen würde.

Stark vereinfacht gesagt bestand die Schlußfolgerung des Club of Rome darin, daß alle Menschen, egal wo sie leben, ihre Bedürfnisse zügeln müssen. Immer mehr Konsum und damit verbundener Ressourcenverbrauch sei für die Erde einfach nicht verkraftbar. Künftig müsse sich der Lebensstil daran orientieren, was ökologisch vertretbar ist, so das Credo. Im Klartext bedeutete das, daß die Menschen sowohl in den Industrienationen als auch in den sogenannten Entwicklungsländern Verzicht üben sollten – ein Konzept, das für die Bewohner der Drittweltländer völlig unakzeptabel war. Diese forderten für sich das Recht ein, den linearen Pfad der Moderne nachzuschreiten und den in der Ersten Welt üblichen Lebensstandard anzustreben. Schon aus diesem Grund war das Konzept des Club of Rome politisch nicht durchsetzbar.

Immer mehr Konsum geht nicht.

Vor diesem Hintergrund wurde der Brundtland-Bericht verfaßt: als eine Art Anti-These zum Konzept des Club of Rome. Nachhaltige Entwicklung sollte jetzt sowohl einem angemessenen Wirtschaftswachstum der Drittweltländer als auch der Erhaltung der Umwelt Rechnung tragen. Die Weltkommission forderte, mit Entwicklungspolitik und Umweltschutz gleichermaßen auf eine Steigerung der Wohlfahrt abzuzielen. Doch die Antwort auf die Frage, wie das praktisch aussehen könnte, blieb die Kommission weitgehend schuldig.

Nachhaltigkeit hat viele Dimensionen

Seit Erscheinen des Brundtland-Berichts widmen sich viele Forscher dem Thema »nachhaltige Entwicklung«. Das unabhängige World Resources Institute (WRI) veröffentlicht demnächst sein Konzept »Nachhaltigkeit 2050«. Und das Stockholmer Umwelt Institut (SEI) versucht gerade, mit Hilfe von Computersimulationen verschiedene Zukunfsszenarien zu entwerfen. Diesen neuen Ansätzen ist eines gemeinsam: Sie betrachten nachhaltige Entwicklung als eine von vielen Faktoren beeinflußte Größe. Nur mit einer mehrdimensionalen Sichtweise, so ihr gemeinsamer Ansatz, ist der Lauf der Welt zu erfassen und zu ändern.

Die Wissenschaftler brechen mit der Tradition, eine zukunftsfähige Gesellschaft ausschließlich als ein Problem zwischen Wirtschaft und Umwelt anzusehen. Ihr ganzheitlicher Ansatz widmet sich zwar weiterhin intensiv sowohl der Ökonomie als auch der Ökologie. Aber er bezieht ebenso Konflikte und Wechselbeziehungen zwischen Bevölkerungsdynamik, Produktions- und Konsummustern, Beschäftigungschancen, Arbeitsqualität, Verteilungsgerechtigkeit und Stabilität der gesellschaftlichen Ordnung mit ein.

Welche Art von Politik führt zum Idealzustand einer Gesellschaft?

Darüber hinaus stützen sich diese Forschungsarbeiten methodisch eher auf eine Rück- als auf eine Vorausschau. Mit anderen Worten: Ihr Ansatz besteht darin, sich den Idealzustand einer von Nachhaltigkeit geprägten Gesellschaft vorzustellen und dann herauszufinden, welche Art von Politik dorthin führen könnte. Diese Perspektive unterscheidet sich grundsätzlich von der herkömmlichen Methode. Die beruhte darauf, die gegenwärtige Situation zu analysieren und sich danach zu überlegen, wie man von hier aus zu einer nachhaltigen Entwicklung kommt – mit möglichst geringem Risiko.

13 Experten zum Thema Nachhaltigkeit diskutieren zur Zeit intensiv die Forschungsergebnisse, die das WRI, das SEI und noch einige andere Wissenschaftler vorgelegt haben. Sie haben sich zur Global Scenario Group (GSG) zusammengeschlossen. Zu den Mitgliedern der GSG zählen Khaled Mohammed Fahmy (Ägypten), Tibor Farago (Ungarn), Gilberto Gallopin (Kolumbien), Pablo Gutman (Argentinien), Allen Hammond (USA), Okoth-Ogendo (Kenia), Atiq Rahman (Bangladesch), Paul Raskin (USA), Setijati D. Sastrapradha (Indonesien), Nick Sonntag (Kanada), Rob Swart (Niederlande), Veele Vandeweerd (Belgien) und der Autor dieses Aufsatzes, Katsuo Seiki (Japan).

Die sechs Zukunftsbilder der Global Scenario Group

Die GSG diskutiert insgesamt sechs Szenarien (*Abb. 1*). Jeweils zwei davon entfallen auf die Kategorien:

- traditionelle Welten,
- Barbarei,
- grundlegender Wandel.

Die Zukunftsbilder der »Global Scenario Group« Abb. 1

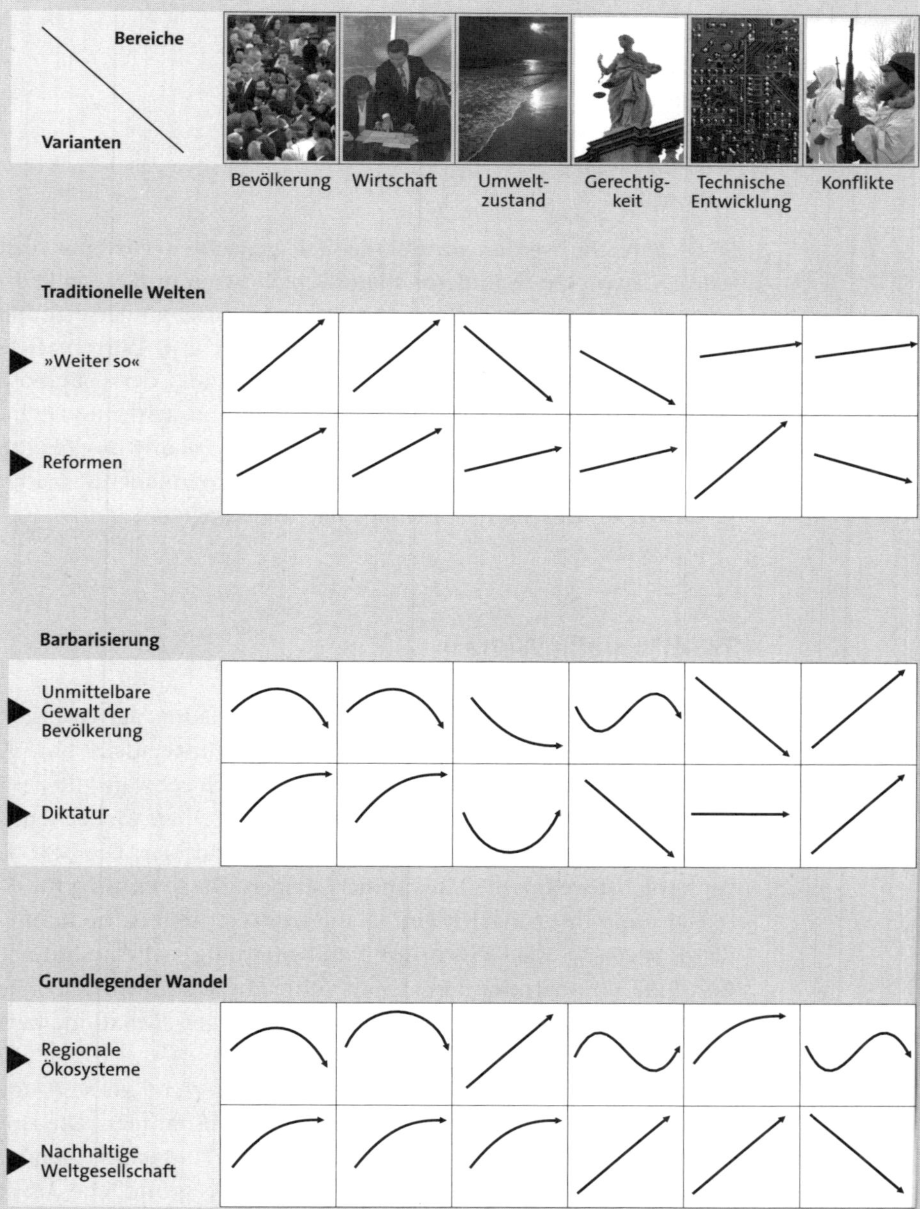

Quelle: Global Scenario Group »Branch Points«

In jedem der Szenarien wird die Entwicklung der folgenden sechs Bereiche betrachtet:

- Bevölkerung,
- Wirtschaft,
- Umwelt,
- Gerechtigkeit,
- Technologie,
- Konflikt.

Eine in permanente Konflikte verstrickte Gesellschaft kann niemals nachhaltig agieren.

Diese Bereiche werden unterschiedlich gewichtet. Für eine nachhaltige Entwicklung sind vor allem Gerechtigkeit und Konflikt von ausschlaggebender Bedeutung. Kriegerische Auseinandersetzungen müssen stärker als z.B. die Variablen Umwelt und Wirtschaft berücksichtigt werden. Denn während ein Wandel der Lebensstile oder technologische Innovationen zu einem wirtschaftlichen Wachstum führen können, ohne damit zwangsläufig das ökologische Gleichgewicht zu zerstören, kann eine in permanente Konflikte verstrickte Gesellschaft niemals nachhaltig agieren.

Traditionelle Welten

Weitermachen wie bisher, business as usual, lautet der Grundsatz des ersten Szenarios, das die GSG-Gruppe untersucht hat. Als Handlungsmaxime auf dem freien Markt der Gegenwart gilt: Profit über alles. Und das trifft sowohl für die einzelnen Menschen als auch für die Unternehmen zu. Die Folgen sind klar: Die Bevölkerung wächst weiter, die Einkommen steigen. Die Rechnung für diese Haltung zahlt zunächst einmal die Umwelt. Aber da im Rahmen dieses Szenarios die Gerechtigkeit an Bedeutung verliert, sind neue Konflikte vorprogrammiert. Somit führt ein Weiterwursteln nach bekanntem Muster keineswegs zu einer stabilen Situation. Keine Frage: Nachhaltigkeit ist so nicht zu erreichen.

Das Modell, das auch der Brundtland-Bericht zu verfolgen scheint, setzt auf nachträgliche Anpassungsmaßnahmen. Die Hoffnung einer solchen Strategie beruht vor allem auf technischen Verbesserungen und dezentem politischem Druck: gründliche Abwasserfilter, sparsame Automotoren. Mit solchen Lösungen aber wird an der Grundstruktur der Wirtschaft und Gesellschaft nicht gerüttelt. Die Frage, ob die hergestellten Produkte überhaupt gebraucht werden oder eine aufs Auto zentrierte Verkehrspolitik sinnvoll ist, wird gar nicht erst gestellt. Möglicherweise lassen sich jedoch auf diese Weise gesellschaftliche Konflikte kanalisieren, so daß die soziale Grundstruktur nicht ins Wanken gerät.

Um in diesem Szenario eine nachhaltige Gesellschaft zu verwirklichen, sind unbedingt zwei Probleme zu lösen. Zum einen muß der politische Wille zu drastischen Reformen vorhanden sein. So paradox es klingt: Nur mit drastischen Reformen kann die Grundstruktur der heutigen Gesellschaft erhalten bleiben, in der der Markt das Zentrum bildet. Ohne massive Änderungen dagegen wird das System instabil, weil es mit der Umwelt immer weiter bergab geht und dadurch der Kampf um sauberes Wasser, fruchtbare Böden und Rohstoffe noch härter wird. Die Verlierer werden die ungerechte Verteilung von Gütern und Lebenschancen nicht klag- und kampflos hinnehmen. Zum andern stellt sich aber die entscheidende Frage, ob die zentralen Werte der Gegenwart – Individualismus, Wettbewerbsorientierung und Materialismus – überhaupt die Grundlage für eine nachhaltige Gesellschaft bilden können, die wohl eher von Kooperation, Gemeinschaft, Kultur und Nichtmaterialismus geprägt sein müßte.

Der politische Wille zu drastischen Reformen muß vorhanden sein.

Barbarei

Das zweite Szenario-Paar ist von unmittelbarer Gewalt geprägt. Variante 1: Jeder kämpft gegen jeden, und der stärkste setzt sich durch. Variante 2: Wir haben es mit einer ausgeprägten Diktatur zu tun.

Bricht die gesellschaftliche Ordnung zusammen, wird auch die Wirtschaft kollabieren; schließlich können Handel und Produktion nur in berechenbaren Strukturen gedeihen. Piraten und Erpresser vertreiben Unternehmer. In einer derartigen Gesellschaft wird auch die Bevölkerung schrumpfen – durch Mord, Vertreibung oder bestenfalls Auswanderung. Da es keine Verantwortlichkeiten und Kontrollen mehr gibt, leidet die Umwelt. Und mit technischem Fortschritt ist in einer derartigen Situation überhaupt nicht zu rechnen.

In der anderen Ausprägung einer barbarischen Gesellschaft hat eine kleine, diktatorische Elite die Macht an sich gerissen; die GSG spricht von der »Festung Erde«. In diesem Fall ist vermutlich sogar mit einer wachsenden Wirtschaft und Bevölkerung zu rechnen. Und die massive Kontrolle des Staats sorgt möglicherweise sogar dafür, daß die Umwelt nicht zu stark belastet wird. Doch die extreme Ungleichheit von Machtverteilung und Reichtum macht diese Gesellschaft hochexplosiv – und damit garantiert nicht nachhaltig.

Ungleichheit macht eine Gesellschaft hochexplosiv.

Man könnte geneigt sein, diese beiden Gesellschaftsszenarien als Phantasieprodukte von Wissenschaftlern anzusehen, die sich gerne Modelle ausdenken. Doch das Szenario des Zusammenbruchs ist in letzter Zeit in Teilen Afrikas Wirklichkeit geworden. Und das Modell »Festung Erde« bleibt nach wie vor in Teilen Asiens aktuell.

Es ist eine zentrale Aufgabe der Nachhaltigkeitsstudien, anhand konkreter Fallbeispiele herauszufinden, wie eine Gesellschaft in den Zustand der Barbarei gefallen ist und welche Maßnahmen zur rechten Zeit das hätten verhindern können – schon, um beim nächsten Mal schlauer zu sein und früher vorbeugen zu können.

Grundlegender Wandel

Als Modell für eine von Nachhaltigkeit geprägte Gesellschaft gibt es aus Sicht der GSG nur eine Wahl: die Szenarien »grundlegender Wandel«. Zwei typische Varianten will ich hier vorstellen:

- regionale Ökosysteme,
- eine neue Nachhaltigkeit im Rahmen der Weltgesellschaft.

Im ersten Fall geht es um ein räumlich begrenztes soziales und wirtschaftliches System, das sich weitgehend selbst genug ist. Die Menschen leben von den Produkten, die in ihrer Gegend hergestellt werden und die so weit wie möglich aus einheimischen Materialien bestehen. Auch Recycling und Reparatur von Waren spielen in diesem Modell eine zentrale Rolle, während die Massenproduktion zurückgedrängt wird. Die Energie stammt aus erneuerbaren Quellen.

Daß dieses Modell nicht völlig an der Realität vorbeigeht, beweist die indische »Entwicklungsalternative«. Sie hat nicht nur mit Erfolg regionale Recyclinggesellschaften aufgebaut, sondern bemüht sich auch um die Einführung von Produktionstechniken, die einen regionalen Wirtschaftskreislauf fördern. Und auch in Japan gibt es immer wieder Stimmen, die für eine Rückkehr zur selbstregulierten Gesellschaft der Edo-Periode vom frühen 17. bis zur Mitte des 19. Jahrhunderts plädieren.

Diese Systeme regionaler Autarkie laufen allerdings Gefahr, wirtschaftlich von außen angegriffen zu werden. Die Wettbewerber aus anderen Gegenden werden den Markt nicht kampflos räumen, sondern vielmehr weiter ihre Waren dort anbieten wollen. Und aus Sicht der Verbraucher haben Produkte von außen sicherlich viele Vorteile gegenüber den Dingen, die in der eigenen Gegend hergestellt werden. So gibt es im Grunde nur die Möglichkeit, die Grenzen für die Waren aus anderen Regionen dicht zu machen, sei es durch Zölle oder ganz einfach durch Einfuhrverbote. Eine solche Entwicklung in Richtung auf ein isoliertes und geschlossenes System gerät aber notwendig in Konflikt mit dem Trend zur Globalisierung, der sich gegenwärtig immer weiter durchsetzt.

Das Szenario der »neuen Nachhaltigkeit« geht deshalb über die klassische Definition von Nachhaltigkeit hinaus, die vor allem darauf abzielte, die Wirtschaft mit möglichst wenig Rohstoffen und Energie in Schwung zu halten, und sich außerdem einen anderen gesellschaftlichen Umgang auf die Fahnen geschrieben hat. Die »neue Nachhaltigkeit« stellt sich dem Trend zur Globalisierung. In diesem Szenario haben die alten und neuen Akteure der internationalen Gesellschaft eine zentrale Bedeutung, weil sie in der vernetzten Weltkommune immer mehr an Einfluß gewinnen.

Zu den wichtigsten dieser Akteure gehören internationale Organisationen wie die Vereinten Nationen, aber auch multinationale Konzerne, Verbände und Nicht-Regierungsorganisationen (NRO, oder englisch: NGOs). Bei allen Unterschieden teilen diese Organisationen die Einsicht, daß sich die Koordinaten der Politik in den vergangenen Jahren grundlegend verschoben haben und ein Verharren auf nationaler Ebene unzeitgemäß ist.

Die Koordinaten der Politik haben sich grundsätzlich verschoben.

Diese neuen Akteure sollten im Einvernehmen mit den Völkern und Regierungen darauf hinarbeiten, den Reichtum gerechter zu verteilen, um die Ungleichheit bei Lebens- und Bildungschancen zurückzudrängen. Zugleich müssen sie sich der verletzten Erde annehmen und versuchen, gemeinsam Wege zu ihrer Heilung zu finden. Und schließlich geht es darum, die grundlegenden Werte der Weltgesellschaft gemeinsam zu diskutieren und festzulegen. Während der Süden das Bevölkerungswachstum zu kontrollieren und der Norden den Konsum von Ressourcen aller Art zu drosseln hätte, sollten beide Seiten beim Schutz von Umwelt und Ressourcen kooperieren und versuchen, so etwas wie ein gemeinsames Regime aufzubauen, das verbindliche Vorgaben für die je nationalen Umwelt-, Steuer- und Informationspolitiken festlegen sollte.

Nachhaltigkeit und die Rolle der Technik

Es gibt viele Faktoren für das Erreichen eines dauerhaften Gleichgewichts.

Aus den sechs Szenarien, die die GSG-Gruppe untersucht hat, ist deutlich geworden, daß zur Nachhaltigkeit weitaus mehr gehört, als Ökonomie und Ökologie in ein angemessenes Verhältnis zueinander zu setzen. Vielmehr gibt es noch viele andere Variablen, die für das Erreichen eines dauerhaften Gleichgewichts zentral sind. Und weil sich alle diese Faktoren gegenseitig beeinflussen, wäre es völlig falsch, sich auf nur zwei zu konzentrieren und die Auswirkungen auf die anderen zu mißachten – denn diese anderen Faktoren wirken auch wieder zurück.

Kurzum, folgende Ziele müssen und können nur gemeinsam verfolgt werden:

- Überwindung der absoluten Armut. Dazu gehört zum einen die Beseitigung des Hungers und der Aufbau eines Gesundheitssystems. Zugleich aber muß ein freier Zugang zu Bildung für alle Menschen gewährleistet sein.
- Angleichung der Unterschiede zwischen Reichen und Habenichtsen.
- Verhinderung oder zumindest Minimierung von Konflikt und Gewalt.
- Stärkung der Solidarität unter den Menschen – sowohl in ihren kleinen Gemeinschaften als auch auf der ganzen Erde.
- Ende des Bevölkerungswachstums, nachdem ein bestimmtes Niveau erreicht ist.
- Vermeidung von Umweltschädigung und Ressourcenverschwendung mit dem Ziel, das globale Ökosystem aufrechtzuerhalten.

Dieser letzte Punkt kann nur erreicht werden, wenn sich die gegenwärtigen Lebensstile grundsätzlich ändern und zusätzlich technische Neuerungen in Produktion und Alltag Einzug halten. Der technischen Innovation fällt beim Streben nach Nachhaltigkeit die

Aufgabe zu, aus möglichst wenig Material möglichst viel herauszuholen und dabei möglichst wenig Dreck zu verursachen. Das betrifft nicht nur die Herstellung der Waren in den Fabriken, sondern ihren gesamten Lebenszyklus. Auch Transport, Nutzung und ihre Entsorgung müssen in die ökologische Gesamtbetrachtung mit eingehen. Und schließlich dürfen die Belastungen auf keinen Fall an andere Orte oder in die Zukunft verschoben werden.

Im folgenden sollen drei Konzepte dargestellt werden, die sich mit technischer Effizienz beschäftigen:

- Neue Erde 21,
- Faktor Zehn,
- Null-Emission.

Neue Erde 21

1990 hat die japanische Regierung das Programm »New Earth 21« vorgestellt. Ihr zentrales Anliegen ist die Suche nach technischen Lösungen, um die Erwärmung des Weltklimas zu stoppen. Rechnet man die jetzige Entwicklung hoch, wird es im Jahr 2100 auf der Erde im Durchschnitt drei Grad wärmer und der Meeresspiegel um etwa 65 Zentimeter gestiegen sein – eine fatale Aussicht für ein Land wie Bangladesch, das wenig über Normalnull liegt.

Um das Klima zu stabilisieren, müßte die Menschheit dafür sorgen, daß künftig etwa 60 Prozent weniger Treibhausgase als heute in die Luft gepustet werden. Das entspricht ungefähr – gegen alle derzeitigen Trends – einer Halbierung des gegenwärtigen Energieverbrauchs. Dieses Ziel läßt sich ohne einen technischen Durchbruch nicht erreichen. Dazu müßten energiesparende Anlagen und Systeme nicht nur erfunden werden, sondern überall auf der Welt Verbreitung finden. Es geht also neben der Entwicklung und Herstellung dieser Techniken auch um ihren Transfer.

Halbierung des gegenwärtigen Energieverbrauchs

Die Realität sieht allerdings gegenwärtig völlig anders aus. So sind einerseits die zur Verfügung stehenden Technologien noch weit davon entfernt, die Emissionen von Treibhausgasen ausreichend zu verringern, und andererseits die Industriestaaten keineswegs dazu bereit, ihr Wissen und ihre Technik an die Entwicklungsländer weiterzugeben, was im langfristigen Interesse beider wäre.

Neue Erde 21. Aktionsprogramm für das 21. Jahrhundert Abb. 2

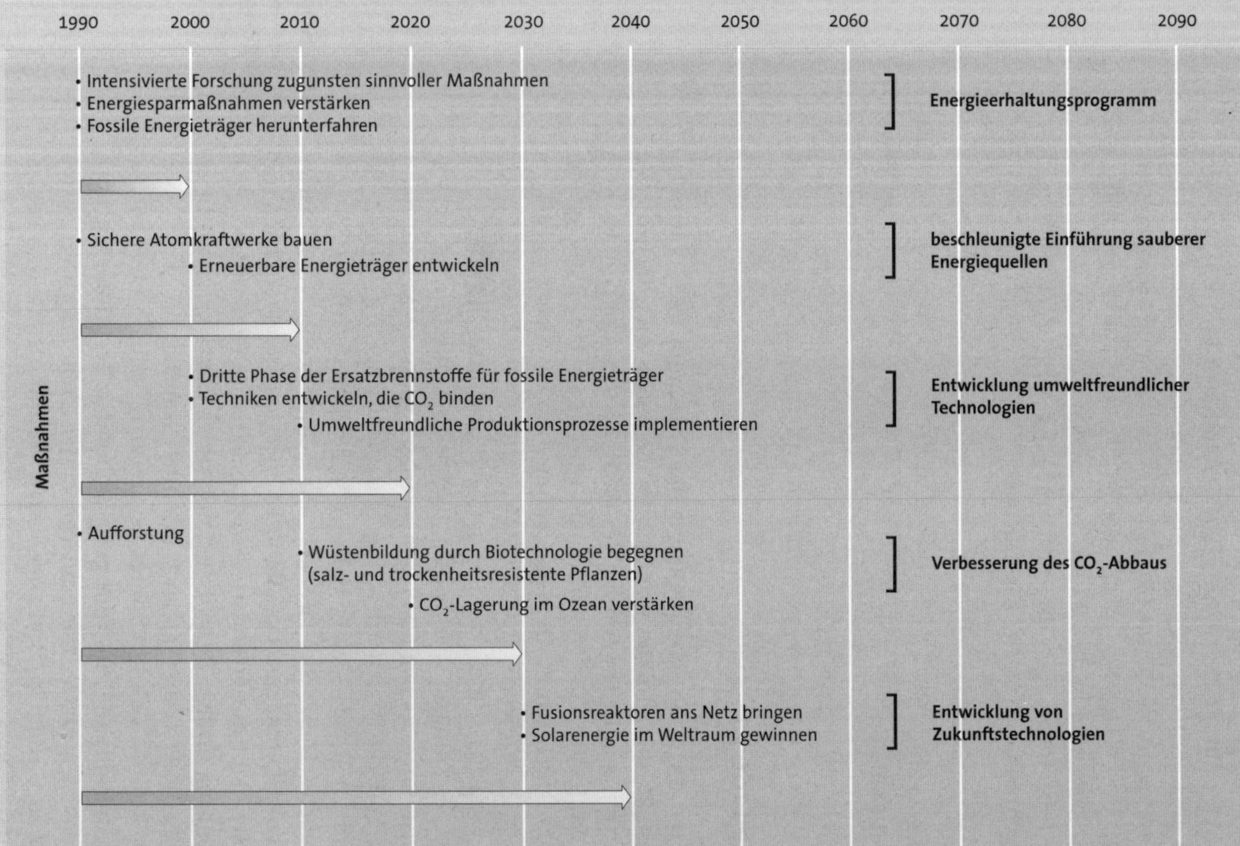

Quelle: Ministerium für internationalen Handel und Industrie, Japan

Das Aktionsprogramm »Neue Erde 21« beschreibt in schematischer Form, wie eine Perspektive aussehen kann, in der die jeweils effektivste Technik allen Ländern zur Verfügung steht. In der ersten Phase müssen die gegenwärtigen Technologien der ganzen Welt zugänglich gemacht werden. Hauptsächlich geht es hierbei um energiesparende Anlagen und die Gewinnung von sauberer Energie. In der nächsten Phase müssen Forscher Produkte und Maschinen entwickeln, die dauerhaft mit den Anforderungen eines stabilen Weltklimas vereinbar sind – und auch diese Innovationen sind über den Weltmarkt zu verteilen. Zu diesen Technologien zählen u.a.:

- Innovative Umwelttechnologien, die mit geringem CO_2-Ausstoß produzieren oder auch die Tatsache nutzen, daß Wälder CO_2-Schlucker sind und Holz somit das wichtigste Treibhausgas bindet.
- Innovative Energietechniken, zu denen neben den erneuerbaren auch eine fortentwickelte Atomenergie gehört.
- Solarbetriebene Satellitentechnik, die auch für Stromerzeugung auf der Erde sorgt.

Das Vertrauen in technische Lösungen ist zu groß.

Dies sind nur ein paar Beispiele. Die entscheidende Kritik an einem derartigen Konzept ist das zu große Vertrauen in technische Lösungen. Natürlich müssen die sozialen Folgen derartiger Techniken von Anfang an mitbedacht werden. Außerdem weisen Skeptiker immer wieder darauf hin, daß Hochtechnologie häufig unbeabsichtigte Nebeneffekte hat: Was dem Klima nützt, kann möglicherweise anderen Teilen des Ökosystems schaden. Und schließlich warfen auch einige Mitglieder der GSG-Gruppe dem Konzept »Neue Erde 21« vor, es könne von den Industrienationen als Verzögerungstaktik mißbraucht werden, um die unmittelbare Einführung von Umweltschutzvorschriften zu verhindern.

Wie auch immer: Die japanische Regierung will mit ihrem (mittlerweile fortentwickelten) Programm Druck ausüben, damit Forschung und Entwicklung das Thema Klima rasch und konsequent ins Zentrum ihrer Bemühungen stellen. Denn nach den bisherigen Erfahrungen reicht es nicht aus, sich auf eine allmähliche Veränderung der Sozialsysteme und Lebensstile zu verlassen. Die weitere Zunahme der Weltbevölkerung und der berechtigte Wunsch der Entwicklungsländer nach Wirtschaftswachstum machen technische Innovationen zu einem unabdingbaren Bestandteil einer Nachhaltigen Entwicklung.

Die Faktor Zehn-Gruppe

Die Faktor Zehn-Gruppe um Friedrich Schmidt-Bleek geht im Prinzip von ganz ähnlichen Voraussetzungen aus wie das Konzept »Neue Erde 21«, doch ist ihr Ansatz weiter gefaßt. Ein gutes Beispiel für die Perspektive dieser Forscher ist ihre sogenannte Erklärung von Carnoule.

Erklärung von Carnoule

Darin betonen sie die Notwendigkeit, den Einsatz von Rohstoffen – also den materiellen Input – massiv zurückzufahren. Nur durch eine Dematerialisierung der Wirtschaft könne die Nachhaltigkeit des Ökosystems gesichert werden. Die Faktor Zehn-Gruppe meint, daß eine Halbierung des gegenwärtigen Ressourcenverbrauchs notwendig ist, damit die Ökosysteme nicht zusammenbrechen. Auch diese Forscher fordern die Einsparleistung von denen, die heute den Großteil der Rohstoffe verbrauchen. Die Industrienationen sollen ihren Konsum an Materialien aller Art auf ein Zehntel des heutigen Niveaus senken, denn nur dann haben die Entwicklungsländer die Chance, ihren Lebensstandard an den der sogenannten Ersten Welt anzugleichen.

Die Faktor Zehn-Gruppe hat verschiedene Erklärungsansätze dafür geliefert, wie sie gerade auf ein Zehntel des heutigen Ressourcenverbrauchs als Richtwert gekommen ist. Eine dieser Rechnungen geht beispielsweise davon aus, daß sich die Weltbevölkerung noch einmal verdoppelt und dann nur noch ein Fünftel der Menschheit in den heute reichen Ländern lebt. Das führt die Wissenschaftler zu dem Schluß, daß dort künftig nur noch ein Zehntel des gegenwärtigen Rohstoffbedarfs verbraucht werden darf – oder anders gesagt: daß die Effizienz der Produktion um den Faktor Zehn gesteigert werden muß.

Dieses Konzept der Öko-Effizienz, das Ernst Ulrich von Weizsäcker in diesem Band so ausführlich illustriert hat, umfaßt zwei Kernpunkte. Der erste: Notwendig sind politische Vorgaben, um eine Trendwende einzuleiten. Die bisherige Verschwendung von Rohstoffen ist nach Ansicht der Faktor Zehn-Gruppe vor allem darauf zurückzuführen, daß das Material im Vergleich zu Arbeits- und Kapitalkosten viel zu billig ist. In Zeiten der industriellen Hochkonjunktur waren Arbeitskräfte knapp und damit teuer. Der technische Fortschritt zielte deshalb vor allem darauf ab, Menschen durch Maschinen zu ersetzen, oder anders gesagt: die Arbeitsproduktivität zu erhöhen. Doch heute muß sich der Fokus auf die Anpassungsfähigkeit der Umwelt richten. Deshalb ist es notwendig, einen möglichst produktiven Einsatz von Ressourcen zur Schwerpunktaufgabe zu erklären. Die Faktor Zehn-Gruppe fordert deshalb Ökosteuern auf den Materialeinsatz. Die steigern nicht nur dessen Preis und machen somit einen sparsamen Umgang mit Ressourcen zum Wettbewerbsvorteil. Zugleich füllen Steuern auch die Kassen des Staats, der dadurch genug Luft hat, die Abgaben für Arbeitskräfte zu reduzieren und somit der Arbeitslosigkeit entgegenzusteuern.

Forderung: Ökosteuern auf den Materialeinsatz

Der zweite Punkt des Faktor Zehn-Konzepts zielt darauf ab, den Nutzen eines Produkts von dem Materialeinsatz, der bisher zu seiner Herstellung notwendig war, abzukoppeln. So kommt es beispielsweise bei einem Auto nicht darauf an, mit wieviel Aufwand es hergestellt wurde. Für den Fahrer zählt nur (oder sollte doch wenigstens zählen), ob es seine Funktion erfüllt und welchen Service es ihm bietet. Ein materialarmes »asiatisches Auto« wird gerade von Professor Shimizu an der Keio-Universität entwickelt. Und das »Superauto«, das Amory Lovins gebaut hat, reduziert ebenfalls drastisch den Input an Rohstoffen und Energie. Genau in diese Richtung sollte die technische Entwicklung insgesamt laufen: Dematerialisierung bei gleichzeitiger Aufrechterhaltung des Nutzens.

Das Konzept der Faktor Zehn-Gruppe wird häufig als zu optimistisch kritisiert. Es sei Traumtänzerei, heißt es. Und zweifellos ist seine Realisierung auf dem gegenwärtigen technischen Niveau auch fast unmöglich, wenngleich Ernst Ulrich von Weizsäcker in diesem Buch eindrucksvolle Beispiele dafür auflistet, daß eine Reduzierung des heutigen Materialverbrauchs immerhin auf ein Viertel durchaus auf dem gegenwärtigen technischen Niveau erreichbar ist.

In einigen Bereichen hat es schon eine substantielle Dematerialisierung gegeben. Ein typisches Beispiel dafür sind Computer. Die heutigen Rechner sind viel kleiner als ihre Vorfahren, die vor 20 Jahren auf den Markt kamen. Die Herstellung eines modernen Computers verbraucht nur noch ein Tausendstel des Materials, das ein altes Modell aus den 70er Jahren beanspruchte. Und die Leistung der heutigen PC-Generation geht dafür um ein Vielfaches über das hinaus, was die Vorgänger zu bieten hatten. Ob es anderswo eine ähnliche Dematerialisierung geben wird oder nicht, hängt zweifellos vom Fortschritt der technologischen Innovation ab. Genau wie das »Neue Erde 21«-Programm setzt auch die Faktor Zehn-Gruppe auf Forschung und Entwicklung, um Nachhaltigkeit zu erreichen.

Null-Emission

Ein weiteres Konzept, das sich mit Technik und nachhaltiger Entwicklung beschäftigt, ist das der sogenannten Null-Emission – ein Forschungsprojekt der UN-Universität. Hier geht es darum, Unternehmen intelligent zu organisieren, um Abgase, Müll und Schadstoffe im Abwasser so weit wie möglich zu vermeiden. Eine systematische Zusammenarbeit zwischen verschiedenen Firmen oder einzelnen Firmenteilen könnte die Umweltbelastung drastisch reduzieren.

Malz als Fischfutter

Ein Beispiel: Malz, das eine Bierbrauerei normalerweise als Abfall entsorgen läßt, kann ebensogut als Futter in der Fischproduktion eingesetzt werden. Bei dieser Verwertung fallen keine Rückstände an. In gleicher Weise könnte man auch die restliche Farbe einer Druckerei zur Füllung von Füllfederhalterpatronen benutzen – auch dann würde kein Abfall übrigbleiben.

Dieses Konzept der Null-Emission ist natürlich nicht völlig neu. Bei der sogenannten Energiekaskade wird Wärmeenergie mehrfach genutzt. Hohe Prozeßtemperaturen können auf niedrigerem Energieniveau immer noch für andere Produktionsstufen eingesetzt werden, und mit der Abwärme läßt sich dann heizen. Es kommt dabei nur darauf an, daß die unterschiedlichen Nutzungen einander benachbart sind. Eine solche Organisation erhöht nicht nur die Energieeffizienz gewaltig. Sie verhindert zugleich, daß Abwärme sinnlos oder sogar in schädlicher Weise in die Landschaft geblasen wird.

Diese Fälle mögen als Schulbeispiele von Interesse sein. Wenn man jedoch eine Gesellschaft ernsthaft in Richtung auf Null-Emissionen vorantreiben will, müssen die Projekte andere Dimensionen annehmen als Füllfederhalterpatronen oder Fischfutter aus Malz. Für die Energiekaskade gibt es bisher keine konkreten Beispiele, die dem Begriff Null-Emission auch nur annähernd gerecht würden. Wegen dieses Mangels an praktischer Anwendbarkeit vertreten Skeptiker die Ansicht, daß die Vorzüge des Konzepts der Null-Emission stark übertrieben werden und man lieber von Minimal-Emission reden sollte. Doch egal, ob das Kind nun Null- oder Minimal-Emission heißt: Es geht bei diesem Konzept darum, Nachhaltigkeit durch kluge Organisation zu erreichen. Die Entwicklung innovativer Technologien gehört ebenso dazu wie die Schaffung neuer Industriestrukturen.

Die Notwendigkeit, den Wandel zu organisieren

Wir haben bisher drei anspruchsvolle Konzepte zur Frage der Nachhaltigkeit vorgestellt, die alle auf die Entwicklung innovativer Technologien setzen und zugleich – mehr oder weniger stark – die Notwendigkeit politischer Vorgaben betonen. Denn von alleine wird sich eine neue Industriestruktur kaum einstellen. Doch was den Weg zu einer nachhaltigen Gesellschaft anbelangt, so ist die Kernfrage, wie dieser Übergangsprozeß überhaupt gemanagt werden soll. Dieses Problem ist in der bisherigen Diskussion viel zu kurz gekommen. Obwohl die Wichtigkeit technischer Innovation im Grunde von allen anerkannt wird, fehlt es bislang an einem Konsens darüber, wie man diesen grundsätzlichen Neuerungen zum Durchbruch und zur gleichberechtigten, weltweiten Anwendung verhilft.

Auf dem Umweltgipfel in Rio 1992 war der Technologietransfer ein wichtiges Thema. Bei der Ausarbeitung des zentralen Dokuments, der Agenda 21, wollten viele Verhandlungspartner die Lieferung von Wissen und Anlagen organisieren und ihre Finanzierung regeln. Man stimmte allseits bloß darin überein, daß 125 Milliarden Dollar gebraucht würden, um in den Drittweltländern eine nachhaltige Entwicklung in Gang zu bringen. Doch zu einer Einigung, wer denn diese Mittel aufbringen wird und wie sie verteilt werden sollten, kam man auch nach tagelangem Feilschen nicht.

Die Vertreter der Industrieländer haben bei diesem Thema vor allem das Interesse ihrer heimischen Wirtschaft im Auge: Sie wollen finanzielle Unterstützung daran koppeln, daß die Hilfsgelder nicht frei verfügbar sind, sondern für Maschinen oder Know-how aus ihrem jeweiligen Land ausgegeben werden müssen. Zugleich geht es der sogenannten Ersten Welt immer wieder darum, Zwangslizenzen für Urheberrechte festzuschreiben und entsprechende Patentregeln international verbindlich zu machen.

Zwangslizenzen für Urheberrechte

Die UN-Rahmenvereinbarung über den Klimawandel, die gleichzeitig ausgehandelt wurde, erörterte ebenfalls die Frage des Technologietransfers. Darin enthalten ist die prinzipielle Übereinkunft, daß sich die entwickelten Länder angemessen an der Finanzierung der technischen Umrüstung im Süden beteiligen sollen – und »angemessen« kann nur bedeuten, daß sie die vollen Kosten für die klimarettende Technik übernehmen müssen, die die Entwicklungsländer anschaffen. Die Drittweltländer haben die Industriestaaten in den vergangenen Jahren immer wieder an diese Zusage erinnert und auf eine UN-Vereinbarung hingewiesen, die die Steigerung der Entwicklungshilfe auf 0,7 Prozent des Bruttosozialprodukts bis zum Jahr 2000 anpeilt.

Doch die Realität ist weit von diesem Ziel entfernt. Denn die meisten Industrieländer haben massive Haushaltsprobleme – und da fällt die Entwicklungshilfe oft als erster Posten hinten runter. Meist wird die Entwicklungshilfe nicht erhöht, so wie international vereinbart, sondern im Gegenteil sogar gekürzt. Eine Ausnahme von dieser allgemeinen Tendenz war der Vorschlag der japanischen Regierung bei der Klimakonferenz von Kioto im Dezember 1997. Sie wollte ökologische Projekte in Drittweltländern durch günstige Kredite unterstützen, deren Zinssatz weit unter dem Weltmarktniveau liegt. Doch aufgrund der Ebbe in vielen Staatskassen bleibt ein derartiger Vorstoß eher die Ausnahme.

Geld allein kann die Probleme nicht lösen.

Geld allein kann die anstehenden Probleme nicht lösen, ja ist vielleicht nicht einmal der wichtigste Punkt, um den es geht. Die Konzentration der Verhandlungen auf die Bereitstellung von Finanzen hat jedenfalls bisher kaum einen Fortschritt auf dem Weg zur nachhaltigen Entwicklung gebracht. Zentral ist vielmehr die Frage von Patenten und Lizenzen.

Doch hier wollen die Industrielobbyisten eine Regelung durchsetzen, die ihnen auf Dauer satte Gewinne sichert. Sie pochen auf den Schutz des geistigen Eigentums. Nur für teures Geld wollen sie die Ergebnisse ihrer Forschungs- und Entwicklungsabteilungen weitergeben.

Zur Zeit ist nicht absehbar, daß die Diskussion darüber zu Ergebnissen führt, die die Welt einer nachhaltigen Entwicklung näher bringt. Deshalb muß ein Plan zur Förderung des Technologietransfers erst einmal jenen Feldern höhere Priorität widmen, bei denen es eher um praktische Maßnahmen und weniger um Prinzipien geht. Wenn die Zusammenarbeit für beide Seiten konkret von Vorteil erscheint und im Konsens geschieht, ist die größte Unterstützung und Durchschlagkraft zu erwarten.

Beim Technologietransfer verschieben sich die traditionellen Koordinaten der Akteure

Die Staaten müssen beim Technologietransfer in die zweite Reihe zurücktreten und privaten Organisationen die vorderen Plätze überlassen. Die Rolle der Regierungen sollte sich darauf beschränken, die Wirtschaft zu derartigem Engagement zu motivieren und ihr dabei den Weg zu ebnen. Denn die meisten Maschinen und Systeme, die Energie oder Rohstoffe einsparen und entweder schon auf dem Markt sind oder kurz davor stehen, gehören Privaten. Der Staat hat die Aufgabe, ihnen Anreize zum Export zu geben, damit das Rad des nachhaltigen Fortschritts überhaupt ins Rollen kommt.

Fest steht jedenfalls, daß Technologietransfer ohne die Teilnahme Privater nur wenig effektiv sein kann. Das am häufigsten genannte Beispiel für diese These sind die Maßnahmen gegen das Ozonloch. Zunächst kämpfte die Industrie hart dafür, weiterhin FCKW in Sprühdosen und als Kühlmittel einsetzen zu können. Doch als sich die UN 1992 dann endlich darauf einigte, daß der Ozonkiller ab 1996 zunächst in den Industrienationen verboten sein sollte, entwickelte die Privatwirtschaft rasch Ersatzstoffe und -techniken, die inzwischen auch in vielen Entwicklungsländern angewandt werden.

Die Privatwirtschaft entwickelt rasch Ersatzstoffe.

Und auch bei der Finanzierungsfrage, die in Rio nicht geklärt werden konnte, müssen die Privaten mit von der Partie sein. Die Kapital- und Investitionsströme, die um die Welt fließen, schwellen ständig an. Zur Zeit der Rio-Konferenz hatten ausländische Direktinvestitionen und Firmenbeteiligungen in Drittweltländern noch etwa die gleiche Größe wie Transfers aus den Staatskassen. Doch heute übersteigen private Finanzierungen die öffentlichen Transferleistungen um ein Vielfaches – Tendenz weiter rapide steigend.

Deshalb kann der technische Um- und Aufbau der Entwicklungsländer nur aus einem gemeinsamen Topf finanziert werden, in den sowohl öffentliche als auch private Gelder fließen. Die Mittel der Staatengemeinschaft sollten dabei als Grundstock dienen und vorzeichnen, wofür der gesamte Fonds ausgeschüttet werden soll. Damit der Topf auch private Finanzmittel anzieht, muß die Entwicklungsrichtung auch aus Sicht der Investoren – zumindest langfristig – sinnvoll sein.

Den beiden UN-Abteilungen, die für Umwelt und Entwicklung zuständig sind, untersteht der Weltumweltfonds (GEF), der den weltweiten Klimaschutz fördern soll. Er wird von 35 Industrieländern gefüllt. Zuletzt haben sie im Februar 1998 2,75 Milliarden Dollar bereitgestellt, mit denen in den kommenden vier Jahren Umweltprojekte in aller Welt finanziert werden sollen. Die Initiatoren erhoffen sich darüber hinaus private Anschlußinvestitionen in einer Höhe, die diesen Betrag um ein Vielfaches übersteigt. Mit den ersten zwei Milliarden US-Dollar, die 1994 eingezahlt wurden, finanzierte der GEF 440 Projekte in aller Welt. Die Markteinführung von Solarzellen in Marokko, Kenia und Indien wurde ebenso unterstützt wie der Schutz des Viktoriasees und Energiesparlampen in Polen. Umweltschützer kritisieren allerdings, daß viele Projekte zu groß dimensioniert sind. Außerdem ist die Planung oft unflexibel, so daß nicht auf veränderte Rahmenbedingungen reagiert werden kann. Und häufig werden Projekte und Techniken unterstützt, mit denen im Empfängerland niemand umgehen kann. Also sollte von der internationalen Staatengemeinschaft in erster Linie die Schulung der Menschen in diesem Bereich finanziert werden.

Energiesparlampen in Polen

Hilfspakt zwischen Erster und Dritter Welt

Die japanische Regierung hat ein Programm für den Technologietransfer aufgelegt, das sie den »Grünen Hilfsplan« getauft hat. Es geht dabei nicht um die kommerzielle Verwertung von neu entwickelten Anlagen, sondern um Pilotprojekte. Sie sollen zeigen, wie eine auf Nachhaltigkeit abzielende Zusammenarbeit zwischen hochentwickelten und weniger entwickelten Ländern aussehen kann.

Ein Beispielprojekt betrifft einfache Entschwefelungsanlagen für Qingdao und Taiyuan in China. Sie werden gemeinsam von japanischen und chinesischen Ingenieuren entwickelt. Zum einen geht es darum, eine angemessene Technologie herzustellen, wobei sich die Kriterien für »angemessen« an den Bedürfnissen des Empfängerlandes orientieren. Die Entschwefelungsanlage, die gerade konstruiert wird, wird im Vergleich zu einer supermodernen Anlage zwar nur etwa 70 bis 80 Prozent der Schadstoffe zurückhalten. Doch dafür ist sie auch wesentlich billiger: Sie kostet nur die Hälfte dessen, was Investoren in Japan für ein entsprechendes Aggregat anlegen müssen. Zum zweiten aber geht es auch darum, die beteiligten Ingenieure fortzubilden. Dies gilt natürlich in besonderem Maße für die chinesische Seite. Aber auch die Japaner lernen etwas Neues bei der Forschung und Entwicklung.

Dies ist ein gutes Beispiel dafür, wie Technologietransfer und Ausbildung miteinander verbunden werden – mit dem Ziel, den Entwicklungsländern beim Aufbau einer eigenen Umwelttechnikindustrie zu helfen. Dies hat für die jeweilige Volkswirtschaft mehrere Vorteile. Zum einen arbeiten Menschen im eigenen Land und verdienen dort auch ihren Lohn, was wiederum den Binnenmarkt ankurbelt. Zum anderen gehören die hergestellten Maschinen und Ausrüstungen nicht irgendwelchen Unternehmern in Übersee, sondern Firmen und Leuten vor Ort. Genau das ist der Grund, warum China der Pflege der Ökoindustrie höchste Priorität in seiner Umweltpolitik zuschreibt.

Die chinesisch-japanische Herausforderung

China und Japan wollen beim Umweltschutz fürs 21. Jahrhundert eng zusammenarbeiten. Das zumindest haben die Regierungen in Tokio und Beijing im September 1997 vereinbart, als der ehemalige japanische Premierminister Hashimoto zum Staatsbesuch in der chinesischen Hauptstadt weilte. Japan hat in dem damals beschlossenen Kooperationsprogramm zugesagt, die Entwicklung der chinesischen Umweltindustrie zu fördern.

China und Japan wollen beim Umweltschutz eng zusammenarbeiten.

Dazu müssen zunächst einmal jede Menge Daten gewonnen und zusammengetragen werden: aus Analysen, Fallstudien, dem Durchspielen verschiedener Konzepte. Diese Informationen sollen dann Aufschluß darüber geben, wie eine möglichst günstige Entwicklung der chinesischen Umweltindustrie aussehen könnte. Im nächsten Schritt geht es darum, daß japanische Unternehmen, die mit chinesischen Firmen im Bereich Umwelttechnik kooperieren wollen, im Reich der Mitte günstige Bedingungen vorfinden. Dazu gehören u.a. Markttransparenz, adäquate Energiepreise, vor allem aber eine starke Umweltschutzgesetzgebung mitsamt effektiven Kontrollbehörden. Modellhaft sollen japanisch-chinesische Gemeinschaftsunternehmen in dieser Branche aufgebaut werden.

Hinter all dem steht die Vorstellung: Wenn die Rahmenbedingungen stimmen, dann nehmen auch die Investitionen auf diesem

Gebiet zu. Folglich expandiert der Markt für entsprechende Produkte, so daß sich Wirtschaftswachstum und Vorteile für die Umwelt parallel entwickeln. Dieses Konzept öffnet auch den Weg für Technologietransfer und damit für ein weiteres Wachstum der Umweltindustrie.

Die Weltbank hat in einem Bericht, der sich mit der Einführung erneuerbarer Energien beschäftigt, die Bedeutung derartiger Initiativen zur Markttransformation betont. Ohne das gleichgewichtige Engagement von Regierung und Industrie eines Empfängerlandes läßt sich kein Markt umkrempeln. Schließlich kann man einen Tango auch nicht ohne Partner tanzen.

Kein Tango ohne Partner!

Die beiden Regierungschefs haben übrigens, über umwelttechnische *joint ventures* hinaus, noch einen viel ehrgeizigeren Plan zu Protokoll gegeben: In China soll in nächster Zeit eine ganze Modellstadt entstehen, deren Planungen vor allem auf eine Reduzierung der gesundheitsgefährdenden Luftverschmutzung abzielen. Von der chinesischen Seite wird als Vorgabe ein wirksames Regelwerk zur Luftreinhaltung erwartet. Wenn diese Rahmenbedingung erfüllt ist, will Japan Gelder zur Verfügung stellen.

Technologietransfer und Informationsaustausch

Ohne Informationen und ihren Austausch kein Technologietransfer. Es geht darum, Unternehmen in Entwicklungsländern darüber aufzuklären, welche technischen Möglichkeiten es überhaupt gibt und wie sie sich ihrer bedienen können.

Das virtuelle APEC-Zentrum, das im April 1997 in Tokio gegründet wurde, soll hier Abhilfe schaffen. Dieses Zentrum ist eine Anlaufstelle im Internet, an der sich mittlerweile 211 Organisationen und Institute beteiligen: staatliche wie private, nationale wie internationale. Es zielt darauf ab, die Informationsbedürfnisse von Unternehmen in Entwicklungsländern zu befriedigen. Mit Hilfe allerneuester Computertechnik können Interessenten erfahren, welche Lösungen es für ihre Umweltprobleme anderswo bereits gibt. Die Träger des virtuellen Zentrums erstellen Homepages mit Umweltinformationen und sorgen dafür, daß der Nutzer einfach von einer Quelle zur anderen weitersurfen kann und so einen guten Überblick über ein Thema aus verschiedenen Blickwinkeln bekommt.

Das virtuelle APEC-Zentrum bereitet Informationen sowohl zur globalen als auch zu regionalen Umwelten auf und gibt Auskunft über die unterschiedlichsten politischen Maßnahmen und Entwicklungen. Unter der Überschrift »globale Umwelt« findet man beispielsweise Informationen zu Themen wie: Prognosen über die Auswirkungen bestimmter Techniken, Meßtechniken, Technologien zur Verringerung von Gasemissionen, Maßnahmen zum CO_2-Abbau, Recycling, Wärmeschutztechnik, neue Energieproduktionsmethoden, Normen und vieles mehr. Wer konkrete Fragen hat, kann hier ebenso nachschauen wie derjenige, der zur Abschätzung bestimmter Umwelttechnikprobleme allgemeine Anregungen braucht.

Das virtuelle APEC-Zentrum wird kein Unikat bleiben. Sowohl in Australien als auch in Kanada werden solche Informationsnetze bereits vorbereitet, und auch andere Industrieländer werden die Idee bestimmt bald aufgreifen und nachahmen. Es ist absehbar, daß irgendwann auch Entwicklungsländer folgen werden. Der Austausch von Technologieinformationen im Internet wird dazu führen, daß die Empfänger sich umfassender als bisher darüber informieren können, was es alles auf dem Markt gibt. Dadurch werden sie unabhängiger von Zufällen.

Ein Modell mit Dynamik

Um herauszufinden, welche Maßnahmen gegen die Erwärmung des Klimas besonders sinnvoll sind, hat das »Komitee zur Begutachtung der globalen Umweltmessungen und -technologien« unter Federführung von Professor Yamachi an der Universität Tokio das Programm »Dynamische Neue Erde 21« (DNE 21) entwickelt. Damit lassen sich Angebot und Nachfrage nach Energie in verschiedenen Szenarien berechnen und auch die Kosten für Energiesparmaßnahmen und -techniken miteinbeziehen. Mit Hilfe des Modells ist die Entwicklung von Szenarien möglich, die die verschiedenen Einflüsse auf die klimapolitische Entwicklung miteinander in Beziehung setzen und somit der Dynamik des Systems Rechnung tragen. Die Kosten für Energie bedingen beispielsweise den finanziellen Nutzen, der aus energiesparender Produktion entsteht. Auch Investitionen für Energiesparmaßnahmen lassen sich

Programm »Dynamische Neue Erde 21«

CO_2 in die Luft zu blasen, muß teurer werden.

erst dann sinnvoll kalkulieren, wenn klar ist, wie teuer Gas, Öl oder Strom sind. Der Bau von Solar-, Wind- oder Biomasseanlagen wiederum ist dann besonders lohnend, wenn es teuer wird, CO_2 in die Luft zu blasen.

Die japanischen Wissenschaftler errechnen aus solchen Annahmen, was die Veränderung einzelner Parameter jeweils für andere Einflußfaktoren bedeutet und wie sich das ganze auf die Atmosphäre und schließlich das Klima auswirkt. Sie können dieses komplizierte Netz von Veränderungen für den langen Zeitraum von 1990 bis 2100 ebenso durchdeklinieren wie für jedes einzelne Jahrzehnt – und beides sowohl für den gesamten Globus als auch für die zehn Regionen, in die sie die Erde unterteilt haben.

Das Modell »Dynamische Neue Erde 21« kann aufgrund seiner Variablenfülle als das beste Energiemodell bezeichnet werden, das es zur Zeit gibt. Es berücksichtigt u.a.:

- die meteorologischen Konsequenzen unterschiedlicher CO_2-Konzentrationen,
- ingenieurwissenschaftliche Hypothesen über künftige technische Entwicklungen,
- die Einflußgrößen unterschiedlicher Energieträger wie fossile Ressourcen, Atomkraft, Geowärme, Biomasse usw.,
- die Auswirkungen verschiedener Möglichkeiten zur CO_2-Entsorgung.

In toto gestattet das Modell eine Abschätzung der Möglichkeiten zur CO_2-Reduktion und zur Energieersparnis.

Weitermachen oder Umsteuern

Das »Komitee zur Begutachtung der globalen Umweltmessungen und -technologien« hat insgesamt acht Szenarien durchgerechnet. Ich will mich hier auf einen kurzen Vergleich der beiden gegensätzlichsten beschränken. Das eine Extrem ist das Szenario »Weiter-so«, das andere das »Projekt Neue Erde«. Diesem Szenario wurde ein noch klimaverträglicher CO_2-Höchstwert von 550 ppm (parts per million/Teile pro Million) zugrunde gelegt. Im Klartext: Nur 0,00055 Prozent der Atmosphäre bestehen in diesem Szenario im Jahr 2100 aus CO_2. Wie läßt sich das erreichen?

1. Die Bilanz der CO_2-Mengen, die in die Atmosphäre aufsteigen

Wenn alles so weiter geht wie bislang, liegt die CO_2-Nettomenge im Jahr 2000 bei sieben Milliarden Tonnen. Sie wächst, da so gut wie keine Gegenmaßnahmen ergriffen werden, bis zum Jahr 2050 auf 17 Milliarden Tonnen an und erreicht im Jahr 2100 dann die gigantische Menge von 33 Milliarden Tonnen. In diesem Szenario wird nur eine kleine Menge CO_2 beseitigt, so daß sich die Brutto- und Netto-Emissionen von Kohlendioxid fast decken. Der weitaus größte Teil des in die Luft geblasenen Kohlendioxids geht auf die Verbrennung von Kohle zurück.

Im Szenario »Projekt Neue Erde« sieht es fürs Klima und damit auch für die Bewohner niedriger Landstriche am Meer wesentlich günstiger aus. Hier beträgt die CO_2-Nettoemission im Jahr 2100 lediglich 4,2 Milliarden Tonnen – also ungefähr 85 Prozent weniger, als bei einer Fortsetzung der gegenwärtigen Wirtschafts- und Konsumweise zu erwarten ist.

Zählt man zusammen, wieviel klimaschädliches Gas der Atmosphäre gegen Ende des kommenden Jahrhunderts zugemutet wird, so sind es bei »Weiter-so« 1.775 Milliarden Tonnen, im Falle eines Umsteuerns im Sinne des »Projekts Neue Erde« dagegen nur 843 Gigatonnen. Das ist eine Ersparnis von immerhin 52,5 Prozent.

1.775 Milliarden Tonnen klimaschädlicher Gase

2. Der Energiemix

Weiter so? Dann nimmt der Verbrauch von Kohle stark zu – ganz einfach, weil dieser Energieträger billig und leicht zugänglich ist. Die Forscher gehen davon aus, daß ohne politisches Umsteuern Kohle im Jahr 2050 einen Anteil von 54 Prozent an den Primärkraftstoffen haben wird, 50 Jahre später sogar von 86 Prozent. Zwar erleben Erdöl und -gas in den Jahren zwischen 2000 bis 2030 einen Anstieg, fallen danach aber wieder ab, was auf die zunehmende Erschöpfung dieser Ressourcen und den damit verbundenen Preisanstieg zurückzuführen ist. Zunehmend werden sie wieder von Kohle ersetzt.

Im »Projekt Neue Erde« begrenzt dagegen die Zielmarke von 550 ppm CO_2 in der Atmosphäre den Primärenergieverbrauch um 30 Prozent. Auch wenn in Sachen Energiemix und CO_2-Deponierung entschlossen umgesteuert werden würde, so gehen alle Prognosen

Abb. 3 »Projekt Neue Erde«

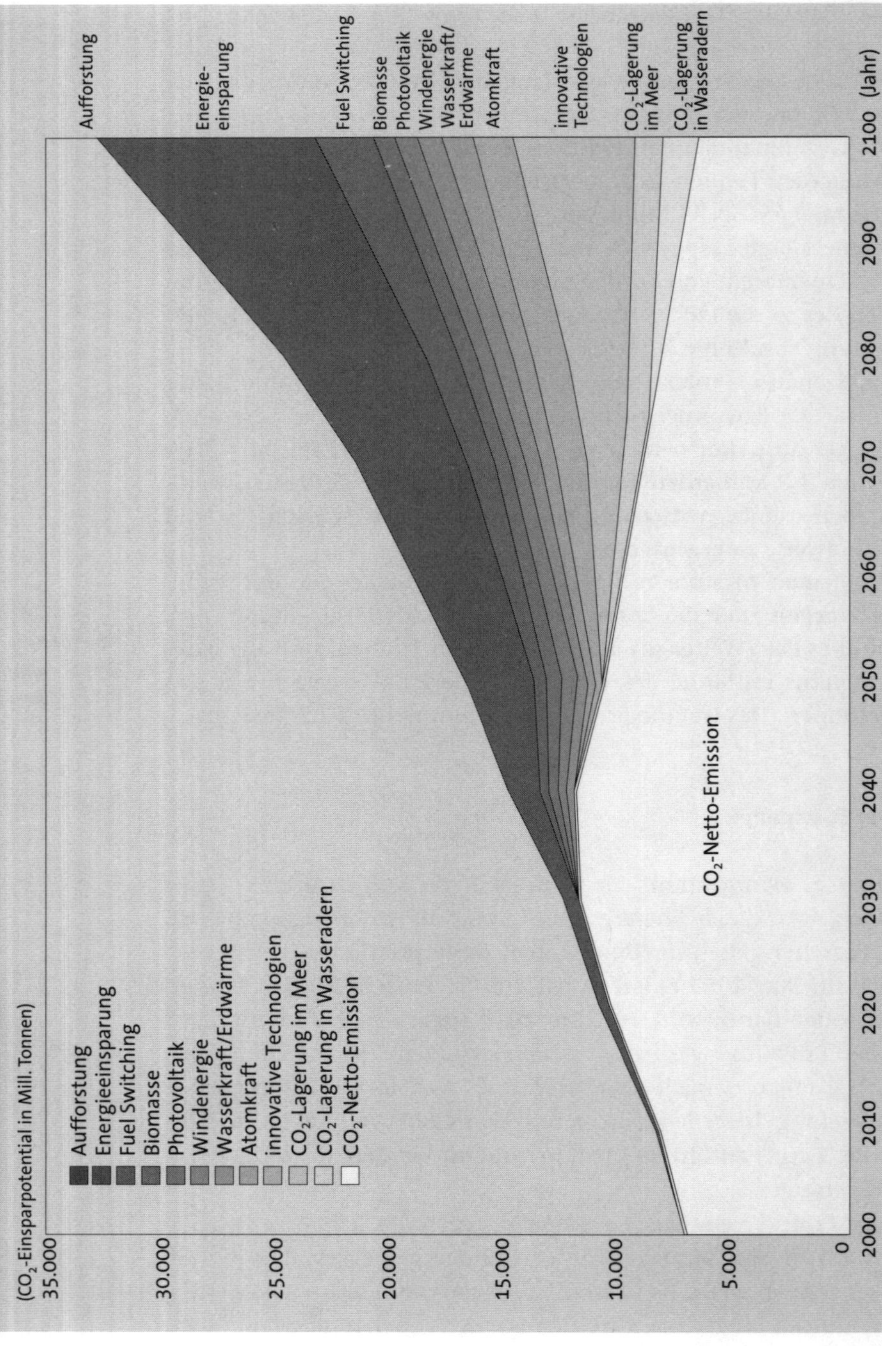

Quelle: Research Institute of Innovative Technology for the Earth (RITE)

doch davon aus, daß die CO_2-Emissionen etwa noch bis zum Jahr 2040 ansteigen und erst danach absinken würden (*Abb. 3*). Im Jahr 2100 werden in diesem Szenario nur noch 19 Prozent des Energiebedarfs durch Kohle gedeckt, 24 Prozent entfallen auf Erdgas, weitere 25 Prozent auf regenerative Energien (z.Z. sind das lediglich acht Prozent).

3. Methoden zur CO_2-Reduzierung

Welche Maßnahmen leisten welchen Beitrag zur CO_2-Reduktion? Das Szenario »Projekt Neue Erde« weist aus, daß sich viele Vorteile erst langfristig einstellen. Viele Maßnahmen greifen nicht spontan, sondern haben eine lange Vorlaufzeit, so daß sich die Vorteile dieses Szenarios erst in der zweiten Hälfte des kommenden Jahrhunderts deutlich zeigen werden.

Die CO_2-Reduzierung kann durch eine Kombination vieler Maßnahmen erreicht werden: Energieersparnis, Umstellung auf andere Brennstoffe und erneuerbare Energien wie Biomasse, Solar- und Windenergie sowie die Ausweitung der Atomkraft. Auch die Entsorgung von CO_2 durch Lagerung im Ozean, Einspritzungen in Wasseradern usw. spielen eine bedeutende Rolle.

Bis zum Jahr 2030 tragen vor allem zwei Faktoren im »Projekt Neue Erde« dazu bei, daß der CO_2-Anstieg in der Atmosphäre nicht ganz so rasch geht wie beim Modell »Weiter-so«: Zum einen greifen bereits die ersten Energiesparmaßnahmen, zum zweiten wird CO_2 chemisch gebunden und dadurch aus der Atmosphäre ferngehalten. Etwa ab dem Jahr 2040 werden sich die positiven Effekte fürs Klima durch den Einsatz erneuerbarer Energien zeigen, und auch die Atomenergie trägt in dieser Zukunftsprognose ihr Scherflein zum Klimaschutz bei. Ab dem Jahr 2060 kommt der Wiederverwendung und Entsorgung von CO_2 eine wachsende Bedeutung zu.

Wiederverwendung und Entsorgung von CO_2

Im Jahr 2100 werden dann Energieersparnis, die Umstellung der Energieerzeugung sowie die Wiederverwendung und Entsorgung von CO_2 zu je einem Drittel für die Reduzierung der CO_2-Einträge verantwortlich sein.

4. Die Kosten für das »Projekt Neue Erde«

Die Kosten des Energiesystems in beiden Szenarien stellen sich wie folgt dar: Im Fall von »Weiter-so« müssen im Jahr 2000 insgesamt 1.800 Milliarden US-Dollar für das Energiesystem aufgewendet werden. Im Jahr 2050 sind es dann schon 6.650 Milliarden US-Dollar, weitere 50 Jahre später 17.700 Milliarden US-Dollar.

Umsteuern wird teurer.

Allerdings: Umsteuern wird teurer. Zwar geht es den Forschern darum, wie die angestrebte CO_2-Menge von höchstens 550 ppm in der Atmosphäre möglichst billig erreicht werden kann. Doch führt kein Weg daran vorbei, daß das »Projekt Neue Erde« im Jahr 2050 Kosten von 6.900 Milliarden US-Dollar und 50 Jahre später von 21.600 Milliarden US-Dollar verursachen wird. Im Klartext: Im Jahr 2050 muß die Menschheit 250 Milliarden Mark mehr investieren, wenn sie der Atmosphäre und damit auch sich selbst langfristig nur 550 ppm CO_2 zumuten will. Im Jahr 2100 ist die Differenz dann mit 3.900 Milliarden Dollar noch um ein Vielfaches größer. Die CO_2-Reduktionskosten pro Tonne Steinkohleneinheit – eine Meßgröße, mit der man die verschiedenen Energieträger miteinander vergleichen kann – belaufen sich somit im Jahr 2050 auf etwa 40 Dollar. Im Jahr 2100 muß man dagegen mit einem Plus von 134 Dollar pro Tonne Steinkohleneinheit kalkulieren.

Vorteile für alle durch internationale Zusammenarbeit

Eine weitere Erwärmung des Weltklimas läßt sich nur dann verhindern, wenn alle Länder der Ersten und der Dritten Welt zusammenarbeiten. Was wir brauchen, sind internationale Abkommen über einen Technologietransfer zum Klimaschutz. Eine internationale Zusammenarbeit bei der Technologieentwicklung kann viele Vorteile bieten: Informationsaustausch, wechselseitige Forschungsimpulse, Risikominimierung bei großen Kapitalinvestitionen.

Aber vor allem bieten derartige internationale Kooperationen die Chance, gemeinsame Visionen für die Weltgesellschaft zu entwickeln. Erfindungen sind dann nicht einfach isolierte Arbeitsergebnisse, sondern kleine Schritte auf einem langen, gemeinsamen Pfad. Ein solcher Prozeß schafft die Chance, die gesamte technologische Entwicklung auf Nachhaltigkeit hin auszurichten, wobei der Weg dorthin immer wieder neu überprüft werden muß.

Die japanische Regierung hat mit dem »Projekt Neue Erde 21« zu einer internationalen Zusammenarbeit in punkto Entwicklung und Transfer von Technologie aufgefordert. Später hat die Internationale Energieagentur, die einst von der Organisation für wirtschaftliche Zusammenarbeit und Entwicklung (OECD) in Folge der Ölkrise gegründet worden war, das Konzept aufgegriffen. Und schließlich kam es auf der Berliner Klimakonferenz 1995 zur Klimatechnik-Initiative (Climate Technology Initiative, CTI). Sie soll im Folgenden kurz skizziert werden. Denn schließlich handelt es sich dabei um ein gutes Beispiel für die Planung internationaler Zusammenarbeit.

Meilenstein CTI

Zu den Trägerstaaten der CTI gehören 23 Länder der OECD und der Europäischen Union (EU), jedoch bisher keine Entwicklungsländer. Erklärtes Ziel der CTI ist es, bereits existierende Techniken zum Klimaschutz in allen Teilnehmerstaaten zu verbreiten und die Entwicklung neuer Umwelttechnologien zu fördern. Dazu zählen auch die CO_2-freie Energieerzeugung z.B. mit Hilfe von Wasserstoff, der durch Bakterien oder gentechnisch veränderte Pflanzen aus Wasser gewonnen wird. Aber auch die Möglichkeiten, CO_2 zu speichern und auf diese Weise aus der Atmosphäre fernzuhalten, werden untersucht. In der Internationalen Energieagentur arbeiten mittlerweile sieben Gruppen mit der CTI zusammen. In jedem Team führt ein anderes Land den Vorsitz. Die aktivste Gruppe beschäftigt sich damit, wie große CO_2-Mengen in Ozeanen »gelagert« werden können, und untersucht zugleich die Produktion von Solarenergie. Zusätzlich hat die CTI auch regionale Workshops in Schwellenländern veranstaltet. Dennoch befinden sich ihre Aktivitäten noch immer in der Pilotphase. Der größte Nachteil dieser Initiative besteht darin, daß die Entwicklungsländer bisher nicht in die aktive Entwicklungsarbeit integriert sind. Dabei sind sie doch die Hauptempfänger von Technologietransfers.

CO_2 in Ozeanen lagern

Auf der Klimakonferenz von Kioto im Jahre 1997 stimmten die Teilnehmer darin überein, daß der CTI eine größere Bedeutung zukommen solle. Das setzt allerdings eine großzügigere finanzielle Ausstattung durch die Trägerstaaten voraus. Beschlossen wurde eine enge Zusammenarbeit der CTI mit vielen internationalen Organisationen, darunter auch mit dem Umweltprogramm der Vereinten Nationen UNEP. Auch die Entwicklungsländer und Industrieunternehmen sollen jetzt in die Arbeit eingebunden werden. Die Träger der CTI erklärten, daß sie den Folgen der Klimatechnikeinführung für Wirtschaft, Gesellschaft und anderen Bereichen der Umwelt mehr Beachtung schenken wollen.

Jetzt müssen die USA, die 1999 den Vorsitz inne haben, und andere wichtige Länder, wie z.B. Japan, für die Umsetzung der Pläne sorgen, indem sie sowohl Personal als auch Geld zur Verfügung stellen. Auch die Verbandelung mit anderen Organisationen ist eine zentrale Aufgabe, für die vor allem diese Länder sorgen sollten. Das alles geschieht auch zu ihrem eigenen Nutzen – schließlich geht es um dauerhaft wertsteigernde Aktivitäten auf diesem Globus.

Die GREEN-Initiative

Die japanische Regierung hat im Juni 1997 sowohl beim G8-Gipfel als auch bei einer Sondertagung der Vereinten Nationen zu Umweltfragen einen Vorschlag mit der zunächst sehr umständlich erscheinenden Bezeichnung »Global Remedy for the Energy Use and Environment« vorgelegt. Mit ein wenig gutem Willen bekam das Papier dann aber den eingängigen Abkürzungsnamen GREEN. Diese Initiative konzentriert sich auf die kommerzielle Verwertung von umweltfreundlichen Technologien, damit die Grenze der Belastbarkeit für die Erde möglichst lange nicht erreicht wird. Die Technologien, um die es bei GREEN geht, sind sehr vielseitig. Auf dem Plan stehen z.B. Hochleistungshochöfen für die Industrie, aber auch die Erarbeitung von Konzepten für ganze Fabriken, damit sie auch bei verschärften Umweltbedingungen noch weiterarbeiten können. Schließlich geht es aber auch um umfassendere Themen wie beispielsweise die Verhinderung von weiterer Wüstenbildung.

Hochleistungshochöfen für die Industrie

Als Plan zur Technologieentwicklung hat das GREEN-Konzept durchaus viele Parallelen zur Klimatechnikinitiative CTI. Doch GREEN greift, besonders was die Frage der Unterstützung für die Entwicklungsländer anbelangt, über das Berliner Konzept hinaus.

Zudem lädt der Vorschlag der japanischen Regierung den privaten Sektor explizit zur Zusammenarbeit, zur Nutzung seiner Mittel und zum Aufbau von Kapazitäten in den Emfängerländern ein – also zur Pflege menschlicher Ressourcen und zur Errichtung von Infrastruktur. Darüber hinaus beinhaltet die Initiative die Forderung nach frei zugänglichen Informationen über den Technologiebestand, damit vor allem die Entwicklungsländer sich einen Überblick verschaffen können. Die GREEN-Initiative soll in die Praxis umgesetzt werden, indem zwei oder auch mehrere Kooperationspartner mit Institutionen wie der OECD oder der Internationalen Energie-Agentur zusammenarbeiten. Neben Regierungen und anderen staatlichen Stellen sollen auch private Unternehmen aktiv werden.

Vorschlag für die globale Technologieentwicklung

Obwohl die GREEN-Initiative ein bedeutender Vorschlag für die globale Technologieentwicklung ist und sogar mit der CTI koordiniert wurde, fand sie jedoch auf der Klimakonferenz in Kioto nur wenig Beachtung. Die internationale Versammlung war zwar insofern erfolgreich, als sich die Industrieländer dort verpflichteten, ihre CO_2-Emissionen zu drosseln – und zwar konkret und nicht nur in Form einer allgemeinen Absichtserklärung. Doch die Gestaltung der technologischen Zusammenarbeit fiel dort ebenso unter den Tisch wie Verabredungen über die Beteiligung der Entwicklungsländer am Klimaschutz.

Was steht einem weltweiten Technologiepakt entgegen?

Im Prinzip sind sich zwar alle Beteiligten einig, daß Nachhaltigkeit Priorität haben muß. Doch damit hören die Gemeinsamkeiten auch schon fast auf. Strittig ist nicht nur, wie Nachhaltigkeit konkret aussieht, sondern vor allem auch, wer welche Lasten zu übernehmen hat. Hier klafft ein gewaltiger Unterschied zwischen den Auffassungen der Industrieländer und denen der sogenannten Dritten Welt. So zeigen sich die Industrieländer generell reserviert, wenn sie aufgefordert werden, ihrer Wirtschaftsmacht entsprechend in gemeinsame Fonds einzuzahlen, während die Entwicklungsländer gemeinhin denselben Weg zu einem höheren Lebensstandard und zur Prosperität für sich reklamieren wie die Europäer und die Amerikaner vor ihnen.

Der Gipfel von Rio forderte eine globale Partnerschaft, zu der die Teilnehmerländer gemeinsam, wenn auch in unterschiedlichem Umfang, beitragen sollten. Doch an der strategischen Umsetzung dieser Prinzipien hapert es bisher. Minister und Staatschefs sind ungeeignet, weltweite Angelegenheiten wie die Nachhaltigkeit voranzutreiben, da sie in erster Linie das Interesse ihres eigenen Landes im Blick haben. Andererseits liegt der Aufbau einer Weltregierung, so sinnvoll er auch wäre, in weiter Ferne. So ist es für globale Angelegenheiten unverzichtbar, auf internationale Institutionen zu vertrauen, die die Interessen der Weltgemeinschaft vertreten. Auch Betriebe und Branchen, die grenzüberschreitend wirtschaften, sowie Nicht-Regierungsorganisationen (NGOs) sind wichtige Stützen eines solchen Prozesses. Es geht um den Aufbau neuer Muster der Regierungs- oder Kontrollgewalt, an der international agierende Gruppen mit sehr unterschiedlichen Interessen teilnehmen und die auch bemächtigt sind, sich gegen bestehende Institutionen wie die nationalstaatlichen Regierungen zu stellen.

Die Notwendigkeit, zur Durchsetzung einer nachhaltigen Wirtschaftsweise in langfristigen Zeiträumen von 40 bis 50 Jahren zu denken und zu agieren, widerspricht dem vergleichsweise hastigen Rhythmus von Wahlen in demokratischen Staaten. Da die Regierungen wiedergewählt werden wollen, verlegen sie sich meist auf kurzfristige Politikkonzepte. Langfristige Planungen lassen sich im Wahlkampf schlecht als Erfolge verkaufen – und so schenken nationale Regierungen einer systematischen Technologieentwicklung denn auch relativ wenig Aufmerksamkeit. Auch hierin liegt ein Grund dafür, warum die Schaffung einer neuen Art von Regierungs- und Kontrollinstanz notwendig ist. Bei der Überwindung der genannten Hindernisse wird die zentrale Aufgabe darin bestehen, einen globalen Pakt zur Technologieentwicklung zu schließen. Das ist die größte Herausforderung, der die Menschheit heute gegenübersteht.

Aufgabe: einen globalen Pakt zur Technologieentwicklung schließen

Aufruf an die EXPO 2000

Die Expo 2000 in Hannover wird die erste Weltausstellung sein, die sich der Frage der nachhaltigen Entwicklung widmet. Diesen günstigen Anlaß müssen wir nutzen, um die Bedeutung der Nachhaltigkeit weiter bekannt zu machen und auf die Notwendigkeit ihrer Durchsetzung hinzuwirken. Die Entwicklung von Umwelt-, Energie- und CO_2-Vermeidungs-Technik sowie ihr weltweiter Transfer sind zentrale Punkte auf dem Weg in eine Zukunft, in der unsere Urenkel noch gute Lebensbedingungen vorfinden. Ich hoffe ernsthaft, daß die Menschheit diesen Weg einschlägt und Schritt für Schritt darauf voranschreitet.

Vier Pfade in die Zukunft der Niederlande

Ökologie und Ökonomie stehen nicht auf demselben Wegweiser – aber sie liegen auch nicht an verschiedenen Polen

Harmen Verbruggen

Wer Mangos oder grünen Spargel in seinen Einkaufswagen packt, der trägt zur Klimaerwärmung bei – schließlich werden die exotischen Früchte und das feine Gemüse per Flugzeug nach Mitteleuropa transportiert. Doch zugleich hat der Gourmet auch dafür gesorgt, daß Bauern in Brasilien und Südafrika ihren Lebensunterhalt verdienen. Und Piloten und Bodenpersonal stehen ebenfalls in Lohn und Brot.

Mangos in Mitteleuropa emittieren CO_2.

Wirtschaft und Umwelt befinden sich stets in einem Spannungsverhältnis, das nicht widerspruchsfrei aufzulösen ist. Denn alles zugleich können wir nicht haben: Mangos in Mitteleuropa und dennoch keine CO_2-Emission schließen sich aus. Es geht also darum, Kompromisse zu finden.

Einige Optimisten bestreiten allerdings einen prinzipiellen Gegensatz zwischen Wirtschaft und Umwelt. Sie gehen davon aus, daß die beiden Sphären mit Hilfe der Technik versöhnt werden können. Es wäre doch denkbar, daß immer neue Entwicklungsschübe in Wirtschaft und Technologie mit neuen Produkten, Dienstleistungen und Verarbeitungsprozessen unsere Bedürfnisse befriedigen und unseren Wohlstand mehren, dabei aber gleichzeitig den Verbrauch von Umweltgütern vermindern. Vielleicht kann der Mangofreund seine Früchte bekommen, ohne daß zugleich das Klima darunter leidet – z.B. durch neue Antriebssysteme für Luftfahrzeuge.

Es ist jedoch fraglich, ob solcherlei Erfindungen realistischerweise für eine umweltverträgliche Entwicklung ausreichen. Noch jedenfalls stehen für viele Ökoprobleme keine befriedigenden Lösungen zur Verfügung – oder sie sind so teuer, daß ihr Einsatz einfach nicht bezahlbar ist. Hinzu kommt, daß es stets viele Widerstände zu überwinden gilt, bevor sich eine saubere Technik auf breiter Linie durchsetzen kann. Gesetzgeber und Verwaltungen reagieren keineswegs spontan bei der Durchsetzung neuer Normen, und auch in der Bevölkerung gibt es stets ein großes Beharrungsvermögen und ein Hang zum Althergebrachten. Hinzu kommen technische und infrastrukturelle Probleme, wie z.B. bei der Umstellung der Stromerzeugung auf erneuerbare Energieträger. Und selbst wenn alle Widerstände überwunden sind, gibt es manchmal von ganz unerwarteter Seite Rückschläge: So kann etwa der Einsatz von Energiesparlampen dazu führen, daß wieder mehr Lichtquellen eingesetzt werden oder sie länger brennen – womit der Effekt für die Umwelt schließlich gleich null ist.

Die Technik ist also kein Allheilmittel. Um das Spannungsverhältnis von Ökonomie und Ökologie zu mindern, müssen zusätzlich noch andere Wege beschritten werden. So ist eine umweltgerechtere und wirtschaftlichere Arbeitsteilung zwischen Ländern und Regionen ein weiterer wichtiger Faktor. Im Klartext heißt das: Güter sollten dort produziert werden, wo die natürlichen Bedingungen am geeignetsten sind und die Beeinträchtigungen der Natur am besten aufgefangen werden können.

Nehmen wir als Beispiel die Agrarpolitik der Europäischen Union. Sie mißachtet durch ihr Subventionssystem solcherlei Umweltvorsorge. So bauen die Landwirte im Norden der Niederlande intensiv Weizen an, obwohl die Bodenbedingungen dafür nicht günstig sind. Damit die Erträge stimmen, setzen sie relativ große Mengen Dünger und Pestizide ein. Dabei läßt sich Weizen mit weit weniger Chemie und geringerem Schaden für die Umwelt in Frankreich und Spanien ziehen. Folglich nützt es der lokalen Umwelt in den Niederlanden, wenn die Amsterdamer und Nimwegener Bäcker ihre Brötchen aus französischem und spanischem Weizen herstellen. Der Preis dafür fällt jedoch anderswo an, denn kein Transport ist ohne ökologische Belastung zu haben.

Große Mengen an Dünger und Pestiziden für Weizen an ungünstigen Standorten

Gemessen an der heutigen Situation in der EU gibt es auf jeden Fall große Spielräume für eine ökologische und auch ökonomische Optimierung der Produktion und des damit verbundenen Handels. Doch müßte die EU im Hinblick auf die günstigere Arbeitsteilung zwischen Ländern und Regionen ihre Kriterien für die Förderung der Landwirtschaft ändern.

Auch die Konsumenten könnten bei der Harmonisierung von Wirtschaft und Umwelt eine wichtige Rolle spielen, wenn sie beim Einkauf oder auch bei der Entscheidung über ihren Urlaubsort ökologische Kriterien wichtig nähmen. Doch ein Trend zu einem »grüneren« Lebensstil zeichnet sich derzeit noch nicht in größerem Umfang ab.

Und schließlich könnten auch Gesetze, geschickte institutionelle Vorgaben oder eine Veränderung der Infrastruktur zur Schonung der Natur beitragen, ohne daß deshalb die Wirtschaft in tiefe Rezession verfiele. Mit politischen Regelungen müßten Anreize geschaffen werden, damit Firmen und Kunden die drei oben genannten Wege der Veränderung einschlagen. Es muß sich einfach »rechnen«, wenn eine Firma eine rohstoffsparende Maschine einführt oder ein Haushalt einen Kühlschrank anschafft, der weniger Energie frißt. Ebenso sollte es sich für die Beteiligten auszahlen, wenn die Arbeit zwischen den Regionen so verteilt würde, daß eine möglichst geringe Umweltbelastung entstünde. Und schließlich wäre es sinnvoll, wenn die regelnden Institutionen ihre Vorgaben auch darauf abstimmten, daß ein »grünerer Lebensstil« nicht nur ein gutes Gewissen, sondern darüber hinaus auch einen deutlichen Gewinn an Lebensqualität mit sich brächte.

Doch diese Strategien können Ökologie und Ökonomie nur auf längere Sicht miteinander versöhnen. Kurzfristig wird es sich nicht vermeiden lassen, daß auch Opfer gebracht werden müssen. Solche Opfer können sehr unterschiedlich aussehen: Einige Betriebe werden erst einmal kräftig in ihre Entwicklungsabteilungen oder die Anschaffung neuer Technologien investieren müssen, so daß die Gewinnausschüttung nur mager ausfällt. Auch beim Zuwachs des Bruttoinlandsprodukts oder beim Einkommen werden Abstriche kaum zu verhindern sein.

Wo ist das Ziel? Vier Möglichkeiten, Nachhaltigkeit auf der Landkarte der Zukunft zu suchen

Szenarien sind Modelle, mit denen mögliche Wege in die Zukunft simuliert werden. Im folgenden werde ich verschiedene Szenarien entwerfen und untersuchen, was sie jeweils für die Niederlande bedeuten. Die Fragestellung lautet: Wie wird das Land im Jahr 2030 aussehen, wenn unterschiedliche Schwerpunkte beim Verhältnis von Wirtschaft und Umwelt zugrundegelegt werden? Hinter jedem Szenario steht eine andere Auffassung davon, was »nachhaltige Entwicklung« konkret bedeutet und wieviele Belastungen wir der

Wie wird das Land im Jahr 2030 aussehen?

Erde zumuten können, ohne daß unsere Urenkel schlechtere Lebensbedingungen vorfinden als wir heute.

Ein besonderes Augenmerk will ich sowohl auf die Geschwindigkeit und die Richtung der technischen Entwicklung als auch auf ihre Verzahnung mit dem Wandel der regionalen Produktionsstrukturen legen. Die »ökologische Handelsbilanz« wird Aufschluß darüber geben, was ein Strukturwandel in den Niederlanden für andere Länder bedeutet. In meiner Untersuchung konzentriere ich mich also auf die beiden oben kurz angedeuteten Strategien »Technik« und »regionale Arbeitsteilung«, mit denen Umwelt und Wirtschaft stärker miteinander in Einklang gebracht werden können.

Der Begriff »Nachhaltigkeit« wird zwar vielfach verwendet. Doch es gibt keinen Konsens darüber, was er konkret bedeutet. Wissenschaftler und Politiker schlagen sehr unterschiedliche Definitionen vor. Und ebenso unterschiedlich sind die Wege zum Ziel. Die jeweilige Interpretation hat viel damit zu tun, für wie stabil oder für wie verwundbar das Ökosystem eingeschätzt wird und was man meint, ihm noch zumuten zu können. Auch die Annahmen über die Möglichkeiten der Technik und darüber, wie wahrscheinlich unwägbare Einflüsse sind, fallen sehr unterschiedlich aus. Ferner führen persönliche Präferenzen zu ganz abweichenden Einschätzungen, welche Maßnahmen jemand für vertretbar und durchsetzbar hält: Für manche steht die soziale Gerechtigkeit oder die Schaffung von Arbeitsplätzen ganz oben auf der Prioritätenliste, während anderen der Schutz der Artenvielfalt besonders am Herzen liegt. Und auch unter den Umweltfreunden gibt es solche und solche. Die einen ziehen eine wilde, unberührte Natur vor, während andere sich für ihr Wochenendhaus eine naturähnliche Umgebung wünschen. All diese Unterschiede in den persönlichen Wertungen haben verschiedene Auffassungen zur Folge, was denn nun nachhaltige Entwicklung eigentlich ist.

Wie stabil oder verwundbar ist das Öko-System?

Ich werde also vier Szenarien für die Zukunft der Niederlande durchspielen – vier Szenarien, die ich als »stark zusammen« und »stark allein«, »abgewogen« und »schwach« bezeichne.

Unter »starker« Nachhaltigkeit sind Strategien zu verstehen, die im Zweifel lieber zu vorsichtig als zu bedenkenlos mit der Umwelt umgehen, also z.B. den Wert eines Waldes nicht geringschätzen, wenn es um den Bau eines Flughafens geht. Diese Interpretation von Nachhaltigkeit hat immer einen möglichst geringen Verbrauch von natürlichen Ressourcen im Blick und fordert gleichermaßen eine Änderung des Lebensstils und der Technik. Umweltpolitische Ziele sind hier keine Sache von Sonntagsreden, sondern durch harte Vorgaben abgesichert. Konventioneller Ackerbau und Massentierhaltung werden vollständig in eine »grüne Landwirtschaft« überführt. Dafür braucht man nicht nur bedeutend mehr Arbeitskräfte als in einer intensiven Wirtschaftsweise, wo Chemikalien den Einsatz der Hacke überflüssig machen. Eine extensive Bewirtschaftung der Felder bedeutet zugleich, daß insgesamt mehr Boden benötigt wird, um die gleiche Menge Gemüse und Getreide zu erzeugen, weil die Hektarerträge niedriger sind als in der konventionellen Landwirtschaft. Und auch das Vieh braucht in der Ökolandwirtschaft mehr Platz. Dafür aber ist auch die Qualität der Produkte höher. Und außerdem spielt Naturentwicklung bei »starker« Nachhaltigkeit eine zentrale Rolle.

Das Vieh braucht mehr Platz.

Die Entwicklungsingenieure haben bei dieser Strategie vor allem die Aufgabe, sich um eine Steigerung der Effizienz zu bemühen. Die Produkte sollen lange halten und reparatur- und recyclingfreundlich sein. Nichtmaterielle Werte wie saubere Luft haben einen hohen Stellenwert. Um ihrer willen verzichtet die Gesellschaft gegebenenfalls auch auf einen Teil ihres materiellen Wohlstands – sprich: auf Einkommen und Konsum. Dafür aber haben die Menschen neben ihrem Gelderwerb mehr Zeit für andere Beschäftigungen. In meinen beiden Szenarien einer »starken« Nachhaltigkeit arbeiten sie nur 20,3 Stunden in der Woche statt der durchschnittlich 27,5 Stunden, die gegenwärtig in den Niederlanden üblich sind – ein auf den ersten Blick sehr niedriger Wert, bei dem aber auch alle Teilzeitarbeitsverhältnisse mitberücksichtigt sind. Insofern können die Menschen sich verstärkt um Familie, Bildung und kulturelle Aktivitäten kümmern.

Zwei Möglichkeiten sollen untersucht werden: Einmal gehe ich davon aus, daß sich eine »starke« Nachhaltigkeit weltweit durchsetzt und insbesondere in den OECD-Industrienationen zur Norm wird. Ein effektives Kontrollsystem sorgt dafür, daß die strengen Verabredungen auch tatsächlich von allen eingehalten werden. Das ist das Modell, das ich als »stark zusammen« bezeichne.

Demgegenüber verfolgen die Niederlande im Szenario »stark allein« die Nachhaltigkeit ohne die anderen Staaten, die weitermachen wie bisher. Allerdings gehe ich davon aus, daß lediglich bei nationalen Umweltproblemen wie Müll und Überdüngung Vorschriften zum Erreichen der hochgesteckten Ziele erlassen werden.

Bei grenzüberschreitenden Umweltproblemen, also insbesondere bei Maßnahmen gegen die Klimaerwärmung, versucht man dagegen nur, die Ziele zu erfüllen, die international vereinbart wurden. Sie sind weitaus weniger ehrgeizig, als es für eine »starke« Nachhaltigkeit notwendig wäre. Die Kriterien für die internationalen Verträge, an die sich die Niederlande im Szenario »stark allein« halten, sind dem dritten Szenario entnommen, das ich als »abgewogene« Nachhaltigkeit bezeichne.

Diesem Szenario wiederum liegt die Annahme zugrunde, daß die Ökosysteme relativ robust sind. Störungen sind rechtzeitig erkenn- und prinzipiell behebbar. Folglich lassen sich umwelt- und wirtschaftspolitische Ziele offen gegeneinander abwägen. Nichtmaterielle Werte sind bei der »abgewogenen« Nachhaltigkeit zwar durchaus wichtig. Doch ist die Bereitschaft begrenzt, dafür Einkommenseinbußen und wirtschaftliche Wachstumsdellen hinzunehmen. Wer für den Arbeitsmarkt verfügbar ist, geht im Durchschnitt 30 Wochenstunden einer bezahlten Tätigkeit nach.

Das alles führt zu weniger strengen umweltpolitischen Zielen in den Niederlanden als in den beiden ersten Szenarien. Jetzt beackern die Ökobauern nur zehn Prozent der landwirtschaftlichen Fläche, und die Natur wird mäßig gepflegt und entwickelt. Von technologischen Erfindungen verspricht man sich eine effizientere Nutzung der Umwelt sowie höhere Kapital- und Arbeitsproduktivität. In diesem Szenario verfolgt die internationale Gemeinschaft dieselben Nachhaltigkeitsziele wie die Niederlande.

Die Ökobauern beackern nur zehn Prozent der landwirtschaftlichen Fläche.

Am unteren Ende der Skala steht eine »schwache« Nachhaltigkeit. Ihre Anhänger halten prinzipiell alles für ersetzbar und stellen die Bedürfnisse des Marktes ins Zentrum. Die ökologische Krise halten sie keineswegs für sehr bedrohlich, und eine Änderung unseres Lebensstils erscheint hier als verzichtbar. Die Grundannahme lautet: Eine Kombination von Markt und Technik wird die meisten Umweltprobleme lösen können. Staatliche Eingriffe sollten sich daher auf minimale Umweltstandards beschränken. Denn strenge Vorgaben könnten sogar den gegenteiligen Effekt dessen haben, was erreicht werden sollte. Innovation durch Markt, lautet das Motto.

Die technischen Neuerungen zielen in diesem Szenario vor allem darauf ab, die Kapital- und Arbeitsproduktivität zu erhöhen. Doch gleichsam als Nebeneffekt führen sie auch ein Stück weit zu einer saubereren und ressourcenschonenderen Herstellungsweise.

Deiche erhöhen gegen steigenden Meeresspiegel

Umweltpolitisch beschränkt sich diese Strategie vor allem auf Anpassungsmaßnahmen. So werden z.B. die Deiche erhöht, um dem aufgrund der Klimaerwärmung steigenden Meeresspiegel etwas entgegenzusetzen. Neugewonnenes Land kann teilweise als Naturreservoir entwickelt werden. Materieller Wohlstand hat einen hohen Stellenwert. Die durchschnittliche Arbeitszeit liegt auch hier bei 30 Wochenstunden. Aber im Vergleich zur »abgewogenen Nachhaltigkeit« arbeiten die Menschen härter und gehen später in Rente. In der Altersgruppe der 65- bis 69jährigen sind immer noch 30 Prozent der Männer und 15 Prozent der Frauen auf dem Arbeitsmarkt aktiv. Auch dieses Modell geht davon aus, daß die Niederlande umweltpolitische Ziele im Gleichklang mit den anderen OECD-Ländern verfolgen.

Der Weg besteht aus vielen Schritten. Zusammen bestimmen sie die Laufrichtung

Bevor man sich mit der Zukunft beschäftigen kann, muß man zunächst einmal die Gegenwart intensiv studieren. Als Datengrundlage für die Ausgangssituation dient die volkswirtschaftliche Gesamtrechnung der Niederlande von 1991. Darin einbezogen ist die Umweltrechnungslegung NAMEA, die das niederländische Amt für Statistik entwickelt hat (vgl. Keuning 1993). Das Modell erfaßt neben der Abfallmenge auch die Emissionen von neun Substanzen, die mitverantwortlich sind für verschiedene Ökoprobleme der Gegenwart: Klimaveränderung, saurer Regen, Überdüngung und Müllproduktion.

Die notwendigen Berechnungen sind relativ kompliziert. Denn die verschiedenen Branchen der Wirtschaft sind eng miteinander verbandelt. So ist Strom ein Produkt, das in fast allen Herstellungsprozessen benötigt wird und insofern beispielsweise auch bei der Umweltbelastung durch die Chemieindustrie eine Rolle spielt. Und natürlich ist die Ökonomie der Niederlande eng mit anderen Volkswirtschaften verflochten. Auch Waren für den Export verursachen hierzulande Abfall und Emissionen. Umgekehrt belasten die in den Niederlanden verbrauchten Importgüter die Umwelt in anderen Weltgegenden.

Um zu ermitteln, wie Ökologie und Ökonomie der Niederlande

in jedem der vier Szenarien im Jahr 2030 aussehen, muß zunächst eine Matrix über die wirtschaftliche Entwicklung erstellt werden. Zum einen wird der Output-Wert für jeden Sektor ermittelt. In ihn gehen sowohl die Endnachfrage im In- und Ausland ein als auch die Lieferungen an die weiterverarbeitenden Sektoren. Zum anderen müssen die Produktionserfordernisse jedes Sektors beachtet werden – neben Rohstoffimporten zählen dazu z.B. auch die erforderliche Arbeitszeit und die Verfügbarkeit von Arbeitskräften. Klar ist, daß am Schluß der Output-Wert gleich dem Wert der Gesamtproduktion sein muß; doch wie es im einen oder anderen Fall dazu kommt, ist je nach Bedeutung der einzelnen Variablen recht unterschiedlich.

Für die Ökobilanz zentral sind die Umwelt-Inputs. In unseren Szenarien werden je neun Emissionen und das Müllaufkommen ermittelt. Damit die Sache nicht zu unübersichtlich wird, gibt es für jedes Umweltthema nur einen Wert. Darin sind alle Belastungen durch verschiedene Stoffe zusammengefaßt – und zwar so, daß die einzelnen Substanzen entsprechend ihrer Bedeutung für das jeweilige Problem mehr oder weniger stark in die Berechnung eingehen. So wird beispielsweise für sauren Regen ein »Säureäquivalent« errechnet, das sich aus den emittierten Mengen Schwefeldioxid (SO_2) und Stickstoffoxid (NO_2) zusammensetzt.

Bei all diesen Berechnungen und Modellen ist die große Frage, wo Umweltbelastungen verbucht werden sollen, wenn entweder nur der Hersteller oder nur der Verbraucher nicht in den Niederlanden sitzt. Die Ökobilanzen von Im- und Exporten können enorm differieren – zum einen, weil es sich meist um sehr unterschiedliche Güter wie Tomaten, Maschinen und Turnschuhe handelt, zum anderen, weil selbst bei der Herstellung ein- und desselben Produkts große Unterschiede in puncto Umwelteffizienz bestehen können. In der Literatur finden sich zwei Vorschläge darüber, wo Im- und Exporte in einer Ökobilanz verbucht werden sollen. Das Verursacherprinzip geht davon aus, daß Verschmutzungen dem Land zugeschrieben werden müssen, in dem die Produktion stattfindet. Das Verantwortungsprinzip will dagegen, daß der Dreck bei den Konsumenten verbucht wird. Meine Berechnungen basieren auf dem Verursacherprinzip.

Die Ökobilanzen von Im- und Exporten können enorm differieren.

Doch damit klar wird, inwieweit im einen oder anderen Szenario Umweltbelastungen ins Ausland verschoben werden, werde ich auch eine ökologische Handelsbilanz aufmachen. Sie ergibt sich aus der Verschmutzung, die bei der Produktion von Exportgütern entsteht und von der dann die Emissionen und der Abfall durch die im Inland verbrauchten Güter abgezogen werden. Läßt sich hier beispielsweise bei den Themen Müll oder saurer Regen ein positiver Wert und damit ein Überschuß feststellen, so bedeutet das, daß die in den Niederlanden hergestellten Waren die Umwelt mehr belasten als die, die importiert werden. Anders gesagt: Die Produktionsstruktur ist ökologisch ungünstiger als die Verbrauchsstruktur. Umgekehrt bedeutet ein Minuszeichen in der ökologischen Handelsbilanz, daß die Importwaren die Umwelt stärker schädigen als die Exportwaren.

Für die Simulation der vier verschiedenen Wege in die Zukunft ist entscheidend, wie sich die einzelnen Variablen – vom Basisjahr 1991 aus gerechnet – entwickeln und gegenseitig beeinflussen. Dafür sind grobe Schätzungen im Hinblick auf die jährlichen Veränderungen von Produktionsmenge und Umwelteffizienz – also die ökologische Belastung, die bei der Herstellung eines Produkts im einen oder andren Fall entsteht – vonnöten. Auch die Steigerung der Produktmenge, die ein einzelner Mensch mit Hilfe von Maschinen herstellen kann, muß in die Prognosen einbezogen werden ebenso wie das Arbeitskräfteangebot.

Klar ist, daß in den »starken« Nachhaltigkeitskonzepten die Umwelteffizienz schneller wächst als in den »schwachen« Szenarien. Und ebenso klar ist, daß die »schwache Nachhaltigkeit« größere Steigerungen bei der Arbeitsproduktivität zu verzeichnen hat.

Der Markt bleibt weiterhin König.

Noch ein Faktor wird bei allen vier Szenarien vorausgesetzt: Der Markt bleibt weiterhin König – es gilt die Maxime, so viel und so günstig wie möglich zu produzieren und zu verkaufen. Oder etwas gesetzter ausgedrückt: Die Wertschöpfung soll maximiert werden. Doch Restriktionen wie z.B. umweltpolitische Vorschriften oder auch ein Mangel an Arbeitskräften werden dazu führen, daß ein kühl kalkulierender Manager im einen oder anderen Fall zu sehr unterschiedlichen Ergebnissen kommt, wenn er sich überlegt, welche Art zu wirtschaften den größten Profit verspricht. So kann sich das Warenangebot höchst unterschiedlich entwickeln.

Für jeden Richtungswechsel gibt es Grenzen der Machbarkeit

Damit die ganze Sache nicht durch weitere Variablen noch komplizierter wird, gehen alle vier Szenarien von ein und derselben Entwicklung der Weltwirtschaft aus. Dabei habe ich das »Globale Veränderungsszenario« zugrundegelegt, das das Niederländische Amt für Wirtschaftsanalyse 1992 veröffentlicht hat. Demnach wächst das Bruttosozialprodukt in Europa relativ schwach, während die Wirtschaft in Südostasien boomt. Die Unterschiede zwischen den vier von mir untersuchten Szenarien sind also allein auf die Variablen zurückzuführen, die ich oben für die verschiedenen Formen der Nachhaltigkeit beschrieben habe.

Eine zentrale Variable ist die Menge an Abgasen und Müll, die pro hergestelltem Produkt anfällt. Dieser Wert wird in jedem Szenario für die verschiedenen Branchen getrennt bestimmt. Um die technischen Grenzen und die Geschwindigkeit der Effizienzsteigerung abschätzen zu können, habe ich nicht nur die einschlägige Literatur studiert, sondern auch zahlreiche niederländische Experten aus Forschungsinstituten und Regierungsstellen konsultiert. Mit jedem Umweltthema hat sich eine spezielle Arbeitsgruppe beschäftigt.

Bei den beiden Wegen in die Zukunft, die auf eine »starke« Nachhaltigkeit bauen, wird die Effizienzsteigerung lediglich durch die technische Machbarkeit begrenzt. Alle anderen Hindernisse lassen sich überwinden, so die Grundannahme. Für die Erforschung und Entwicklung innovativer Lösungen gibt es in diesen Szenarien ausreichend Geld und Unterstützung. Und auch die Verbreitung dieser Techniken wird nicht dadurch gebremst, daß sich viele Firmen oder auch Privatpersonen die neuen Errungenschaften nicht leisten können oder wollen.

Drei-Liter-Autos und Hybridwagen im Jahr 2030

In die Daten über eine effiziente Energienutzung ist z.B. die Annahme eingegangen, daß im Jahr 2030 auf den Straßen überwiegend abgasarme Fahrzeuge unterwegs sind – Drei-Liter-Autos und Hybridwagen, die zur Hälfte elektrisch angetrieben werden. Die Höchstgeschwindigkeit beträgt 90 Stundenkilometer. Das Bus- und Bahnsystem ist wesentlich kundenfreundlicher ausgebaut als heute. Und Industrie und Haushalte nutzen alle Möglichkeiten, um CO_2-Emissionen zu vermeiden. Dafür werden alternative Energiequellen wie Biokraftstoff, Wärmespeicher und -pumpen, Wind- und Sonnenenergie eingesetzt, wo immer es geht.

Von wo aus die Niederländer losmarschieren – und wo sie hinkommen können. Vier Wegbeschreibungen

Nun wird's konkret. Die beiden Tabellen zeigen die Annahmen, mit denen der Computer gefüttert wird und mit denen die verschiedenen Wege in die Zukunft simuliert werden sollen. Wir wollen herausfinden, wie sich die Wirtschaft und der Arbeitsmarkt entwickeln, wenn die vorgegebenen Ziele tatsächlich eingehalten werden. Die aufgelisteten Ziele habe nicht ich erfunden, sondern sie sind bereits heute politisch formuliert. So leiten sich in den ersten drei Szenarien die Annahmen zur Reduzierung der Klimagase von den Vorgaben des »Intergovernmental Panel on Climate Change« aus dem Jahre 1992 ab. Der nationale Umweltplan der Niederlande aus dem selben Jahr hat u.a. Ziele zum Thema Abfall formuliert, die in das Modell eingegangen sind. Beim Thema Überdüngung gilt für die beiden »starken« Nachhaltigkeitsszenarien, daß die Landwirtschaft keinen Nährstoffüberschuß mehr produziert. Einberechnet werden hier auch die Emissionen von Haushalten und Industrie, die zur Überdüngung beitragen.

Der nationale Umweltplan der Niederlande

In *Tab. 1* wird die jährliche Verbesserung der Umwelteffizienz festgelegt – sprich: wieviel Substanzen jährlich eingespart werden sollen. Dabei handelt es sich um Durchschnittswerte; besondere Anstrengungen in einzelnen Jahren sind aus der Tabelle nicht ablesbar. Daß aber der zeitliche Ablauf der Maßnahmen bei der Errechnung der Gesamtmenge eine große Rolle spielen wird, verdeutlicht *Tab. 2.* Hier sind die Umweltziele aufgelistet, die im Jahr 2030 im jeweiligen Szenario erreicht sein sollen.

Im Szenario »stark zusammen«, bei dem sich die Niederlande und die anderen OECD-Länder gemeinsam anstrengen, soll die

Durchschnittliche jährliche Verbesserung der Umwelteffizienz Tab. 1

Szenario / Thema	»stark zusammen«	»stark allein«	abgewogene Nachhaltigkeit	schwache Nachhaltigkeit
Klimaveränderung	2,7%	1,4%	1,4%	1,4%
saurer Regen	4,3%	4,4%	3,9%	3,9%
Überdüngung	7,2%	7,2%	1,9%	1,1%
Müllaufkommen	3,0%	3,0%	2,0%	0,9%

Umweltziele der Szenarios — Tab. 2

Szenario / Thema	»stark zusammen«	»stark allein«	abgewogene Nachhaltigkeit	schwache Nachhaltigkeit
Klimaveränderung (in 10^6 Kohlenstoff-Äquivalente)	114.000	197.000	197.000	269.000
saurer Regen (in 10^6 säurebildende Äquivalente)	6.700	3.900	7.900	19.800
Überdüngung (10^3 Euthrophierungs-Äquivalente)	140	140	180	243
Müll (in 10^6 Tonnen)	15.000	15.000	15.000	28.000

Effizienzsteigerung in puncto Energie 2,7 Prozent betragen – pro Jahr, wohlgemerkt. Bleiben die Niederlande mit ihren Bemühungen isoliert, was die Prämisse des Szenarios »stark allein« ist, so kann die CO_2-Menge lediglich durchschnittlich um jährlich 1,4 Prozent gesenkt werden – und entspricht damit dem Effekt, der auch durch eine »abgewogene« Nachhaltigkeit zu erreichen ist. Anders gesagt: Beim Kampf gegen die Klimaveränderung können die Niederlande allein nur wenig ausrichten. Zwar beträgt auch im vierten Szenario der »schwachen« Nachhaltigkeit die durchschnittliche prozentuale Verminderung von klimaschädigenden Gasen 1,4 Prozent. Doch weil die Effizienz hier erst nach und nach gesteigert wird, während Staat, Wirtschaft und Bevölkerung in den anderen drei Szenarien vor allem in den ersten Jahren ihren Energieverbrauch stark mindern und dann konstant halten, wird die Atmosphäre in diesem Szenario letztlich weit mehr belastet, als wenn einer der anderen Wege eingeschlagen wird.

Günstiger für das Engagement der Niederlande sieht es bei Umweltthemen aus, die vor allem regional auftreten und auch regional bekämpft werden können. Eine Verringerung der Überdüngung um jährlich 7,2 Prozent halten die Experten technisch für möglich, wenn nur der Wille da ist. Wird dagegen wie im Szenario »schwache Nachhaltigkeit« nur das getan, was eh wirtschaftlich angezeigt ist, so kommt gerade einmal eine Verminderung der Stickstoffeinträge in Boden und Wasser von 1,1 Prozent heraus. Auch beim Müllaufkommen macht es Sinn, wenn ein Land alleine vorprescht.

Eine Verringerung der Überdüngung ist Willenssache.

Immerhin drei Prozent Abfall im Jahr sind technisch vermeidbar. Nach rein ökonomischem Kalkül dagegen würde sich die Effizienz nur um 0,9 Prozent erhöhen.

Beim Thema saurer Regen müssen die Niederlande im Szenario »stark allein« die Minderungswerte von »stark zusammen« übertreffen. Denn hierbei geht es um die Frage, ab welchem Wert man auf der sicheren Seite ist, damit die Natur keinen Schaden erleidet. Um die zu erreichen, sind die Niederländer gezwungen, sich mehr anzustrengen, wenn sie sich allein auf den Weg »starker« Nachhaltigkeit machen, als wenn ihre Nachbarn mitziehen; denn die Schwefel- und Stickoxideinträge machen ja nicht an der Grenze halt. Um den ausländischen Säureeintrag mit zu kompensieren, müssen die Niederländer eine Verbesserung von 4,4 Prozent im Jahr schaffen – 0,1 Prozent mehr, als wenn alle OECD-Länder dem sauren Regen gemeinsam den Kampf ansagen würden. Doch auch in den beiden »schwachen« Szenarien, die den Bedürfnissen der Wirtschaft stärker Rechnung tragen, wird es zu einer deutlichen Verminderung der Säureeinträge kommen, glauben die Experten. Dennoch sind die Unterschiede im Ergebnis – trotz relativ ähnlicher prozentualer Durchschnittsverbesserung – enorm. Denn genau wie bei den Klimagasen geht der Wandel im Szenario »schwache Nachhaltigkeit« gleichmäßig langsam voran, während bei den anderen Entwicklungswegen in den ersten Jahren auf die Tube gedrückt wird. Beim Szenario »stark allein« muten die Niederländer ihren Wäldern und Feldern nur ein Fünftel dessen zu, was beide bei »schwacher« Nachhaltigkeit über sich ergehen lassen müssen.

Landverbrauch ist ein wichtiges Thema.

In einem dichtbesiedelten Staat wie den Niederlanden ist der Landverbrauch für Straßen, Wohnungen, Industrie- und landwirtschaftliche Betriebe ein wichtiges Thema, das beim Nachdenken über Nachhaltigkeit auf keinen Fall unterschätzt werden darf. Boden und Raum sind Teil des Umweltkapitals. Sie müssen für nachfolgende Generationen bewahrt und geschützt werden. Um diesen Aspekt in die Szenarien einbeziehen zu können, habe ich die Raumerfordernisse jeder Wirtschaftsaktivität im Basisjahr 1991 in einen technischen Koeffizienten übersetzt. Von ihm werden die Annahmen für das Jahr 2030 unter Einbeziehung der politischen Vorgaben und von Zeitreihenanalysen abgeleitet. Auch Wohnungsbau und Erholung gehen in die Berechnungen mit ein. Klar ist, daß die Raumnutzungseffizienz sich in Zukunft erhöht, wie Politiker und Experten bei Diskussionen bestätigt haben.

Das gesamte Modell geht von einer flexiblen Endnachfrage aus. Auf jeden Fall soll das Bruttosozialprodukt so hoch sein wie unter den vorgegebenen Einschränkungen irgend möglich. Restriktionen sind die oben genannten Umweltziele, die je nach Szenario variieren. Außerdem soll die Handelsbilanz einigermaßen ausgeglichen sein. Und die Arbeitskräftenachfrage darf das -angebot nicht übersteigen.

An vier Orten angekommen: Die Öko-Öko-Bilanz im Jahr 2030

Die Wirklichkeit besteht aus unendlich vielen Einflüssen. Modellsimulationen dagegen beruhen notwendigerweise auf einer begrenzten Zahl von Faktoren. Wer weiß, ob eine Seuche wie der Rinderwahn demnächst von Schweinen oder von gentechnisch verändertem Mais ausgeht? Und wer hätte vor 30 Jahren vorhersagen können, daß ein hoher Prozentsatz der Menschen in Single-Haushalten lebt – und insofern kleine Portionen Fertiggerichte guten Absatz finden? Wer hätte noch vor ein paar Jahren prognostiziert, daß ein (elektronischer) Brief nach Australien schneller, billiger und abgasärmer transportiert wird als eine Postkarte innerhalb derselben Stadt? Veränderungen des Lebensstils und daraus resultierende Verschiebungen bei der Nachfrage konnte ich in meinem Modell nur ansatzweise berücksichtigen. Auch relative Preisveränderungen und die Ablösung alteingeführter Produkte durch ganz neue lassen sich nicht in ein Zukunftsmodell integrieren.

Veränderungen des Lebensstils lassen sich nur ansatzweise berücksichtigen.

Unsere Studie beschränkt sich auf einen Teil der Wirklichkeit, nämlich auf die Angebotsseite der Wirtschaft.

Die wichtigsten Ergebnisse, die der Computer nach seinen Rechenoperationen ausgespuckt hat, sind in *Tab. 3* zusammengefaßt.

Am überraschendsten ist, daß das Bruttosozialprodukt wachsen kann, während die Umweltbelastung zugleich abnimmt. In unserer Studie beruht diese glückliche Verbindung auf einer beschleunigten Erforschung, Entwicklung und Verbreitung von Umwelttechnologien sowie auf einem Wandel der ökonomischen Struktur – will sagen: der Spezialisierung der niederländischen Wirtschaft. Eine Ausnahme bildet das Szenario der »schwachen« Nachhaltigkeit, bei dem Wirtschaftswachstum nicht mit Umweltentlastung einhergeht. Wenn sich die Welt für diesen, den »schwachen« Weg entscheidet, legt zwar das Bruttosozialprodukt um durchschnittlich 2,1 Prozent im Jahr zu. Zugleich wird aber auch die Menge der Treibhausgasemissionen massiv raufgefahren. Und zusätzlich wächst der Müllberg.

Beschreiten die OECD-Länder den Weg »stark zusammen«, so wächst das Bruttosozialprodukt in den Niederlanden immerhin noch um 1,3 Prozent im Jahr. Die Arbeitslosenquote ist niedrig:

Ergebnisse des Szenario-Modells für nachhaltige wirtschaftliche Entwicklung, 1991-2030* **Tab. 3**

	1991	»stark zusammen«	»stark allein«	abgewogene Nachhaltigkeit	schwache Nachhaltigkeit
Wachstum des Bruttosozialprodukts		1,3%	0,9%	1,7%	2,1%
Arbeitslosigkeit	8,5%	3,4%	7,1%	3,4%	3,2%
Klimaveränderung (in 10^6 KÄ)	188.890	114.281 (-1,3%)	120.607 (-1,1%)	197.217 (0,1%)	268.619 (0,9%)
saurer Regen (in 10^6 SÄ)	34.483	5.362 (-4,7%)	3.900 (-5,4%)	7.835 (-3,7%)	16.940 (-1,8%)
Überdüngung (in 10^6 DÄ)	307	131 (-2,2%)	126 (-2,3%)	180 (-1,4%)	243 (-0,6%)
Müll (10^9 kg)	23.635	9.038 (-2,4%)	8.138 (-2,7%)	15.000 (-1,2%)	27.873 (0,4%)
Natur (verglichen mit 1991, in km²)		+2.550	+ 2.550	+1.275	+0
Landverbrauch		kritisch			
Handelsbilanz (10^6 Gulden)	13.180	30.723	-5.547	-38.760	-50.995
Ökologische Handelsbilanz					
Klimaveränderung (in 10^6 CÄ)	21.572	3.833	-10.910	-8.653	3.234
saurer Regen (in 10^6 SÄ)	3.183	808	-305	92	1.348
Überdüngung (in 10^6 DÄ)	34	-4	-25	33	9
Müll (10^9 kg)	2.469	-830	-1.150	-624	-409

* Prozentanteile beziehen sich auf die durchschnittlichen jährlichen Veränderungsraten für die Periode 1991-2030
KÄ = Kohlenstoff-Äquivalente; SÄ = säurebildende Äquivalente; DÄ = Dünger-Äquivalente

Nur 3,4 Prozent der Menschen sind auf der Suche nach einem Job, während es im Basisjahr 1991 noch etwa 8,5 Prozent waren. Ein Vergleich von *Tab. 2* und *3* zeigt außerdem, daß die strengen Umweltziele zur Verminderung von saurem Regen, Müllaufkommen und Überdüngung mehr als erfüllt werden können. Das erklärt sich vor allem daraus, daß zu den Voraussetzungen dieses Szenarios starke Einschränkungen gehören, was die Menge der Treibhausgase und den Verbrauch von Land anbelangt. Deshalb ist hier nur mit einem beschränkten Wachstum zu rechnen, was bei den anderen Umweltthemen zu noch positiveren Effekten führt als erwartet. Die Kombination von wirtschaftlicher Umstrukturierung und Umwelteffizienz sind für die guten Ergebnisse verantwortlich. Nehmen wir z.B. den Transportsektor: eine zentrale Quelle für Treibhausgase sowie ebenfalls ein Hauptverursacher des sauren Regens und der Bodenversauerung. Dreht man politisch an der Schraube der klimarelevanten Emissionen, indem man z.B. den Verkehr von der Straße auf die Schiene holt, wird sich zugleich die Gesamtmenge der Schwefeldioxide und Stickoxide reduzieren – und damit auch die Säurebildung sowie die Eutrophierung von Gewässern.

Den Verkehr von der Straße auf die Schiene holen!

Im Szenario »stark allein« sind die Ziele der internationalen Gemeinschaft in bezug auf Klimaschutz und sauren Regen nicht so ehrgeizig; da übernehmen die Niederlande einsam die Spitze der Bewegung. Deshalb kommt auch der technische Fortschritt nicht so schnell voran, weil der weltweite Druck auf die Industrie geringer ist, sich mit dem Problem intensiv zu beschäftigen und schnell technische Lösungen zu entwickeln. Darüberhinaus müssen die Niederländer im Fall von »stark allein« einen größeren Schadstoffeintrag von säurebildenden Gasen kompensieren, der von ihren Nachbarn zu ihnen hinüberweht. Da aber das Ziel feststeht, nämlich den Säureeintrag so stark zu reduzieren, daß er der Natur keinen Schaden zufügen kann, werden in diesem Fall die Vorsorgemaßnahmen zu einem Flaschenhals fürs Wirtschaftswachstum: Das Bruttosozialprodukt kann nur um 0,9 Prozent wachsen. Und auch der Arbeitskräftebedarf ist erheblich niedriger als das Arbeitskräfteangebot – sprich: Die Arbeitslosigkeit bleibt trotz kurzer Arbeitszeiten mit 7,1 Prozent recht hoch.

Was also zeigt uns der Vergleich der beiden »starken« Szenarien? Nur durch die internationale Koordination der Umweltpolitik können gleichermaßen Wirtschaft *und* Umwelt profitieren.

Daß beim Konzept »abgewogene Nachhaltigkeit« das Bruttosozialprodukt stärker wächst als bei den beiden »starken« Szenarien, liegt natürlich u.a. an den weniger strengen Umweltauflagen. Die gesetzten Ziele in puncto Ökologie werden überwiegend relativ leicht erreicht – nur beim Ausstoß der Treibhausgase sind besondere Anstrengungen vonnöten. Mit 3,4 Prozent Arbeitslosigkeit liegt das Modell »Ausgewogenheit« gleichauf mit der Prognose für ein Konzept »stark zusammen«.

Rein wirtschaftlich betrachtet sieht es beim Szenario der »schwachen Nachhaltigkeit« am günstigsten aus. Das Bruttosozialprodukt verdoppelt sich im Zeitraum von 1991 bis 2030 nahezu: Jährlich 2,1 Prozent kann die Volkswirtschaft zulegen. Doch zugleich wächst die Abfallmenge um durchschnittlich 0,4 Prozent im Jahr. Und bei den Treibhausgasen frißt das Wirtschaftswachstum den positiven Effekt energiesparender Techniken nicht nur vollständig auf – die Gesamtmenge der klimarelevanten Emissionen wächst sogar aufgrund der Produktionssteigerung massiv an. Wenn sich die gesamte Weltgesellschaft einer »schwachen« Nachhaltigkeit verschreibt, werden im Jahr 2030 allein von den Niederlanden über 40 Prozent mehr Kohlendioxid, Methan und andere Klimakiller aufsteigen als im Jahr 1991! Die Arbeitslosigkeit ist allerdings in diesem Szenario vergleichsweise niedrig: Obwohl mehr Frauen, ältere Menschen und Immigranten einen Job suchen, sind nur 3,2 Prozent ohne Anstellung oder eigene Existenz. Heute sind es immerhin 8,5 Prozent der niederländischen Bevölkerung im arbeitsfähigen Alter.

Der Landverbrauch ist lediglich im Szenario »stark zusammen« ein Problem. Das liegt daran, daß Biobauern weniger Früchte und Getreide pro Hektar ziehen können und auch das Vieh bei extensiver Bewirtschaftung mehr Platz braucht als in industrialisierten Zucht- oder Mastbetrieben. Außerdem wird auch für die Wiederherstellung von Naturraum Boden benötigt. Entscheidet sich die Gesellschaft dagegen für geringere Vorstellungen der Nachhaltigkeit, ist an dieser Stelle kein Engpaß zu befürchten: Effizienzsteigerungen führen dazu, daß ausreichend Ackerland zur Verfügung steht. Im Szenario »stark allein« weichen die Hersteller außerdem ins Ausland aus.

Auch für die Wiederherstellung von Naturraum wird Land verbraucht.

Aus allen vier Zukunftswegen läßt sich eines deutlich ablesen: Wirtschaftswachstum muß nicht mit Umweltverschmutzung einhergehen, vielmehr ist eine sogenannte »absolute Abkopplung«

möglich. Das heißt: Das Bruttosozialprodukt kann steigen und die Umweltbelastung gleichzeitig sinken. In den beiden schwächeren Szenarien trifft dies allerdings nicht auf den Ausstoß von Treibhausgasen zu. Das zeigt einmal mehr, wie schwierig es in einer wachsenden Ökonomie ist, das Klimaproblem in den Griff zu bekommen. Und auch der Müllberg wächst weiter, wenn man fast ausschließlich auf die ökonomisch motivierten Impulse für die Ökologie vertraut.

Und auch der Müllberg wächst weiter.

Die Ergebnisse dieser Zukunftssimulationen lassen sich auch mit den Begriffen beschreiben, die in der »Faktor-Vier«-Diskussion eine Rolle spielen (vgl. von Weizsäcker 1995). Dabei geht es um die Steigerung der Effektivität bei der Herstellung bestimmter Produkte – und die damit einhergehende relative Verminderung der Umweltschädigung. Je nach Szenario ergibt sich demnach für die niederländische Wirtschaft eine Verminderung der Treibhausgase um den Faktor zwei bis drei. Die Intensität der Säurebildung vermindert sich bei »schwacher Nachhaltigkeit« immerhin um den Faktor fünf, während dieser Wert bei »stark allein« gar auf einen Wert von 13 hochschnellt. Für Überdüngung läßt sich jeweils ein Faktor zwischen drei bis vier errechnen, bei Abfall ergibt sich eine Verbesserung um den Faktor zwei bis vier und beim Landverbrauch um den Faktor zwei. Damit einher gehen grundsätzliche Änderungen in der Struktur und in der Qualität der Produktion. Was diese Zahlen auch deutlich machen, ist, daß das Problem des sauren Regens wesentlich leichter zu bewältigen ist als die drohende Klimaerwärmung.

Verlassen einige Mitreisende den Troß, wenn die Niederlande ihre Produktion umweltfreundlich gestalten? Die ökologische Handelsbilanz

Die niederländische Wirtschaft ist eng verflochten mit anderen Volkswirtschaften. Um festzustellen, ob im einen oder anderen Fall die Umweltprobleme möglicherweise nur ins Ausland verlagert werden, soll eine ökologische Handelsbilanz aufgemacht werden. Sie wird Aufschluß darüber geben, inwieweit sich die Struktur der Inlandsproduktion von der des Inlandsverbrauchs unterscheidet – und was passiert, wenn die Niederlande sich allein auf den Weg »starker Nachhaltigkeit« machen oder die internationale Gemeinschaft gemeinsam in diese Richtung zieht. Definiert wird die ökologische Handelsbilanz als die Differenz zwischen den ökologischen Folgen der Produkte, die im Inland hergestellt und für den Export bestimmt sind, und den Umweltbelastungen durch ausländische Produkte, die in den Niederlanden konsumiert werden. *Tab. 3* stellt die Ergebnisse für die vier Zukunftsszenarien zusammen und zeigt in der ersten Spalte auch die Daten für 1991.

1991 verzeichneten die Niederlande einen Überschuß bei allen vier Umweltthemen. Das Land hat also mehr negative Umweltauswirkungen für die im Ausland lebenden Konsumenten in Kauf genommen, als im Ausland für die Produktion von Waren für die niederländische Kundschaft angefallen sind. In allen vier Szenarien und bei allen vier Umweltthemen »verschlechtert« sich die ökologische Handelsbilanz dann aber durch einen wie auch immer gearteten Kurs von Nachhaltigkeit. In mehreren Bereichen dreht sich die Lastenverteilung sogar um, so daß dann ein Teil der heimischen Umweltprobleme über die Grenzen abgeschoben wird. Man kann es auch anders beschreiben: Der Dreck und die Emissionen, die aufgrund des Konsums der Niederländer entstehen, verringern sich weniger massiv als die, die bei der Herstellung von Produkten in den Niederlanden auftreten. Doch die Interpretation der ökologischen Handelsbilanz verlangt Differenziertheit. Im Falle internationaler Umweltprobleme – also z.B. bei der globalen Erwärmung – werden Firmen versucht sein, ihre Produktion rauszuverlagern aus Ländern mit hoher Energieeffizienz und sich in Staaten anzusiedeln, in denen die gesetzlichen Vorgaben lasch sind und die Energieeffizienz entsprechend niedrig ist. Auf diese Weise sparen die Unternehmen teure Investitionen. Für das Klima allerdings wirkt sich das fatal aus.

Ein Teil der Umweltprobleme wird über die Grenzen abgeschoben.

Im Hinblick auf eher kleinräumige Probleme wie die Eutrophierung der Gewässer und den Müll ist die Schlußfolgerung dagegen mehrdeutig. Die Qualität der Umwelt in den Niederlanden verbessert sich. Wie groß der Schaden durch die ausgelagerten Aktivitäten anderswo ist, hängt von den jeweiligen Bedingungen vor Ort ab. Es ist durchaus möglich, daß es insgesamt sogar zu einem positiven Effekt kommt. Zu denken wäre etwa an die Schweinemast in den Niederlanden, die weitgehend für die heutige Überdüngung verantwortlich ist. Doch Mist und Jauche an sich sind nichts Schlechtes; es kommt nur auf die Menge an – und heute gibt es bei uns ohne Zweifel zu viele Schweine. Dagegen kann man in Osteuropa zusätzlichen Dünger gut gebrauchen. So könnte man mit der Verlagerung einiger Schweinemastbetriebe sowohl die niederländische Umwelt entlasten als auch der osteuropäischen Wirtschaft einen Impuls geben, ohne daß dadurch neuer Ökoschaden entsteht.

Für einige Reiseteilnehmer bedeutet die Wanderung in Richtung Nachhaltigkeit Rückenwind. Anderen bläst der Sturm dafür ins Gesicht

Welche Branche lukrativ ist und womit sich wenig Geld verdienen läßt, das ist immer eine Frage der Rahmenbedingungen. Die Entscheidung einer Gesellschaft für das eine oder andere Nachhaltigkeitsszenario wäre eine ganz zentrale Rahmenbedingung – und entsprechend würden sich die Unternehmen ausrichten. Deshalb führt jeder der vier Modellwege zu einer anderen Produktionsstruktur, wie sich aus *Tab. 4* ablesen läßt.

Nicht unmittelbar vergleichen läßt sich damit allerdings, wieviel Einnahmen sich im einen oder anderen Fall in einem bestimmten Sektor verdienen lassen. Oder umgekehrt: Ein gleich hoher Prozentanteil in zwei verschiedenen Szenarien bedeutet nicht, daß auch der Output gleich hoch ist. Um zu ermitteln, wieviel eine Branche in einem der Szenarien real erwirtschaften wird, muß man die Prozentzahl mit dem Wert der Gesamtproduktion des jeweiligen Szenarios multiplizieren. So kann man erfahren, daß sich z.B. im niederländischen Dienstleistungssektor bei einer Entwicklung »stark zusammen« ungefähr das gleiche verdienen läßt wie bei »schwacher Nachhaltigkeit« – obwohl die Anteile an der jeweiligen Wirtschaftsstruktur etwa 15 Prozent auseinanderliegen. Die Chemieindustrie verliert zwar auf jeden Fall relativ an Bedeutung. Doch wenn es ihr gelingt, die Politik vom Weg einer »schwachen Nachhaltigkeit« zu überzeugen, dann sind auch für sie noch immer deutliche Gewinnzuwächse drin. Andere »Verlierer« werden sein: Nahrungsmittelherstellung, Transport, öffentliche Versorger, Viehzucht und Ackerbau. Sie alle sind gekennzeichnet durch einen relativ niedrigen Beitrag zur Wertschöpfung und einen relativ hohen Beitrag zur Umweltbelastung. Das bedeutet aber nicht, daß sie im Jahr 2030 mehr oder weniger abgeschafft sind. Obwohl sie nur noch geringe Marktanteile haben, können sie sehr wohl ökonomisch gesund sein.

Die Verlierer

Es fällt auf, daß es keinen Gesamtsieger gibt. Nicht einem einzigen Sektor gelingt es, in allen vier Szenarien zuzulegen. Das legt den Schluß nahe, daß es keine prinzipiell »sauberen« Branchen gibt, sondern die Strenge der Umweltauflagen darüber entscheidet, wo sich Investitionen am meisten lohnen. Bei den beiden »stark« nachhaltigen Zukunftsbildern kommen Dienstleistungen und Erholung am besten weg, bei den beiden »schwachen« gedeihen

Anteil der Wirtschaftssektoren an der Gesamtproduktion (in Prozent) Tab. 4

Szenario / Thema	1991	»stark zusammen«	»stark allein«	abgewogene Nachhaltigkeit	schwache Nachhaltigkeit
Nahrungsmittel	7,7	2,9	3,4	3,0	2,9
Andere Industrien	4,4	2,1	2,4	11,6	9,5
Chemie	3,9	1,6	1,6	1,9	1,9
Metallindustrie	9,4	8,4	3,8	4,3	13,0
Ölindustrie	2,4	4,6	0,5	0,5	0,6
Energieproduktion	2,0	3,0	0,6	2,5	2,0
öffentliche Versorger	2,3	1,6	1,2	1,2	1,1
Bauindustrie	7,6	4,4	4,6	14,4	16,0
Dienstleistungen	46,6	55,2	65,4	46	40,7
Transport	5,8	4,8	5,4	4,5	4,2
Holz	0,7	0,2	2,4	0,4	1,4
Plastik- und Gummiproduktion	0,9	3,6	0,5	3,0	2,4
Viehzucht	2,2	0,7	0,9	0,8	0,7
Ackerbau	0,3	0,1	0,1	0,1	0,1
Gartenbau	1,2	0,5	0,6	1,6	0,8
Forstwirtschaft	0,3	0,6	0,2	0,8	0,7
Fischerei	0,1	0,1	0,0	0,1	0,0
Entsorgung	0,3	0,2	0,2	0,6	0,6
Erholung	1,8	5,3	6,2	2,9	1,2
Gesamtproduktion in 10^9 Gulden	**1.059**	**1.744**	**1.466**	**2.105**	**2.570**

dagegen der Bausektor sowie kleine und mittelständische Produktionsbetriebe besonders gut. Auch der Entsorgungssektor gehört hier deutlich zu den Gewinnern, während er bei strengeren Umweltauflagen schrumpft – reparaturfreundliche Produkte, eine stark dienstleistungsorientierte Ökonomie und geringe Abfallmengen lassen die Bedeutung dieses Sektors sinken.

Jetzt ist es an der Politik, sich für eine Landkarte zu entscheiden

Natürlich sind die vier durchgerechneten Modelle keine eins-zu-eins-Abbildung der Zukunft – dazu ist die Wirklichkeit viel zu komplex. Dennoch ist deutlich geworden, daß Wirtschaftswachstum und Entlastung der Umwelt prinzipiell parallel laufen können. Die Umwelteffizienz der Niederlande läßt sich in beeindruckender Weise verbessern: Insgesamt kann man hier mit einem Faktor zwischen zwei und vier rechnen. Bei der Bekämpfung des sauren Regens ist sogar ein noch höherer Wert drin, während sich die CO_2- und andere Treibhausgasemissionen als das hartnäckigste Problem erweisen.

Eine massive Förderung von sauberen Technologien, seien es Solaranlagen oder ressourcenschonende Herstellungsmethoden, ist selbst dann sinnvoll, wenn Staat und Gesellschaft sich mit einer »schwachen« Nachhaltigkeit zufrieden geben oder es ihnen gar nur um Wirtschaftswachstum geht. Wie sich solche Techniken am besten unterstützen und auf breiter Basis einführen lassen, sollte ein zentrales Thema der Umweltpolitik sein.

Gleichzeitig ist den Verantwortlichen zu raten, sich nicht zu sehr an den bestehenden Altindustrien und der bisherigen Produktions- und Spezialisierungsstruktur festzuklammern. Das ist manchmal nicht einfach durchzukämpfen, haben doch die etablierten Industriezweige ein gut ausgebautes Lobbywesen und finden schon aus traditioneller Verbundenheit bei vielen Politikern ein offenes Ohr. Marktneulinge mit zukunftsträchtigen Ideen und Produkten haben dagegen keine derartige Verbandsstruktur hinter sich und finden deshalb – sehr zu unrecht – kaum Beachtung. Umweltpolitik sollte aber nicht mit dem Hinweis abgebügelt werden, daß sie den angestammten Branchen schadet und diese im

Marktneulinge mit zukunftsträchtigen Ideen

Wirtschaft auf eine Zukunftsschiene setzen

internationalen Wettbewerb an Boden verlieren könnten. Im Gegenteil: Umweltpolitik sollte als Instrument gesehen werden, um die technologische Entwicklung zu beschleunigen und die Wirtschaft auf eine Zukunftsschiene zu setzen. Dabei muß eine sinnvolle Arbeitsteilung zwischen Ländern und Regionen stattfinden. Nicht jede Lösung ist überall gleich verträglich, wie die oben aufgeführten Beispiele für die Landwirtschaft zeigen.

Die Daten, die der Computer bei der Simulation der vier Nachhaltigkeitswege ausgerechnet hat, belegen, daß die Niederländer sich eine bessere ökologische und ökonomische Situation erarbeiten können, wenn sie einiges Althergebrachtes auf den Sperrmüll werfen und die Produktions- und Spezialisierungsstruktur der Wirtschaft verändern. Die Daten belegen aber auch die Gefahr, daß Umweltbelastungen einfach in andere Länder ausgelagert werden. Deshalb ist eine Stärkung der internationalen Zusammenarbeit in puncto Ökologie dringend angesagt. Bei grenzüberschreitenden Problemen sollten sich Vertreter der Staaten, in denen die Produzenten arbeiten mit denen, in denen die Konsumenten leben, an einen Tisch setzen. Auch indirekt Betroffene, wie z.B. die Anrainer Nordsee, die durch alle möglichen Schadstoffe in Mitleidenschaft gezogen wird, sollten einbezogen werden. Auf jeden Fall bleibt der internationalen Gemeinschaft langfristig gar nichts anderes übrig, als Mindeststandards für den Umweltschutz zu vereinbaren – und zwar sowohl, was international relevante Ökoprobleme angeht, als auch, was nur lokal auftretende Belastungen betrifft.

Doch bei der Frage, welchen Weg der Nachhaltigkeit die Niederlande einschlagen sollen, ist nicht mehr die Wissenschaft, sondern die Politik gefragt. Denn die Gesellschaft muß entscheiden, ob für sie das Wachstum des Bruttosozialprodukts erste Priorität hat oder sie Wohlstand auch noch nach anderen Kriterien beurteilen will. Mehr Zeit für Freunde, den Fußballclub oder Fahrradausflüge sowie bessere Luft in den Innenstädten – all das kann möglicherweise vielen Leuten im Jahr 2030 erstrebenswerter erscheinen als alle paar Jahre eine neue Hifi-Anlage und ein schnelleres Auto.

Literatur

Boer, Margaretha de: *Milieu, Ruimte en Wonen. Tijd voor duurzaamheid.* Den Haag, 1995.

Houghton, J.T./Callander, B.A./Varney, S.K. (Hg.): *Climate change 1992* – (Ergänzungsbericht für das Intergovernmental Panel of Climate Change). Cambridge, 1992.

Keuning, S.J.: »An information system for environmental indicators in relation to the national accounts«, in: W.F.M. de Vries et al. (Hg.), *The valua added of national accounting,* Statistics Netherlands. Voorburg, 1993.

Niederländisches Amt für Wirtschaftsanalyse: *Scanning the Future.* Den Haag, 1992.

Niederländisches Wirtschaftsministerium: *Ruimte voor regio's.* Den Haag, 1995.

Pearce, D./Markandya, A. /Barbier, E.: *Blueprint for a green economy.* London, 1989.

Pearce, D./Barbier, E./Markandya, A.: *Sustainable development: Economics and environment in the third world.* Aldershot, 1990.

Seralgeldin, I./Steer, A. (Hg.): *Making Development Sustainable: From concepts to Action,* Environmentally Sustainable Development Occasional Paper Series No. 2, World Bank. Washington DC, 1994.

Verbruggen, Harmen (Projektleiter): *Duurzame Economische Ontwikkelingsscenario's.* Publikatiereeks Milieustrategie 1996/1, VROM. Den Haag, 1996.

VROM: *National Environmental Policy Plan 2.* Den Haag, 1992.

von Weizsäcker, E.U./Lovins, A.B./Lovins, L.H.: *Faktor Vier, Doppelter Wohlstand – halbierter Naturverbrauch.* München, 1995.

Globalisierung der Menschen

Martin Khor

Wirtschaft auf dem globalen Dorfplatz

Immer schneller rotiert das Geld um den Erdball. Warenaustausch und Investitionen im Ausland wachsen. Kaum ein Fleck, wo die wirtschaftliche Globalisierung noch nicht den Takt bestimmt. Am Ende des 20. Jahrhunderts beeinflußt der Weltmarkt wie kein anderer Faktor die Politik. Besonders massiv sind die Folgen in den sogenannten Drittweltländern zu spüren. Denn die meisten von ihnen sind zu klein und schwach, um Einfluß auf die Spielregeln zu nehmen. Passiv sind sie dem Strudel der Entwicklung ausgeliefert. Die Fortschritte in puncto wirtschaftlicher Eigenständigkeit, die diese Länder nach ihrer politischen Unabhängigkeit gemacht hatten, sind schon wieder verlorengegangen. Statt dessen müssen sie sich wohl oder übel den neuen Vorgaben anpassen.

Weil die Schlagbäume überall geöffnet werden, sehen sich Kleinbauern und -unternehmer auf ihren lokalen Märkten plötzlich mit übermächtigen Konkurrenten aus aller Welt konfrontiert. Und die wollen nicht nur ihre Ware ins Land bringen, sondern gleich vor Ort produzieren. Klar, wer den Wettbewerb fast überall gewinnt. Für einige wenige Länder insbesondere in Asien mag das 21. Jahrhundert bis vor kurzem wie eine Herausforderung gewirkt haben. Schließlich haben sie ihren Wohlstand in den vergangenen Jahren gerade durch geschickte Nutzung der Globalisierungschancen deutlich erhöht. Doch die Finanzkrise, die seit 1997 ein Land nach dem anderen in der Region erfaßt, hat die Hoffnung auf eine stetig wachsende Wirtschaftskurve jäh zerstört.

Klar, wer den Wettbewerb gewinnt

Den meisten Entwicklungsländern haben die Wellen der Globalisierung von Anfang an hohe Kosten und geringen Nutzen gebracht. Sie sorgen dafür, daß die Bevölkerung immer weniger Herr im eigenen Haus ist. Aus der Perspektive der meisten Menschen in der Dritten Welt erscheint das kommende Jahrtausend deshalb als öde, unsicher und beängstigend. Doch fest steht: Die Globalisierung wird sich weiter voranfressen – zumindest in den kommenden Jahren.

Sind die Entwicklungsländer somit zur dauerhaften Passivität verdammt? Um dieser Frage nachzugehen, will ich zunächst die Funktionsweise der wirtschaftlichen Globalisierung analysieren. Danach werde ich aufzeigen, welche Rahmenbedingungen vonnöten sind, damit Entwicklungsländer wieder politisch agieren können.

Die große Freiheit für Finanzen, Handel und Investitionen

Die Globalisierung ist keineswegs ein neuartiges Phänomen. Schon seit fünf Jahrhunderten agieren mächtige Unternehmen in aller Welt. Durch Handel und Produktion haben sie ihren Einfluß immer weiter ausgedehnt. Die Kolonialisierung hat dieser Entwicklung natürlich einen großen Schub versetzt. Doch in den letzten 20 bis 30 Jahren hat die Globalisierung eine neue Qualität erreicht. Sie dehnt sich mit enormer Geschwindigkeit aus. Vor allem die Politik der Liberalisierung, bei der Zölle und Einfuhrbeschränkungen abgeschafft werden und ausländische Investoren und Banker gute Bedingungen vorfinden, gibt diesem Prozeß Schwung. Denn die Liberalisierung potenziert sich gleichsam selbst: Findet der Weltmarkt beim Nachbarn statt, sind schnell auch die eigenen Produkte der globalen Konkurrenz ausgesetzt. Auf den alten Absatzmärkten bestimmen jetzt die weltweit führenden Anbieter den Wettbewerb – meist multinationale Konzerne, deren Zentralen in den Industrieländern angesiedelt sind. Wer sich nicht anpassen kann, geht unter.

Wer sich nicht anpassen kann, geht unter.

Zwar ist diese Entwicklung kein gleichmäßiger Prozeß. Aber die Tendenz ist eindeutig: Macht und Geld konzentrieren sich in den Zentralen der multinationalen Unternehmen, der Banken, Versicherungen und Fonds, die in den Industriestaaten angesiedelt sind. Die Manager dieser Institutionen kassieren astronomische Summen und sorgen dafür, daß Millionen Jobs gestrichen werden – denn Entlassungen treiben fast immer die Aktienkurse in die Höhe.

Die Menschen in den Entwicklungsländern werden in diesem Schleuderprozeß ganz an den Rand gedrängt.

Von den drei Bereichen der Liberalisierung: Finanzen, Handel und Investitionen ist der erste am weitesten fortgeschritten. Dabei hat gerade hier die Entwicklung erst vor gut einem Vierteljahrhundert eingesetzt. Nach dem Zweiten Weltkrieg gab es nämlich zunächst das Bretton-Woods-System, das alle Wechselkurse an den US-Dollar band. Dafür konnten sich die Besitzer von Geldvermögen darauf verlassen, daß die US-Zentralbank ihre Greenbacks jederzeit in Gold umtauschen würde. Devisenspekulanten hatten damals keine Existenzmöglichkeit.

Als die USA dann allerdings ein wachsendes Handelsbilanzdefizit verzeichnete und ihre Goldreserven dahinschmolzen, war die Regierung in Washington nicht länger bereit, das System aufrechtzuerhalten. 1972/73 war Bretton-Woods am Ende. Seither schwanken die Devisenkurse – und die Spekulation mit Währungen wächst beständig. Wurde 1973 an einem durchschnittlichen Tag Geld im Wert von 15 Milliarden Dollar umgetauscht, so waren es 1992 bereits 900 Milliarden Dollar. Und inzwischen hat die Finanzindustrie einen täglichen Umsatz von einer Billion Dollar erreicht. Dabei handelt es sich zu über 98 Prozent um Spekulation. Nur ein winziger Anteil wird dagegen für den Warenhandel umgetauscht.

Die Angst vor dem Crash wächst.

Doch gerade weil der moderne Finanzmarkt ein solch riesiges Volumen erreicht hat und wie eine Anlage kommunizierender Röhren funktioniert, wächst die Angst vor einem Crash. Das System ist fragil. Eine Fehlentwicklung irgendwo auf der Welt kann weitreichende Folgen auch für entfernte Teile auf dem Globus haben. Das belegt gegenwärtig die Ostasienkrise, deren Auswirkungen nicht nur in den Nachbarländern von Thailand, Indonesien, Malaysia und Korea zu spüren sind, sondern inzwischen die Märkte von Lateinamerika erfaßt haben und auch Europa und die USA nicht unberührt lassen.

Auch der Warenhandel hat sich aufgrund der weltweiten Liberalisierung massiv ausgeweitet, wenn auch nicht so explosionsartig wie der Finanzsektor. Im Jahr 1950 verzeichneten die Statistiker Ausfuhren von 61 Milliarden Mark weltweit – jährlich wohlgemerkt. 1970 war das Volumen bereits auf 315 Milliarden Dollar gestiegen und erreichte 1990 dann 3,447 Billionen. Ein immer größerer Teil dessen, was in einem Land hergestellt wird, wird exportiert. Gingen 1950 nur sechs Prozent der Produkte über die

Grenze, so verdoppelte sich dieser Anteil bis 1973 und hatte 1993 schon 16 Prozent des Bruttoinlandprodukts erreicht (Nayyar 1995). Daß es dazu kommen konnte, liegt sowohl an Verträgen zwischen einzelnen Staaten als auch an mehreren Runden des Allgemeinen Zoll- und Handelsabkommens (GATT). Immer ging es darum, Schutzmaßnahmen für die heimischen Märkte abzubauen und damit den Wettbewerb anzukurbeln.

Schließlich bauen immer mehr Unternehmen neue Fabriken fern der Konzernzentrale auf – die zunehmende Liberalisierung bei Direktinvestitionen machte es möglich. Zwar bleiben hier die Industrieländer noch überwiegend unter sich. Doch während in den 80er Jahren erst 17 Prozent der Produktionsstandorte in Entwicklungsländern errichtet wurden, waren es zwischen 1991 und 1995 bereits 32 Prozent. Die Steigerung ist vor allem darauf zurückzuführen, daß nach dem Ende des Kalten Krieges die Gesetze für den Zugang ausländischer Investoren fast überall gelockert wurden. Allerdings konzentrieren sich die Tochterunternehmen der großen Konzerne auf nur wenige Staaten. In den am wenigsten entwickelten Ländern gibt es dagegen so gut wie keine Ansiedlungen. Insofern sind Direktinvestitionen für die Mehrheit dieser Staaten keine bedeutende Einnahmequelle – und so wird es wohl auch erst einmal bleiben.

Das Hauptmerkmal der Globalisierung ist, daß sich die wirtschaftliche Macht in ganz wenigen Unternehmen konzentriert. Wie schwarze Löcher saugen sie kleinere Unternehmen auf, besetzen immer größere Marktanteile und überwuchern ganze Branchen. Vielfach haben sie fast eine Monopolstellung. Und während transnationale Konzerne zuerst nur Weltmarktführer für einzelne Produkte waren, sind sie mittlerweile meist in verschiedenen Bereichen aktiv. Sie stellen eine Vielzahl von Waren her, treiben Handel und bieten verschiedene Dienstleistungen an. Durch ihre Finanzstärke können sie oft die kleinere Konkurrenz an den Rand drücken oder aufsaugen.

Die kleinere Konkurrenz an den Rand drücken oder aufsaugen

Die 200 führenden Multis nahmen 1982 zusammen 3.046 Milliarden Dollar ein – das entspricht 24 Prozent des weltweiten Bruttoinlandsprodukts. 1992 scheffelten sie dann schon 5.862 Milliarden Dollar, die weltweite Wertschöpfung war inzwischen auf 21.900 Milliarden Dollar angestiegen. In nur zehn Jahren hatten diese Riesenbetriebe ihren Anteil weltweiter Umsätze also um 2,8 Prozent erhöht (Clairmont 1996, S. 39). Und die Zeichen stehen weiter auf Konzentration. In jüngster Zeit hat es mehrere Riesenfusionen gegeben, wie z. B. zwischen Travelers und Citicorp, die jetzt eine Art weltweiter Finanz-Supermarktkette bilden und gemeinsam einen Aktienwert von 155 Milliarden Dollar haben; 700 Milliarden Dollar Vermögenswerte stehen unter ihrer Verwaltung. SBC Communications hat für 60 Milliarden Dollar Ameritech gekauft, wodurch die größte lokale Telefongesellschaft der USA entstanden ist, Umsatz: 40 Milliarden Dollar. Weitere Elefantenhochzeiten: AT&T und TCI mit einem Übernahmepreis von 48 Milliarden Dollar sowie Daimler Benz und Chrysler, wo die Mitgift mit etwa 40 Milliarden Dollar veranschlagt wird. Damit sind sie der größte grenzüberschreitende Konzern der Welt. Und schließlich ist da noch der neue Kommunikationsgigant zu nennen, der sich aus Worldcom und MCI gebildet hat sowie die Chemiefirmen Sandoz und Ciba und die Ölfirmen BP und Amoco.

Riesenfusionen und Elefantenhochzeiten

Geld regiert die Welt, Globalisierung die staatliche Politik

Vielleicht ist es die wichtigste Folge dieser Entwicklung, daß die Globalisierung der Politik den Spielraum vorgibt. Während bis vor kurzem die wirtschaftlichen, sozialen, kulturellen und technischen Angelegenheiten weitgehend von einzelstaatlichen Institutionen und im besten Fall von der jeweiligen Bevölkerung geregelt wurden, bestimmen jetzt die Großkonzerne, welche Musik gespielt wird. Die nationale Politik muß in diesem Takt tanzen. Und eine Gesellschaft hat kaum noch Möglichkeiten, ein anderes Konzert oder andere Instrumente zu wählen.

Vor allem die Entwicklungsländer machen die Erfahrung, daß sie fast keine Chance haben, eigenständig Politik zu machen. Sie müssen sich den Vorgaben von Institutionen anpassen, die sie kaum beeinflussen können und die ihnen eher schaden als nützen. Die hochentwickelten Länder, in denen die Konzernzentralen residieren, haben deutlich bessere Karten – vor allem, weil sie die internationalen Wirtschaftsverträge und -organisationen entscheidend prägen. Doch auch hier müssen die Politiker zunehmend feststellen, daß die Macht der Multis ihre Entscheidungskompetenzen immer weiter zurückdrängt.

Die Erosion der nationalstaatlichen Politik hängt unmittelbar mit der Liberalisierung der Märkte zusammen. So haben z. B. die Notenbanken die umlaufende Geldmenge nicht mehr im Griff. Die Währung schwappt mal in großen Mengen über die Grenzen oder fließt in umgekehrter Richtung zurück, bewegt von Spekulanten, Banken und Konzernen. Dabei handelt es sich oft um Summen, die Staatshaushalte wie größere Portokassen erscheinen lassen.

Notenbanken haben die umlaufende Geldmenge nicht mehr im Griff.

Auch die technische Entwicklung rast über staatliche Regelungen hinweg. Beim Satellitenfernsehen, Internet oder bei der elektronischen Post greifen politische Vorschriften fast immer ins Leere, weil ihre Einhaltung kaum oder gar nicht zu kontrollieren ist. So verlieren staatliche Stellen die Hegemonie über die Kultur- und Informationspolitik.

Noch entscheidender aber ist wohl, daß jetzt internationale Institutionen viele öffentliche Angelegenheiten regeln, für die früher die einzelnen Länder zuständig waren. Die Regierungen müssen sich deren Vorgaben beugen und dafür sorgen, daß sie daheim durchgesetzt werden. Drei Organisationen führen hier das Regiment: die Bretton-Woods-Institutionen Weltbank und der Internationale Währungsfonds (IWF) sowie die Welthandelsorganisation WTO, die Nachfolgerin des Allgemeinen Zoll- und Handelsabkommens GATT. Ebenfalls bedeutend, wenn auch mit geringerem Einfluß, ist die UNO. Mit ihren Fachabteilungen, Weltkonferenzen und Konventionen versucht sie, weltweite Probleme wie die drohende Klimaerwärmung oder auch soziale Fragen wie den Schutz von Frauenrechten anzupacken. Ihr Ziel ist es, zumindest einen Grundkonsens herzustellen, um dann nach und nach weltweite Standards zu vereinbaren. Doch in den vergangenen Jahren hat die UNO deutlich an Boden verloren, was wirtschaftliche und soziale Fragen angeht. Dafür haben sich Weltbank, IWF und WTO umso breiter gemacht.

In der Mehrzahl der Entwicklungsländer und auch in vielen Schwellenländern fahren IWF und Weltbank einen rigiden Kurs. Vor allem von Staaten, die umschulden müssen, weil sie Kredite und Zinsen nicht abzahlen können, erzwingen die beiden Bretton-Woods-Institutionen sogenannte Strukturanpassungsprogramme (SAPS). Deren Inhalt wird vor allem in Washington erarbeitet. Ihr Motto: Geld gibt es nur, wenn der Markt regiert. Der Schutz regionaler Märkte ist weitgehend tabu. Oft steht die Privatisierung von Staatsbetrieben ganz oben auf der Forderungsliste. Seit neuerem verlangen IWF und Weltbank allerdings von den Entwicklungsländern auch sozialpolitisches Engagement, z. B. im Gesundheitswesen.

Die Strukturanpassungsprogramme machen den Schuldnern makroökonomische Vorgaben, insbesondere was Inflation und Staatsdefizite angeht. Die Konsequenz derartiger Programme ist in jedem Fall ein Bedeutungsverlust des Staates in wirtschaftlichen Fragen. Dafür gewinnt eine neoliberale Politik an Boden, die von einflußreichen Kreisen in der Ersten Welt vorangetrieben wird.

Auch der »freie« Welthandel verzeichnet enorme Zuwachsraten, seit das GATT einen möglichst grenzenlosen Im- und Export proklamiert hat – zumindest in Bereichen, die für den Norden segensreich sind. Zunächst ging es vor allem um Industriegüter. Mehrere Jahre lang verhandelten die GATT-Mitglieder im Rahmen der Uruguay-Runde auch die Liberalisierung von Dienstleistungen und landwirtschaftlichen Produkten. Der Umgang mit Patenten und Urheberrechten sowie Investitionen sollte ebenfalls geregelt werden. 1994 verabschiedete die Ministerkonferenz in Marrakesch dann feierlich das Abkommen. 1995 ging die neue Welthandelsorganisation WTO an den Start, die die Beschlüsse umsetzen soll. Ihr offizieller Auftrag: allüberall für den freien Welthandel zu sorgen, auf daß die ökonomischen Ressourcen auf dem gesamten Globus optimal genutzt werden. Das werde den Lebensstandard aller Menschen steigern, weil es mehr Arbeit und Einkommen gibt und sich die Wirtschaft so selbst in eine Spirale aufwärts bewegt – so lautet das Versprechen.

Die WTO soll allüberall für den freien Welthandel sorgen.

Was die WTO vorgibt, ist bindend für alle Mitgliedsländer. Sie müssen ihre Gesetze entsprechend anpassen. Staaten, die sich nicht an die Vorgaben halten, riskieren eine Klage. Sträubt sich ein Land nach einer negativen Entscheidung durch die WTO weiter, die Beschlüsse umzusetzen, drohen Strafzölle und Handelssanktionen durch andere Mitglieder. Gerade hierdurch hat die Welthandelsorganisation eine enorme Machtposition bekommen – auf Kosten der nationalen Parlamente und Regierungen.

Mehrere Untersuchungen aus der letzten Zeit kommen zu dem Schluß, daß die Uruguay-Runde keineswegs ein Runder Tisch war, an dem gleichberechtigte Mitglieder Platz genommen hätten. Es war vielmehr eine Veranstaltung, bei der sich die Industrienationen die besseren Karten zugeteilt hatten, während die Entwicklungsländer viele Luschen zugeschoben bekamen. Das Ergebnis war entsprechend ungerecht: Faktisch wurden die Entwicklungsländer gezwungen, ihre Märkte weitaus stärker zu öffnen als die Industrieländer. Die Produkte und Dienstleistungen der Multis überschwemmen jetzt die Märkte des Südens, während die Hersteller dort so schwach sind, daß sie sich kaum im eigenen Land halten können. Von einer Expansion in die Industrieländer im größeren Stil kann schon gar nicht die Rede sein.

Doch das reicht einigen Regierungen im Norden immer noch nicht. Sie machen Vorstöße, die Rechtsprechung der WTO auf zusätzliche Felder auszudehnen. Dabei geht es ihnen u.a. um die Rechte ausländischer Investoren, Wettbewerbspolitik, Regeln der öffentlichen Auftragsvergabe und Sozialstandards für Arbeitnehmer und Umweltschutz. In diesem Zusammenhang ist auch das Multilaterale Investitionsabkommen (MAI) zu sehen, das eigentlich im Frühjahr 1998 verabschiedet werden sollte und im Moment auf Eis liegt. Wenn es in der Form durchkommt, wie es von den 29 Mitgliedsländern der OECD seit 1995 geplant wird, dann nützt es ausschließlich diesen Ländern. Doch sie werden die Entwicklungsländer auffordern – und drängen –, dem Vertrag beizutreten.

Das MAI soll internationalen Investoren einen bisher noch nie dagewesenen Zugang zu allen Märkten verschaffen. Es geht darum, die bisher existierenden 1.600 bilateralen Investitionsverträge zu vereinheitlichen – und zwar so, daß die Großunternehmen überall weitgehend schalten und walten können, wie sie wollen. In fast allen Sektoren sollen sie die Chance haben, neue Fabriken oder Läden aufzubauen oder bestehende Firmen vollständig zu übernehmen. Auf jeden Fall dürfen sie keine schlechteren Bedingungen vorfinden als die einheimischen Investoren, so das zentrale Anliegen des MAI. Der Vertrag soll garantieren, daß Gewinne unbegrenzt und ungeschmälert außer Landes gebracht werden können. Wenn ein Mitgliedsland sich wehrt, kann das sich behindert fühlende ausländische Unternehmen die Regierung vor eine internationale Schiedsstelle zwingen. Bei einem Schuldspruch werden Kompensationszahlungen fällig.

Gewinne sollen unbegrenzt außer Landes gebracht werden können.

Überflüssig darauf hinzuweisen, was eine Unterschrift unter dieses Dokument für die Drittweltländer bedeuten würde: Ihr politischer Spielraum schrumpft noch weiter. Die multinationalen Konzerne werden mit Macht auf die völlig ungeschützten Märkte vordringen und die heimischen Produzenten an die Wand drücken oder aufkaufen. Die Regierungen können nichts dagegen unternehmen, wenn sie dem MAI beigetreten sind. Mit großer Wahrscheinlichkeit handeln sie sich außerdem Zahlungsbilanzprobleme ein. Denn die internationalen Investoren müssen ihre Profite nicht einmal teilweise im Herstellungsland anlegen, sondern können sie mit nach Hause nehmen. Viele Ökonomien würden ausbluten. Trotz dieser absehbaren Malaisen werden die meisten Entwicklungsländer unterschreiben. Sie haben keine andere Wahl.

Viele Ökonomien würden ausbluten.

IWF, Weltbank, OECD und WTO – das also sind die mächtigsten internationalen Organisationen. Aber auch die UNO ist keineswegs bedeutungslos. In den vergangenen fünf Jahren hat sie zahlreiche internationale Konferenzen ausgerichtet:

- im September 1990 in New York den »Weltkindergipfel«,
- im Juni 1992 in Rio de Janeiro den »Erdgipfel«,
- im Juni 1993 in Wien den »Menschenrechtsgipfel«,
- im September 1994 in Kairo die »Weltbevölkerungskonferenz«,
- im März 1995 in Kopenhagen den »Weltsozialgipfel«,
- im September 1995 in Peking die »Weltfrauenkonferenz«,
- im Juni 1996 in Istanbul den »Städtegipfel« Habitat II,
- im Dezember 1997 in Kioto und im November 1998 in Buenos Aires die »Weltklimagipfel«.

Auch die UNO hat völkerrechtlich bindende Vereinbarungen hervorgebracht. Und ihre Konferenzen, die Erarbeitung von Konventionen sowie die Besetzung ihrer Büros läuft deutlich demokratischer und transparenter ab als bei den Bretton-Woods-Institutionen. Außerdem ist es der Anspruch der UNO, in zwei Richtungen zu wirken: zum einen die Globalisierung mitzugestalten, zum anderen den Umgang der Staaten mit ihren Bürgern zu beeinflussen.

Folglich ist das Anliegen der UNO ein anderes als das von IWF, Weltbank und WTO. Während es diesen drei Institutionen nämlich immer nur um Liberalisierung, um die Freiheit der Märkte geht und sie staatliche Stellen auf die Rolle von Statisten zurechtstutzen wollen, stehen die Vereinten Nationen für politisches Eingreifen. Die meisten UNO-Verträge sind von dem Glauben getragen, daß öffentliche Angelegenheiten von nationalstaatlichen und internationalen Institutionen gestaltet werden müssen. In dieser Perspektive gibt es sehr wohl eine Verantwortung der internationalen Gemeinschaft für Arme und Entrechtete. Dahinter steht die Einsicht, daß die Grundversorgung mit Nahrung, Wasser und Bildung sowie die

Achtung der Menschenrechte sich eben nicht automatisch einstellt, wenn nur der freie Markt regiert. Im Gegenteil: Oft behindert gerade der grenzenlos freie Markt ihre Verwirklichung. Das Weltentwicklungsprogramm der UNO (UNDP) legt deshalb jährlich einen Bericht vor, der sich nicht mehr darauf beschränkt, Pro-Kopf-Einkommen als Indikator für gesellschaftlichen Reichtum und menschliche Entwicklung auszuweisen. Vielmehr stehen Lebenserwartung, Analphabetismus und der Anteil der Armen an der Bevölkerung im Zentrum der Betrachtung.

Dennoch hat die UNO in den vergangenen Jahren bei sozialen und wirtschaftlichen Fragen viel Boden verloren gegenüber den Bretton-Woods-Institutionen. Die reichen Länder unterstützen kaum ihr Konzept der Partnerschaft, bei der die reichen Staaten die armen in ihrer Entwicklung unterstützen und es das gemeinsame Ziel ist, die Grundbedürfnisse aller Menschen weltweit zu befriedigen.

Die UNO hat viel Boden verloren.

Zwischen Holperstraße und Rennbahn – die Globalisierung ist ein ungleichmäßiges Wegenetz

Globalisierung ist ein Prozeß, bei dem die Gewinne sehr ungleich verteilt werden. Diese Unwucht führt zu einer Polarisierung der Beteiligten. Auf der einen Seite stehen die – wenigen – Profiteure. Auf der anderen Seite gibt es viele soziale Gruppen und Länder, die die Rechnung dafür bezahlen müssen. Das eine bedingt das andere. Es ist kein Spiel, bei dem es nur Gewinner gibt, so wie die WTO behauptet.

Investitionen, Wachstum und moderne Technologie konzentrieren sich auf ein paar Regionen der Welt – auf Europa, Nordamerika, Japan und die ostasiatischen Tigerstaaten. Eine zweite Gruppe von Ländern profitiert immerhin noch in Maßen von der Globalisierung: Wer Nischen findet, die sich gut in das Muster der Großen einfügen, bekommt vom Kuchen gelegentlich ein Stückchen ab, muß sich dann aber auch immer wieder mit Krümeln zufriedengeben. Doch die Mehrheit der Menschheit ist entweder ganz vom Wachstum abgeschnitten oder an dem Prozeß nur als Verlierer beteiligt. Die armen Länder stecken meist in der Schuldenfalle und können oft nicht für die Befriedigung der Grundbedürfnisse ihrer

Bevölkerung sorgen. Immer weiter öffnet sich der Spalt zwischen Armen und Reichen auf dieser Welt.

Der UNDP-Bericht von 1998 belegt, daß 20 Prozent der Weltbevölkerung 86 Prozent der Güter konsumieren – Tendenz steigend. Sechs Jahre zuvor hatte das reiche Fünftel der Menschheit »nur« 82,7 Prozent verbraucht. Eine Milliarde Menschen kann sich dagegen nicht einmal das Nötigste leisten. Noch ein weiteres Zahlenpaar belegt die rasant wachsende Ungleichheit: 1950 hatte das reichste Fünftel der Menschheit durchschnittlich 30mal so viel zum Leben wie das ärmste Fünftel. Bis 1989 hatte sich der Unterschied verdoppelt: Jetzt verfügt ein Mitglied der oberen 20 Prozent über ein Einkommen, das 60mal so hoch liegt wie das eines Menschen, der zu den unteren 20 Prozent zählt. Und auch diese Entwicklung hat sich in den vergangenen Jahren fortgesetzt.

89 Staaten sind abgerutscht.

Der UNDP-Bericht von 1996 zeigt außerdem, daß sich in den vergangenen 30 Jahren lediglich 15 Länder hoher Wachstumsraten erfreuen konnten, derweil 89 Staaten abgerutscht sind. In 70 Entwicklungsländern lag das Einkommen niedriger als in den 60er und 70er Jahren. Das UNDP konstatiert: »Wenige Länder haben große Gewinne gemacht – auf Kosten der vielen anderen.«

Seit 1980 konnten 15 Länder, die fast alle in Asien liegen, ein noch nie dagewesenes Wirtschaftswachstum verzeichnen. Die Entwicklung der Industrieländer ging im Vergleich dazu langsam vonstatten. Auf der anderen Seite der Wippe ging es dafür auch um so steiler in die Tiefe: Der Niedergang der Wirtschaft in den meisten Ländern Afrikas, Lateinamerikas und auch Asiens war unvergleichlich schlimmer als der während der großen Depression in den 30er Jahren. Und er dauert inzwischen weitaus länger an. Während sich die Industrieländer damals innerhalb von vier oder fünf Jahren weitgehend erholt hatten, stehen heute Hunderte von Millionen Menschen am Abgrund. Eine Besserung ist für sie nicht in Sicht.

Schon 1995 hat Deepak Nayyar auf die »ungleichmäßige Entwicklung« hingewiesen: Die Industrieländer profitieren durchweg von der Globalisierung, doch nur elf Entwicklungsländern gelingt es, die Bedingungen zum eigenen Vorteil zu nutzen. Diese elf wickeln inzwischen 66 Prozent der Exporte aus allen Drittweltländern ab; zwischen 1970 und 1980 hatten sie erst einen Anteil von 30 Prozent. Außerdem saugen sie zwei Drittel des Geldes an, das insgesamt in Drittweltländern investiert wird.

Die Globalisierung fordert einen hohen sozialen und ökologischen Preis

Wo die ganze Welt vor der Tür steht, haben Bürger und Bürgermeister nicht mehr viel zu sagen: Die Globalisierung verschüttet kommunale Entscheidungsspielräume. Es ist eine ganze Reihe von Gruppen, die die negativen Auswirkungen des weltweiten freien Marktes ausbaden müssen:

Globalisierung verschüttet kommunale Entscheidungsspielräume.

- Einzelne Gemeinden und manchmal sogar sämtliche Bewohnerinnen und Bewohner einer Region müssen weichen, weil sie dort leben, wo Großprojekte geplant sind. Die dienen dem Wohlstand aller, und dafür müssen einige zurückstecken, heißt es dann. Bauern und die indigene Bevölkerung verlieren ihren Lebensraum. Ihre Heimat wird geopfert für die Errichtung riesiger Staudämme oder den Abbau von Bodenschätzen. Urwälder verschwinden, damit dort Plantagen Platz haben. In Städten werden häufig die Armen verdrängt, die ihre Hütten ohne Baugenehmigung errichtet haben. Dort entstehen dann Autobahnen, Golfplätze und Hotelanlagen, Bürokomplexe oder schicke Neubauwohnungen.
- Kleinbauern sehen sich mit Massenanbietern konfrontiert, die ihre Ware häufig zu Preisen anbieten, die unter den Herstellungskosten vor Ort liegen. Sie haben die Wahl zwischen Gift und Keule: Verkaufen sie ihre Produkte ebenfalls billiger, verdienen sie kaum noch etwas. Halten sie die Preise, werden sie ihre Ware nicht los. Viele Bauern sind deshalb gezwungen, die Landwirtschaft aufzugeben.
- Angestellte in staatlichen Betrieben oder bei der Verwaltung müssen oft Einkommenseinbußen hinnehmen, wenn ihr Arbeitsbereich privatisiert wird – oder sie werden gleich ganz wegrationalisiert.
- Wo auch die Gesundheits- oder die Wasserversorgung privatisiert wird und sich der Staat aus Wohnungsbaupolitik und Sozialsicherung zurückzieht, fallen Alte, Arme und Kranke durchs Netz. Sie können sich die Marktpreise oft nicht leisten, und so unterbleibt der dringend notwendige Besuch beim Arzt oder sie verlieren das Dach über dem Kopf.
- Weil ihre Eltern sie nicht mehr versorgen können oder sogar umgekehrt auf ihre Unterstützung angewiesen sind, müssen viele

Kinder arbeiten – oft unter unwürdigen Bedingungen. Frauen werden zur Prostitution gezwungen. Sie alle sind Opfer des Systems, das ihnen gar keine Chance auf Selbstbestimmung gibt.

Schere zwischen arm und reich öffnet sich immer mehr.

Parallel zur sozialen Entwicklung, bei der die Schere zwischen arm und reich sich immer weiter öffnet, erleidet auch die Umwelt enorme Verletzungen. Natürliche Ressourcen wie Wälder und die genetische Vielfalt, Bodenschätze und saubere Luft werden gedankenlos vernichtet, verschleudert, verdreckt. Die zunehmende Vergiftung der Umwelt beeinträchtigt gerade auch den armen Teil der Menschheit. Denn sie kann sich kein Mineralwasser aus Flaschen und keine Wohnung im Grünen leisten.

Eine UNEP-Studie, die im April 1997 publiziert wurde und sich mit den Perspektiven der Umwelt weltweit beschäftigt, kommt zu dem Schluß, daß allein in Asien die Probleme eine gigantische Dimension erreicht haben:

- 850 Millionen Hektar Land sind im asiatisch-pazifischen Raum durch menschliche Einwirkungen massiv verschmutzt, erodiert, verbaut. Das sind 24 Prozent der gesamten Fläche in der Region.
- Industrie, Landwirtschaft und Holzhandel haben schon riesige Wälder ausgelöscht. Und von Jahr zu Jahr nimmt ihre Zerstörungskraft zu. Gingen zwischen 1976 und 1981 zwei Millionen Hektar Wald pro Jahr verloren, so hat sich diese Fläche während der 80er Jahre auf 3,9 Millionen Hektar erhöht – und damit fast verdoppelt. Allein im vergangenen Jahrzehnt rodeten die Menschen 6,7 Prozent der Tropenwälder in dieser Weltgegend. Und zugleich gingen 11,1 Prozent der noch verbleibenden Urwälder in Flammen auf oder wurden abgeholzt. Nirgendwo sonst auf der Erde wird dieses wertvolle und unwiederbringliche Erbe so schnell verschleudert wie in Asien.
- Frisches Wasser wird in vielen Ländern Asiens zu einem raren Gut. Allgemein gilt: Wenn jedem Menschen weniger als 1.000 Kubikmeter Trinkwasser im Jahr zur Verfügung stehen, spricht man von Wasserknappheit. In Singapur ist diese Situation schon fast erreicht, und auch Iran und Indien treiben auf einen solchen Zustand zu. Experten gehen davon aus, daß Indien den Punkt der Wasserknappheit bereits vor 2025 erreichen wird. Und auch China wird dann nahe dran sein. Ursache dieser Entwicklung ist nicht nur die wachsende Bevölkerung, sondern auch die Veränderung der Lebens- und Arbeitsbedingungen. Sowohl die

Industrialisierung als auch die Verstädterung erhöhen den Wasserkonsum einer Gesellschaft.

- Der Hunger der asiatischen Wirtschaft nach Energie ist immens: Allein zwischen 1990 und 1992 wuchs der Bedarf nach Strom, Öl und Gas um 3,6 Prozent im Jahr. In vielen Städten ist die Luftverschmutzung so stark, daß sich die Menschen zeitweise nur mit Staubmasken auf die Straßen trauen. Die Belastung der Luft in vielen Betrieben macht die Arbeiter krank. Die Vegetation leidet ebenfalls: Der saure Regen belastet die Wälder und Böden – mit den selben Folgen, die aus Europa bekannt sind.

Belastung der Luft macht die Arbeiter krank.

- Nie waren Pflanzen und Tiere so bedroht wie heute. Die Landwirtschaft hat die biologische Vielfalt vielerorts ausgelöscht. Ununterbrochen werden genetische Ressourcen unwiederbringlich zerstört – und damit auch die Anpassungs- und Widerstandsfähigkeit vieler Arten. In Indonesien sind zwischen 1975 und 1990 etwa 1.500 Reissorten verschwunden. In Indien werden im Jahr 2005 vermutlich dreiviertel aller Reissäcke mit nur zehn verschiedenen Sorten gefüllt sein. Dabei gibt es insgesamt 30.000 kultivierte Reissorten. Die Folgen können verheerend sein: Denn wenn früher die Ernte einer Reissorte durch Krankheit vernichtet wurde, war das für die Versorgung der Menschen nicht weiter schlimm, weil die jeweils produzierte Menge nicht allzu groß war und sich somit auch der Verlust in Grenzen hielt. Doch heute könnte die fehlende Resistenz einer Sorte die Ernte ganzer Landstriche vernichten und somit eine Hungersnot verursachen.
- Dieses Problem trifft aber nicht allein auf die Landwirtschaft zu. Auch der Genverlust in anderen Bereichen, insbesondere bei der Meeresflora und -fauna, ist bedrohlich.
- Die Belastung der Umwelt durch die Verstädterung verläuft parallel zu einer negativen sozialökonomischen Entwicklung: Derweil der Reichtum insgesamt wächst, nimmt zugleich die Armut vieler einzelner zu. In den meisten Metropolen haben sich riesige Slums gebildet, die keinen Anschluß an die Kanalisation und an Frischwasserleitungen haben. Seuchen finden hier einen idealen Nährboden. Und nicht nur die Menschen leiden. Die ungeklärten Abwässer töten oft jedes Leben in den angrenzenden Flüssen.
- Die Verstädterung zerstört außerdem fruchtbares Ackerland. Der Boden wird versiegelt – mit negativen Auswirkungen für das Grundwasser und viele Tier- und Pflanzenarten. Häufig muß das

Trinkwasser von weit her antransportiert werden – es fehlt dann in den Regionen, wo es abgezapft wird. Wo viele Menschen sind, sind heutzutage viele Autos und meist auch Fabriken: Die Luftbelastung ist immens. Und um sich Baumaterial für ihre Häuser zu besorgen, schlagen die Menschen Holz – doch meist, ohne zum Ausgleich neue Bäume anzupflanzen.

Die Liberalisierung schafft Freiräume und Zwänge

Die Drittweltländer stehen in einem Dilemma: Entweder schließen sie sich der Weltmarktkarawane an – in der Hoffnung, auf diese Weise auch Vorteile für die eigenen Produzenten und Konsumenten zu ergattern. Oder sie halten die Schlagbäume an den Grenzen weitgehend geschlossen und integrieren sich nur vorsichtig in den Weltmarkt, um die Risiken für die eigene Wirtschaft herunterzusetzen. Entscheiden sie sich allerdings für den zweiten Weg, so ist ihnen die strafende Kritik der Weltwirtschaftsinstitutionen sicher. Die werden ihnen immer wieder predigen, daß sie durch Abschottung ihre wirtschaftliche Entwicklung verspielen und den Anschluß an das allgemeine Wirtschaftswachstum verpassen.

Strafende Kritik der Weltwirtschaftsinstitutionen

Die zentrale Frage ist, ob die Entwicklungsländer den Liberalisierungsprozeß in der Weltökonomie, der weitgehend von außen an sie herangetragen wird, auch positiv für sich nutzen können. Ist es möglich, im Troß mitzulaufen und gleichzeitig zu verhindern, daß die eigene Gesellschaft auseinanderfliegt?

Die Gefahr ist groß, daß die Menschen in den Entwicklungsländern durch den Druck von IWF und Weltbank völlig vergessen, wie sie sich selbst ihre Zukunft vorstellen. Im Sauseschritt rennen viele Regierungen hinter den Anforderungen des Weltmarkts her. Gegen diesen Zwang scheint es kein Gegenmittel zu geben.

Doch statt mit dieser rasanten Liberalisierung Schritt halten zu wollen, scheint ein bedachtes Vorgehen weitaus angemessener. Auf die Balance kommt es an. Ziel einer verantwortungsvollen Politik muß es sein, die Grenzen so weit aufzumachen, daß die Konsumenten auf dem Weltmarkt einkaufen können, ohne daß dadurch die heimische Wirtschaft austrocknet und insbesondere kleine Hersteller keine Überlebenschance haben.

Ein paar ostasiatischen Ländern ist es gelungen, mit Hilfe der

Globalisierung ihr Bruttoinlandsprodukt zu erhöhen. Sie haben ihre Produktion heraufgeschraubt und die Waren günstig auf den Weltmarkt geworfen. Der Export war der Motor ihres Erfolgs. Allerdings ist diese Erfahrung nicht einfach auf andere Entwicklungsländer zu übertragen. Erste Voraussetzung für diesen Weg war nämlich, daß diese Volkswirtschaften nicht hochverschuldet waren und sie sich deshalb nicht den Vorgaben der internationalen Finanzorganisationen beugen mußten. So konnten sie sich ihre eigene Entwicklungsstrategie zurechtschustern. Zum einen übernahm der Staat selbst eine bedeutende ökonomische Rolle, zum anderen beschlossen die Regierungen strenge Vorschriften für die Industrie. Außerdem schirmten sie erst einmal den Binnenmarkt durch Zölle und Importbeschränkungen vor zu starker Konkurrenz von außen ab. Nach und nach ließen sie dann auch internationale Hersteller auf den heimischen Markt – jedoch nur insoweit es die eigenen Hersteller verkraften konnten.

Die meisten Entwicklungsländer können diesen Weg nicht kopieren: Sie sind durch ihre Schulden an die Vorgaben von IWF und Weltbank gefesselt. Und die beiden Institutionen halten nichts davon, daß der Staat eine starke Rolle in der Wirtschaft übernimmt und die Zölle nach Belieben hebt und senkt. Diesen Ländern gelingt es nicht, von der Globalisierung zu profitieren. Im Gegenteil.

Durch Schulden an Vorgaben von IWF und Weltbank gefesselt

Doch auch in einigen ostasiatischen Ländern brach der stetige Aufwärtstrend in der zweiten Jahreshälfte 1997 jäh ab. Eine schwere Finanzkrise erfaßte zunächst Thailand und Indonesien, führte zu einer erzwungenen Abwertung ihrer Währungen und zog schließlich andere Länder mit in den Abwärtsstrudel. Inzwischen ist auch die »reale Wirtschaft« massiv betroffen. Der Hauptgrund der Krise liegt in der zu raschen Liberalisierung der Finanzsysteme, die nicht genügend auf die neue Situation vorbereitet waren. Große Kapitalsummen in Form von Investmentfonds und kurzfristigen Darlehen überschwemmten die Märkte und finanzierten Firmen und Projekte, die nicht auf Export angelegt waren. Riesige Bürokomplexe schossen überall in den Himmel, das Privateigentum wuchs und die Spekulation mit Aktien florierte. Plötzlich sahen sich die ostasiatischen Länder Währungsattacken ausgesetzt und mit einem schnellen Abzug des ausländischen Kapitals von den Börsen konfrontiert. Südkorea, Thailand und Indonesien sind jetzt plötzlich mit Schuldenbergen konfrontiert – und müssen sich nun ebenfalls unter die Knute des IWF beugen. So sind die ostasiatischen Länder ein Beispiel für zweierlei: Zum einen haben sie belegt, daß ein geschickter Umgang mit der Liberalisierung der Weltmärkte durchaus von Vorteil für sich entwickelnde Länder sein kann. Zum anderen aber zeigt sich an den Tigerstaaten auch, daß die rasant eingeführte Freizügigkeit auf den Finanzmärkten zu fatalen Entwicklungen führt – und die neue Wirtschaftskraft wie ein Kartenhaus zusammenklappen lassen kann.

Die UNO-Konferenz für Welthandel und Entwicklung (UNCTAD) hat Chancen und Risiken der Globalisierung 1996 in einem Bericht zusammengestellt. Positiv verzeichnet werden:

- Die Handelsmöglichkeiten haben sich aufgrund der Uruguay-Runde erweitert. Exportländer können davon profitieren, weil sowohl in Entwicklungs- als auch in Industrieländern die Zölle gesenkt werden. Das Welttextilabkommen, das den Bekleidungsexport aus Entwicklungsländern begrenzt, wird auslaufen. Außerdem kann die Landwirtschaft mancherorts profitieren, und der Dienstleistungssektor erhält neue Impulse.
- Die Möglichkeiten, Entwicklung durch internationales Privatkapital zu finanzieren, haben sich verbessert. Seit Beginn der 90er Jahre fließt zunehmend Geld nach Asien und zum Teil nach Lateinamerika – in Form von Darlehen, Anlage- und Investmentfonds sowie durch Aktienemissionen. Doch investiert wird fast nur dort, wo es keine bedeutenden staatlichen Schuldenprobleme gibt.
- Immer mehr Länder lassen zu, daß Ausländer Fabriken betreiben, Gebäude bauen und Immobilien besitzen. Schließlich gibt es international mehr Kapital, Wissen und Erfahrung als innerhalb der Grenzen eines Landes.
- Auch die Kooperationen zwischen den Entwicklungsländern werden reger.

Die UNCTAD warnt aber auch:

Globalisierung frißt die politischen Handlungsspielräume nationaler Regierungen auf.

- Es besteht die Gefahr, daß Globalisierung und internationale Vereinbarungen wie die WTO die politischen Handlungsspielräume der nationalen Regierungen auffressen. Gerade in den Entwicklungsländern ist die Zahl der Weggabelungen, an denen sich der Gesetzgeber für einen von mehreren möglichen Pfaden entscheiden kann, sehr gering geworden. So verlieren Entwicklungsländer immer mehr die Steuerungsmöglichkeiten über Inflation, Arbeitsmarkt und Produktion. Wer sich auch nur an einigen Punkten von der weltweiten Entwicklung abkoppeln will, riskiert, daß das internationale Kapital sofort abgezogen wird. Und schließlich ist es schwierig, eine Volkswirtschaft anders als parallel zur internationalen Preis- und Nachfrageentwicklung zu steuern, weil der inländische Markt nicht mehr unabhängig davon funktioniert.

- Die Öffnung der Finanzmärkte birgt das Risiko, daß die produzierende Wirtschaft ins Wanken gerät. Besonders asiatische und lateinamerikanische Länder haben hier schon schmerzhafte Erfahrungen gesammelt. Die Flüchtigkeit des internationalen Anlagekapitals führt dazu, daß mal gigantische Summen ins Land kommen, die dann ebenso schnell wieder abgezogen werden, wenn die Stimmung der Anleger umschlägt oder sie sich von einer solchen Operation Gewinne versprechen.

Die Flüchtigkeit des internationalen Anlagekapitals

Bei unbegrenzt umtauschbaren Währungen verlieren die Regierungen fast jedes Instrument, sich vor finanzkräftigen Spekulanten zu schützen. So müssen sie vielleicht die Zinsen heraufsetzen, um für die Anleger attraktiv zu bleiben, auch wenn das die Konjunktur im Inland abwürgt. Oder Regierungen werten die eigene Währung ab, damit die Waren aus ihrem Land auf dem Weltmarkt billiger werden – womit sie ihre Konkurrenten unter Druck setzen. Die sehen dann oft keine andere Chance als nachzuziehen. Auch bei hoher Staatsverschuldung können die Länder zwischen Pest und Cholera wählen: Wenn die Defizite nicht mehr gedeckt werden können, ist eine deutliche Abwertung oft unvermeidlich. Doch die heizt die Inflation an.

Gerade die wenig entwickelten Länder haben kaum Chancen, von der Globalisierung zu profitieren. Traditionelle Produzenten können kaum gegen die Massenware aus dem Ausland konkurrieren – geschweige denn, daß sie selbst auf dem Weltmarkt ihre Waren zu Preisen loswerden, die dem Herstellungsaufwand angemessen sind. Viele Rohstoffe sind in den vergangenen Jahren immer billiger geworden. So sind die Einkünfte vieler Drittweltstaaten immer weiter gesunken – und damit auch ihre Kreditwürdigkeit.

Es ist eine Spirale abwärts. Für eine Modernisierung der Produktion müssen Maschinen aus dem Ausland angeschafft werden. Doch die sind teuer. Die Verschuldung wächst und damit die Abhängigkeit. Der Staat kann den heimischen Unternehmern immer weniger Unterstützung geben, schon weil er nur geringe Steuereinkünfte hat.

Obwohl der UNCTAD-Report einige Folgen der Globalisierung klar aufzeigt, ist er doch weit davon entfernt, ein umfassendes Bild zu vermitteln. Klar wird immerhin eines: Viele, vielleicht sogar die meisten Entwicklungsländer verstricken sich in einem Netz von Problemen beim Versuch, in der Globalisierung zu überleben oder darin Wachstumschancen zu finden. Selbst die stärkeren Länder wie die ostasiatischen Tiger schaffen es nicht, eine gesunde Balance zu finden, wie sich an der Finanzkrise seit Herbst 1997 zeigt.

Eines kommt zum anderen: Die hohe Staatsverschuldung ist oft Ursache von Fehlentwicklungen und später auch wieder deren Folge auf höherem Niveau. Es hapert an der Infrastruktur, und doch ist kein oder nur teuer zu beschaffendes Geld da, um sie auszubauen. Das gleiche gilt für die Errichtung von Produktionsstätten, die dem Weltmarkt standhalten können. Aufgrund der niedrigen Rohstoffpreise sind die Einnahmen der Staatskasse gering. Die Regierung muß Kredite aufnehmen. Der Abwärtsstrudel dreht sich weiter.

Doch nicht nur die Entwicklungsländer stehen in der Gefahr, daß ihrer Wirtschaft der Boden entzogen wird. Die Entwicklungen im Finanzsystem gefährden die Stabilität der gesamten Weltökonomie. Es begann Mitte 1997 mit der Abwertung des thailändischen Baht. Der Sturm fegte dann weiter über verschiedene andere ostasiatische Länder, riß Südkorea, Hongkong und Japan mit und erreichte 1998 auch Länder in ganz anderen Weltgegenden wie Rußland, Südafrika und mehrere lateinamerikanische Länder. Auch die reichen Länder Westeuropas und die USA sind inzwischen nicht mehr unberührt von dem Geschehen. Schon ist von einer neuen Weltwirtschaftkrise die Rede.

Die Krise zeigt, welche Gefahr der einmal aus der Flasche herausgelassene Geist der Finanzmärkte entwickelt. In den vergangenen Jahren haben Börsen, Banken und Anleger eine Vielzahl neuer Instrumente ersonnen. Zum Beispiel Optionsscheine: Dabei kaufen die Anleger einen Wettschein auf künftige Aktien- und Devisenkurse. Den lösen sie aber nur bei günstiger Kursentwicklung ein und lassen ihn ansonsten verfallen. Die Kosten reduzieren sich in diesem Fall auf den (vergleichsweise billigen) Kaufpreis für den Optionsschein. Bei für sie positiver Entwicklung machen sie dagegen Kasse: ein vielfaches ihres Einsatzes.

Zum Beispiel Optionsscheine

Mit solchen neuartigen Finanzinstrumenten können die Investoren riesige Mengen Geld bewegen – viel mehr, als sie zunächst besitzen und bei einem unmittelbaren Devisentausch einsetzen könnten. Möglich wurde das aber nur dadurch, daß die staatlichen und politischen Stellen zuvor ihre Regelungskompetenz weitgehend aus der Hand gegeben hatten.

Gesucht wird: eine durchsetzungsfähige und demokratische Weltregierung

Wenn das 21. Jahrhundert für die Entwicklungsländer nicht zur grenzenlosen Ödnis werden soll, dann müssen sie den Raum bekommen, ihre eigene Wirtschaft zu stärken. Ihre Gesellschaften müssen sich wieder selbst organisieren können. Und außerdem ist sicherzustellen, daß der Überlebenskampf nicht die ökologischen Grundlagen für die Zukunft zerstört.

Um so etwas Wirklichkeit werden zu lassen, müssen zunächst einmal die internationalen Beziehungen und Institutionen demokratisiert werden. Nur dann kann der Süden aus seiner Rolle als politischer Statist herauskommen und aktiv eingreifen. Die UNO-Position müßte gestärkt werden, derweil IWF, Weltbank und WTO so umzustrukturieren sind, daß sie eine größere Verantwortung gegenüber der Gesellschaft und den Armen übernehmen. Wirtschafts- und Finanzreformen sind erforderlich – und zwar auf internationaler Ebene. Rohstoffe dürfen nicht länger zu Spottpreisen verhökert, sondern müssen angemessen bezahlt werden. Ein Schuldenerlaß ist vielfach unumgänglich, damit es überhaupt wieder Handlungsalternativen gibt. All das zielt darauf ab, den sich öffnenden Spalt zwischen Armen und Reichen wieder zuzuschütten. Ganz oben auf der Tagesordnung der notwendigen Reformen stehen die WTO-Regeln sowie die politischen Institutionen, die in Konfliktfällen schlichten sollen. Ohne sie gibt es keine Möglichkeit für Drittweltländer, zwischen verschiedenen Zukunftswegen zu entscheiden.

Schuldenerlaß ist unumgänglich.

NGOs aus dem Süden verwenden viel Zeit und Energie darauf, in ihren Gesellschaften und Staaten demokratische Grundregeln einzuklagen. Sie wollen dafür sorgen, daß die Bevölkerung am politischen Prozeß teilnimmt. Sie engagieren sich in sozialen Bewegungen, damit die Menschen wieder über ihr Land und ihre Rohstoffe verfügen und ihr Recht auf Gesundheitsvorsorge und ausreichende Ernährung wahrnehmen können. Es geht den NGOs aber auch um Sicherheit, ausreichenden Wohnraum und eine Umwelt, in der auch die Urenkel gut leben können. All das ist notwendig für eine Nachhaltigkeit, die ihren Namen verdient.

Der Kampf muß aber parallel auch auf internationaler Ebene ausgefochten werden, wo der Mangel an Demokratie so offensichtlich ist. Gleiche Mitbestimmungsrechte für alle Länder in den suprastaatlichen Institutionen sind ebenso wichtig wie die für alle Bürger auf nationaler Ebene.

Das Agieren der großen Wirtschaftsmächte, zu denen neben den Bretton-Woods-Institutionen und der WTO auch internationale Banken und multinationale Konzerne gehören, muß öffentlich gemacht werden. Es ist entscheidend, daß die Folgen ihres Tuns, das die Entwicklungsländer so außerordentlich berührt, allseits klar werden. Und auch die *black box* der Entscheidungsfindung muß geöffnet und ausgeleuchtet werden. Vertreter gesellschaftlicher Interessen sollen sich beteiligen können, wenn die Kriterien festgelegt werden, nach denen diese Institutionen handeln.

Nicht nur Regierungen von Entwicklungsländern, sondern auch Vertreter von Gemeinden sind zu beteiligen, wenn es um die Ausarbeitung oder Einschätzung von Entwicklungsprogrammen geht. Die Öffentlichkeit hat ein Recht auf Beteiligung, weil sie die Folgen von Fehlentscheidungen ausbaden muß. Ohne eine solche Beteiligung ist eine Reform der Weltwirtschaft ausgeschlossen.

Die UNO muß mehr Gewicht bekommen

An keiner Institution sind so viele Länder beteiligt wie an der UNO, keine ist so demokratisch organisiert. Sie muß deshalb die nötigen Mittel bekommen, um nicht nur ihre Arbeit fortsetzen zu können, sondern auch ein klareres Profil zu gewinnen. Ihr Auftrag heißt: Entwicklung. Die Tendenz der vergangenen Jahre, in denen die UNO faktisch immer mehr Macht an WTO, IWF und Weltbank verloren hat, muß umgedreht werden.

Zuerst sollten die Industrieländer ihre Zahlungsverpflichtungen einhalten.

Zuerst einmal sollten die Industrieländer, die – wie vor allem die USA – ihre Zahlungsverpflichtungen nicht einhalten, endlich mit der Kasse überkommen. Sie müssen anerkennen, daß die UNO eine wertvolle Rolle spielt, wenn es um die soziale und entwicklungspolitische Dimension des rasanten weltweiten Wandels geht. Überall auf der Welt, aber ganz besonders in den Entwicklungsländern, fordern die Menschen, daß diese Fragen nicht zu kurz kommen – ja, im Gegenteil, wieder ins Zentrum gerückt werden. Denn die Alternative ist grausam: Läuft alles so weiter wie bisher, nähert sich die Welt einem Zustand an, in dem für Abweichungen und souveräne Entscheidungen kein Platz ist. Der Wirtschaftsliberalismus macht sich zum Monopol.

Nur mit Hilfe eines immensen Bedeutungszuwachses kann es der UNO gelingen, eine Pufferzone gegen den alles niederwalzenden Wirtschaftsliberalismus aufzubauen. Doch im Grunde geht es um mehr: Die ungerechte Verteilung des Reichtums muß abgebaut werden. Die UNO muß einen gewaltigen Sprung machen – weg von der Sorge, die erst einsetzt, wenn die Menschen schon in absoluter Not sind, hin zur Vorsorge. Es gilt, die Ursachen von Armut, Ungleichheit, sozialen Spannungen und mangelnder Nachhaltigkeit zu bekämpfen. Je mehr sich die UNO-Politik diesem Grundsatz verpflichtet, um so mehr Wahlmöglichkeiten haben die Entwicklungsländer.

Die UNO muß fortfahren, sich für die Interessen und Rechte der Entwicklungsländer stark zu machen. Sie muß eine Welt der Chancengleichheit auf ihre Fahne schreiben und die Menschen- und Entwicklungsrechte hochhalten. Natürlich besteht die Gefahr, daß sich in den UNO-Büros und im UNO-Sekretariat konservative politische Kräfte breitmachen, denen vor allem daran gelegen ist, der Wirtschaft freien Lauf zu lassen, oder denen es allenfalls darum geht, die schlimmsten Folgen einer solchen Entwicklung zu lindern. Die UNO muß deshalb an ihren Auftrag erinnert werden. Sie muß sich zum Anwalt konkreter Programme machen, die auf nachhaltige Entwicklung abzielen. Wenn die UNO hier zu lasch ist oder vom Weg abkommt, verliert sie ihre Glaubwürdigkeit. Und mit ihrer Glaubwürdigkeit wäre auch ihre Existenzberechtigung dahin.

Wenn die UNO zu lasch ist, verliert sie ihre Glaubwürdigkeit.

Gemeinsam sind sie stark: vernetzte Entwicklungsländer

Einzeln können die Entwicklungsländer wenig ausrichten. Doch wenn sie zusammen marschieren, dann haben sie eine gewisse Macht – sowohl politisch als auch auf dem Weltmarkt. Die sollten sie nutzen, um ein demokratischeres System der Weltgesellschaft durchzusetzen. Und in den vergangenen Jahren haben die Länder des Südens ja auch auf verschiedenen Kongressen und Konferenzen gemeinsam bekundet, daß der UNO gerade in Zeiten der Wirtschaftsliberalisierung eine wichtigere Rolle im Chor der Weltorganisationen zukommt. Als der Handels- und Entwicklungsausschuß im September 1995 tagte, ergriff der Kolumbianer Guillermo Alberto Gonzalez das Wort. Er forderte im Namen der Entwicklungsländer, die sich zur Gruppe der 77 zusammengeschlossen haben, und im Namen Chinas: Die UNCTAD muß ein Gegengewicht bilden gegenüber den Bretton-Woods-Organisationen. Nur so kann eine Welt voll neuer, pfiffiger Ideen entstehen, in der die Menschen neue ungeahnte Wege ausprobieren. Die Alternative ist eine Autobahn ohne Abfahrt, auf der für Fußgänger schon mal gar kein Platz ist.

Die Alternative ist eine Autobahn ohne Abfahrt.

Doch aus Sicht der Entwicklungsländer geht es um noch mehr. Sie müssen sich nicht nur dafür einsetzen, daß der Bedeutungsschwund der UNO umgedreht wird, sondern auch eine intensive Zusammenarbeit von Süd zu Süd ankurbeln. Das kann zum einen mit Hilfe von UNO-Abteilungen wie UNDP oder UNCTAD geschehen, aber auch unter Ausschluß des Rests der Welt in eigenen Organisationen. Diese Kooperationen sollten in jedem Fall dafür sorgen, daß Handel, Investitionen und Kommunikation enger verzahnt werden – sei es zwischen zwei Staaten, die einen eigenen Vertrag abschließen, oder auch zwischen einzelnen Regionen.

An internationalen Wirtschaftsreformen führt kein Weg vorbei

Damit die Entwicklungsländer wieder Entscheidungsalternativen bekommen, müssen vor allem die Koordinaten der Ökonomie neu gesetzt werden. Das Ansinnen darf nicht als extremistisch abqualifiziert werden. Denn das gegenwärtige Weltwirtschaftssystem ist völlig ungleichgewichtig. Alles konzentriert sich auf die Investitionen, die Produktion und den Handel von multinationalen Konzernen sowie die internationalen Institutionen, die das Interesse des Nordens weltweit durchsetzen.

Rohstoffe, Produkte und auch Geld im Wert von insgesamt 300 bis 400 Milliarden Dollar fließen Jahr für Jahr von Süd nach Nord; die Hilfe aus dem Norden in umgekehrter Richtung erreicht dagegen gerade einmal 50 Milliarden Dollar. Bei einer solchen Ausblutung des Südens verwundert es nicht, daß die Entwicklungsländer praktisch keine Chance haben, eine nachhaltige Wirtschaft aufzubauen, selbst wenn es ihr fester Wille wäre. Der Kurs muß geändert werden. Und zwar sofort.

Der Kurs muß sofort geändert werden.

Vordringlich ist es, die Handelsbedingungen für Exportgüter radikal zu ändern. Bisher sind Rohstoffe billig und bringen den Drittweltländern wenig Geld in die Kasse. Häufig sind die Preise sogar in letzter Zeit noch weiter abgesackt. Umgekehrt sind die zu Maschinen und anderen Produkten verarbeiteten Rohstoffe teuer – und machen Firmen wie Privatleute in der Ersten Welt reich und immer reicher. Dieser Trend läßt sich auch mit Zahlen belegen, die die UNO zusammengetragen hat. Im Afrika südlich der Sahara beispielsweise verschlechterte sich der Wert der Waren, die in der Region selbst hergestellt werden, gegenüber den Importgütern allein in den 80er Jahren um 28 Prozent. Oder anders gesagt: Wo eigene Produkte 1980 noch einen Gegenwert von 100 Maschinen- oder Bauteilen hatten, bekam man zehn Jahre später für die gleiche Menge nur noch 72. Hierdurch gingen allein im Jahr 1989 den Menschen im südlichen Afrika 16 Milliarden US-Dollar verloren – das entspricht 9,1 Prozent des addierten Bruttoinlandsprodukts. Für 15 Länder, die wesentlich unabhängiger und wohlhabender sind als die armen südafrikanischen Länder, sah es ebenfalls düster aus: Auch für Argentinien, Bolivien, Brasilien, Chile, Ecuador, die Elfenbeinküste, Kolumbien, Marokko, Mexiko, Nigeria, Peru, die Philippinen, Uruguay, Venezuela und das damals noch existierende Gesamtjugoslawien entwickelte sich das Werteverhältnis der eigenen Waren gegenüber den Importen sehr ungünstig. Wenn man ihre volkswirtschaftlichen Daten zusammenzählt, kommt auch hier ein Minus von 28 Prozent heraus. Allein 1989 bedeutete das einen Einnahmeausfall von 45 Milliarden Dollar – 5,6 Prozent des gemeinsamen Bruttoinlandsproduktes.

Wenn die Rohstoffpreise niedrig sind, können die Löcher in der

Kasse nur gestopft werden, indem umso mehr Bodenschätze gefördert, Holz geschlagen oder Kaffee angebaut wird. Die Ressourcen schwinden noch schneller als zuvor. Nur mit Kostenwahrheit kann diese katastrophale Entwicklung gestoppt werden. Erst wenn die Preise sowohl die wirklichen Förder- und Herstellungskosten als auch den ökologischen Wert widerspiegeln, ist eine faire und umweltpolitisch vertretbare Weltordnung in Sicht.

Um der näherzukommen, muß dringend eine neue Welthandelsorganisation gegründet werden – und zwar unter dem Dach der UNCTAD. Sie muß demokratisch aufgebaut sein und für ein ausgeglichenes Nord-Süd-Verhältnis einstehen. Diese Organisation soll den Freiraum schaffen, daß die Entwicklungsländer wieder stärker Herren in den eigenen Häusern werden und außerdem bessere Handelskonditionen auf dem Weltmarkt vorfinden. Das nützt nicht nur den Menschen in der Dritten Welt und schafft größere Verteilungsgerechtigkeit. Auch die Erde und ihre natürlichen Schätze werden geschont. Die Devise heißt also: Preise rauf, Förder- und Exportvolumen runter. Voraussetzung dafür aber ist eine UNCTAD, die sowohl mit schärferen politischen Zähnen als auch mehr ökologischem Sachverstand ausgestattet ist.

Preise rauf, Förder- und Exportvolumen runter

Ein anderer Punkt, der unbedingt angegangen werden muß, ist die immense Verschuldung vieler Länder. Zinsen und Tilgung knebeln viele Regierungen und versperren jeden politischen Handlungsraum. Um die Schulden zu bedienen, werden wichtige Ressourcen verschleudert und notwendige Investitionen für eine dauerhaft gesunde Wirtschaft nicht angegangen. Immerhin hat die Weltbank eine Initiative gestartet, um für die ärmsten Länder Schuldenerleichterungen zu ermöglichen. Das war ein Schritt in die richtige Richtung. Doch die jüngste Finanzkrise zeigt erneut, daß die Schuldenfalle schon wieder neue Opfer gefunden hat.

Tatsächlich hat die UNO zusammen mit dem Süden früher mehrmals versucht, faire Handelsbedingungen und einen Technologietransfer von Nord nach Süd durchzusetzen. Doch in den frühen 90er Jahren versandeten diese Ansätze vollständig, und die Industrieländer drängen darauf, das multilaterale Investitionsabkommen (MAI) durchzusetzen. Wenn es durchkommt, können viele Regierungen im Süden einpacken, weil sie nicht mehr bestimmen können, wer unter welchen Bedingungen in ihrem Staat investieren darf. Sie sollten das Abkommen auf keinen Fall unterschreiben. Und die OECD-Länder sollten sie nicht dazu zwingen.

Kehrtwende in die Zukunft

Seit dem ersten Umwelt-Gipfel in Rio 1992 gibt es immerhin für Länder die Möglichkeit, auf ökologischer Ebene weltweit zusammenzuarbeiten. Doch die internationale Diskussion kann nur dann zu einem befriedigenden Ergebnis führen, wenn sie in einem Netzwerk gleicher Partner stattfindet und der Norden nicht abermals versucht, mit Macht den eigenen Vorteil gegenüber dem Süden durchzusetzen. Alle sollten akzeptieren, daß die Erste Welt die Hauptlast tragen muß – sowohl was die Finanzen angeht als auch bei der Entwicklung von energie- und rohstoffsparenden Produktionsformen. Das ist auch nur gerecht. Denn die Erste Welt ist schließlich für den Großteil der Umweltprobleme verantwortlich. Außerdem verfügt allein sie über die finanziellen Möglichkeiten für einen derartigen Umbau. Und schließlich kann hier durch Reduzierung von Produktion und Konsum am meisten eingespart werden.

Die Erste Welt muß die Hauptlast tragen.

Im 21. Jahrhundert müssen sowohl Politiker als auch die Bevölkerung sich endlich so verhalten, daß die Menschen im 22. Jahrhundert eine saubere Umwelt und ausreichende Versorgungsmöglichkeiten vorfinden. Es geht nicht nur darum, den Entwicklungsweg der Dritten Welt in Frage zu stellen. Viel zentraler ist es, das Entwicklungsmodell der Ersten Welt und die Weltwirtschaftsordnung zu verändern. Schlüsselfragen dabei sind:

- Wie ist ein grundsätzlicher Wandel des nördlichen Produktions-, Konsum- und Lebensstils möglich?
- Wie erreicht man im Süden Entwicklungsmodelle, die sowohl ökologisch als auch sozial verträglich sind?
- Wie kriegt man einen Umbau der Weltwirtschaftsinstitutionen hin, so daß die Ausblutung des Südens zugunsten eines immer fetteren Nordens gestoppt wird?
- Wie können die Lasten für den notwendigen Umweltschutz gerecht verteilt werden – sowohl zwischen den verschiedenen Ländern als auch innerhalb der einzelnen Gesellschaften?

Ein Wandel auf einzelstaatlicher Ebene ist allerdings ebenso unabdingbar. Sowohl im Norden als auch im Süden muß die Einkommensschere innerhalb der Länder wieder stärker geschlossen werden. Denn wo mehr Gerechtigkeit herrscht, haben auch soziale und ökologische Ziele bessere Chancen.

In Drittweltländern steht eine Agrarreform, der Zugang zu Wasser, Gesundheitsversorgung, Wohnraum und Bildung ganz oben auf der Agenda. Höchste Priorität der Wirtschaftspolitik sollte die Beschaffung von Grundnahrungsmitteln und anderen Gütern des täglichen Bedarfs haben, die den Menschen unmittelbar nützen. Außerdem gefördert werden sollte ein bezahlbarer Bus- und Bahnverkehr sowie kulturelle Aktivitäten von unten. Private und staatliche Investitionen müssen sich an diesen Zielen ausrichten und dürfen nicht, wie bisher, gigantischen Luxusprojekten verpflichtet sein. Bei denen geht es oft genug um nichts anderes als um Statussymbole, mit denen sich die Mächtigen selbst ein Denkmal setzen wollen.

Eine sozial gerechtere Verteilung der Wirtschaftsgüter muß einhergehen mit einer umweltschonenderen Produktion, die mit weniger Energie und Rohstoffen auskommt. Bei der Herstellung von Produkten muß strikt darauf geachtet werden, daß möglichst keine giftigen oder sonstwie gefährlichen Substanzen zum Einsatz kommen. Strenge Grenzwerte sind hier gefragt – schon damit die gefährliche Abfallmenge überschaubar bleibt. Die Reduzierung der Produktion und des Exports könnte aufgefangen werden, indem die Preise steigen. Das wäre sowieso nur fair und angemessen. Die industrielle Landwirtschaft sollte abgelöst werden von einem Ackerbau, der der Erosion keinen Vorschub leistet, auf variantenreichem Saatgut basiert, mit Wasser sparsam umgeht und keine großen Mengen Pestizide auf die Felder kippt. Wenn nur Nahrungsmittel und wenig nachwachsende Rohstoffe angebaut werden, muß nicht noch mehr Wald geopfert werden. Denn vor allem natürliche Wälder sind zu schützen – auch aus menschlichem Eigennutz. Denn sie sind ein riesiges genetisches Reservoir und schützen das Klima. Schließlich muß dieses Prinzip auch aufs Meer angewandt werden. Kilometerlange Schleppnetze sind sofort aus dem Verkehr zu ziehen und durch eine Fischerei zu ersetzen, die nur mit kleinen Booten und Netzen arbeitet. Dann haben die Meerestierpopulationen die Chance, sich zu regenerieren, und für die Menschheit ist das Nahrungsangebot auch langfristig gesichert.

Kilometerlange Schleppnetze sofort aus dem Verkehr ziehen

Eine solche Wende in der Wirtschaft ist aber nicht zu schaffen ohne die Beteiligung der gesamten Menschheit, ohne den starken Willen einer aufgeklärten Öffentlichkeit. Deshalb ist es unabdingbar, daß sowohl die Medien als auch Kindergärten, Schulen, Universitäten und Erwachsenenbildungsprogramme einbezogen werden. Und es muß institutionell verbürgte Möglichkeiten für die Bevölkerung geben, ihre Sichtweise den Regierenden und politisch Aktiven nachdrücklich zu vermitteln.

Dieses Konzept ist nur im Paket zu haben. Eine nachhaltige Entwicklung ist weder ohne soziale Gerechtigkeit, noch ohne Ökologie oder Demokratie denkbar. Eine Politik, die nur auf Verteilungsgerechtigkeit abzielt, könnte der Umwelt weiter schaden. Und umgekehrt könnte eine rein ökologisch motivierte Politik die soziale Ungleichheit noch verschärfen. Das Konzept muß außerdem gleichermaßen von unten und von oben, also von den Bürgern und Institutionen, angegangen werden – und das auf nationaler und internationaler Ebene.

Erste Schritte gegen die Strukturanpassungsprogramme

Die »Segnungen« der Globalisierung sind, wie oben gezeigt, vor allem durch Strukturanpassungsprogramme von IWF und Weltbank über mehr als 80 Entwicklungsländer hereingebrochen. Sie haben dort für enorme Unzufriedenheit und Unruhe gesorgt – bis hin zu Straßenkämpfen. Die Gegner einer derartigen Politik sitzen nicht nur in den Regierungen der Entwicklungsländer. Auch zahlreiche NGOs sowohl im Süden als auch im Norden engagieren sich gegen die wirtschaftlich und sozial fatalen Vorgaben aus Washington. Im Vorfeld des UNO-Kongresses für soziale Entwicklung, der im März 1995 in Kopenhagen stattfand, meldeten sich viele Gegner der IWF- und Weltbankprogramme lautstark zu Wort und sorgten dafür, daß sie ein zentrales Thema auf der Versammlung selbst wurden. Sie argumentierten, daß gerade die Strukturanpassungsprogramme das Gegenteil von dem erreichten, was sie vorgeben, erreichen zu wollen: sozialen und wirtschaftlichen Fortschritt. Eine Entschuldung der armen Länder sei dagegen der entscheidende erste Schritt.

Strukturanpassungsprogramme verhindern den sozialen Fortschritt.

Die Versammlung in Kopenhagen war gut besucht: 117 Staatsoberhäupter oder hohe Minister waren angereist. Sie unterzeichneten für ihre Länder eine Erklärung, die auf die Schwächen der Bretton-Woods-Programme hinweist. Damit war das Papier ein Novum: Zum ersten Mal wurde auf internationaler Ebene offiziell festgehalten, daß die Strukturanpassungsprogramme von Weltbank und IWF soziale Zielsetzungen nur unzureichend berücksichtigen. Letztlich ist die Erklärung von Kopenhagen das Eingeständnis, daß das bisher verfolgte »Sicherheitsnetzmodell« versagt hat. Das besagte: Die Marktwirtschaft soll freien Lauf haben – und wo die sozialen Schäden zu groß werden, wird mit Entwicklungshilfe ein bißchen ausgeglichen.

In der dänischen Hauptstadt wurden damals Korrekturen verabredet: In die Programme der Bretton-Woods-Organisationen sollen soziale Interessen von Anfang an eingewebt werden, damit eine Schadensbegrenzung im nachhinein gar nicht nötig wird. In der gegenwärtigen Krise in Südostasien muß sich der neue Kurs jetzt konkretisieren. Nur wenn die Situation jedes einzelnen Landes berücksichtigt und eine sinnvolle Lösung für die Staatsverschuldung gefunden wird, können die Entwicklungsländer über ihren Weg in die Zukunft zumindest mitbestimmen.

Offenheit statt Gemauschel – eine WTO-Reform tut not

Wo sich die Macht zusammenballt, sollte man mitmischen. Die WTO prägt zunehmend die Lebens- und Wirtschaftsbedingungen in den Entwicklungsländern. Deshalb müssen sie Einfluß auf deren Politik gewinnen. Das bestehende Ungleichgewicht zwischen Industrie- und Entwicklungsländern bei der Formulierung der WTO-Politik muß ein Ende haben. Gemeinsam sollten sich die Drittweltländer widersetzen, wenn es darum geht, der WTO weitere Kompetenzen zuzuschanzen.

Zunächst einmal muß die WTO berechenbarer werden. Offenheit statt Gemauschel, so das Motto. Wie Entscheidungen zustande kommen, muß sowohl für die Regierungen als auch die Öffentlichkeit durchschaubar werden. In den kommenden Jahren steht eine Überprüfung der bestehenden Verabredungen an. Diese Chance muß genutzt werden. Denn die bisherigen Regeln bevorzugen die großen Handelsnationen auf Kosten der kleineren und schwächeren Länder. Konkret: Die Regeln über die Landwirtschaft haben die Interessen der Kleinbauern mißachtet, obwohl sie gerade in Drittweltländern einen Großteil der Bevölkerung ausmachen.

Die Interessen der Kleinbauern werden mißachtet.

Statt Plantagen und Farmen zu fördern sollte das Ziel der WTO-Politik sein, weltweit für eine sichere Nahrungsgrundlage zu sorgen. Und dafür ist eine nachhaltige Landwirtschaft mit oft kleinteiligen Strukturen viel besser geeignet.

Auch die Patentregeln gehören auf den Prüfstand. Im Kauderwelsch der WTO heißen sie offiziell »handelsbezogene Schutzrechte für geistiges Eigentum« (TRIPS). Sie wurden von den Industrienationen in das Regelwerk aufgenommen, weil die multinationalen Konzerne darauf gedrängt hatten. Sie wollten sicherstellen, daß ihre Monopolstellung auf vielen Gebieten auch in Zukunft gesichert ist. Zum einen werden mit Patenten mögliche Rivalen auf dem Weltmarkt abgewürgt, bevor sie sich entfalten können. Zum anderen zwingen die Großunternehmen die Kundschaft, bei ihnen einzukaufen oder auf die entsprechende Technik zu verzichten. In einer derart luxuriösen Situation verlangen die Konzerne oft überhöhte Preise für ihre Produkte.

Die Patentregeln der WTO gehören auf den Prüfstand.

Die Patentrechte der WTO sind so formuliert, daß sie von allen Teilnehmerregierungen in nationales Recht übertragen werden müssen. Faktisch herrscht damit weltweit ein Patentstandard, der fast dem der USA entspricht. Die Regeln sind nicht nur verheerend für die Wirtschaft vieler Entwicklungsländer. Sie sind auch ökologisch fatal, weil technische Neuerungen zwar theoretisch verfügbar, tatsächlich aber für viele Länder unbezahlbar sind. Zugesagte Umweltstandards können deshalb oft schwer oder gar nicht eingehalten werden.

Mit den TRIPS läßt sich sogar Leben patentieren. Viele NGOs kritisieren die Möglichkeit, veränderte Gensequenzen, Pflanzen, Tiere, Zellstrukturen und sogar Teile des menschlichen Körpers nicht als Entdeckung zu behandeln – womit sie der gesamten Menschheit zugänglich blieben –, sondern als »Erfindung« zu reklamieren. Dies sei unmoralisch, widerspreche der Gerechtigkeit, behindere Entwicklung und Umweltschutz, argumentieren sie.

Derlei Fragen werden immer dringender, weil die Gentechnik in den vergangenen Jahren schnelle Fortschritte gemacht hat. Geklonte Tiere und der Verkauf von gentechnisch veränderten Lebensmitteln gehören inzwischen fast zum Alltag. Entwicklungsländer sollten sich eindeutig gegen die Patentierung von Leben – in welcher Form auch immer – entscheiden können. Sie sollten im Gegenteil Unterstützung finden, wenn sie Alternativen zu genormtem Saatgut suchen. Das uralte Wissen der Bauern gilt es zu erhalten und vor Biopiraten zu schützen, die die jahrhundertealte Züchtungsarbeit einfach als ihr Eigentum reklamieren.

Ein Beispiel dafür ist Basmatireis. Ein texanischer Konzern hat indische Reissaat gekauft, sie mit anderen Reispflanzen gekreuzt und ein Ergebnis erzielt, das sowohl vom Aussehen als auch vom Geschmack her Basmatireis entspricht. Danach hat die Firma sich die Sorte unter dem Titel »US-Basmatireis« patentieren lassen und will jetzt weltweit Lizenzgebühren dafür durchsetzen – WTO macht's möglich. Aus all diesen Gründen ist die WTO dringend zu reformieren. Dabei muß das Prinzip gelten: Die gemeinsame Verantwortung wird ungleich stark verteilt. Die reichen und starken Länder müssen mehr zahlen als die armen – ohne daß sie deshalb das Recht hätten, auch mehr zu bestimmen.

Das MAI muß weg

Gegenwärtig sieht es so aus, als sei es gelungen, das Multilaterale Investitionsabkommen MAI endgültig zu begraben. Nicht nur Bedenken insbesondere aus Frankreich, das um seine kulturelle Autonomie fürchtet, haben verhindert, daß das MAI im Frühjahr 1998 verabschiedet wurde. Die kanadische Ratsversammlung hat beispielsweise zusammen mit anderen Gruppen vor einem drohenden Souveränitätsverlust gewarnt, sollte die Regierung das MAI unterschreiben. Die Regierung in Ottawa hat daraufhin gebeten, die Reichweite des MAI in ihrem Land zu beschränken; sonst könne sie dem Vertrag nicht zustimmen. Auch in anderen OECD-Ländern ist der Widerstand gegen das Abkommen gewachsen: In Frankreich, USA, Großbritannien, Dänemark, Norwegen, Holland und Deutschland sind Anti-MAI-Gruppen aktiv. Und ebenso hat die Arbeit von NGOs und Gewerkschaften in aller Welt dazu beigetragen, daß der Vertrag noch nicht unter Dach und Fach ist. Die Kritik richtet sich nicht nur gegen die sozialen und kulturellen Gefahren, sondern warnt auch vor den Folgen für die Umwelt. Im April 1998 legten die OECD-Länder den Vertragsentwurf erst einmal für sechs Monate auf Eis, und im Oktober beschlossen sie, ihn tunlicherweise dort liegen zu lassen. Inzwischen ist immer häufiger davon die Rede, daß ein dem MAI vergleichbares Abkommen nun unter dem Dach der WTO ausgehandelt werden soll.

Vor drohendem Souveränitätsverlust wird gewarnt.

Die Anti-MAI-Kampagne ist ermutigend. Sie hat gezeigt, daß Bürgerinitiativen und zivilgesellschaftliches Engagement auch im Weltmaßstab Einfluß haben. Voraussetzung für einen Erfolg ist eine gute Organisation und intensive Vernetzung der Basisgruppen.

Innehalten und nachdenken: Die Liberalisierung darf kein Selbstläufer sein

Die Menschen in der Dritten Welt sollten ihre Erfahrungen mit der Liberalisierung ernst nehmen und sich überlegen, welcher Mix von Staat und Markt für sie selbst gut ist. Unumstritten ist, daß eine Volkswirtschaft nur in einem gesunden makroökonomischen Umfeld gedeihen kann. Doch was »gesund« konkret heißt und wie man einen solchen Zustand herstellt, darüber gehen die Meinungen himmelweit auseinander.

Die orthodoxe Lehre des Liberalismus hält den Staat für den größten Krankmacher einer Wirtschaft. Deshalb solle er sich so weit wie möglich aus allem raushalten und der Privatinitiative das Feld überlassen, lautet ihre Schlußfolgerung. An die Drittweltländer richten die Vertreter dieser Position die Forderung, ihre Einfuhrzölle zu senken oder am besten ganz abzuschaffen und Importe nicht durch Höchstmengen oder andere Vorgaben zu behindern. Die Philosophie der Liberalen: Die neue Konkurrenz von außen wird die inländischen Hersteller dazu zwingen, veraltete Produktionsweisen aufzugeben und sich auf Weltmarktniveau zu begeben. Das nütze den Verbrauchern und kurbele die Wirtschaft an.

Die Philosophie der Liberalen

Doch die Wirklichkeit sieht anders aus, wie viele Entwicklungsländer schmerzlich erfahren haben. Viele Staaten, die in einer Art Schocktherapie ihre heimische Wirtschaft dem Weltmarkt ausgesetzt haben, haben eine Rezession statt des erhofften Wachstums erlebt. Das Vakuum, das durch den plötzlichen Rückzug des Staates und seiner Vorgaben entstanden ist, hat zu Entlassungen und Arbeitslosigkeit geführt. Die Nachfrage brach ein. Neue Entlassungen und Deflation waren die Folgen. Werden auch noch die Subventionen für Nahrungsmittel gestrichen, kommt es nicht selten zu Unruhen. Und wenn sich der Staat aus der Gesundheitsversorgung, der Bildung und der sozialen Sicherung zurückzieht, müssen viele

Menschen auf diese Leistungen verzichten, weil sie ein rein privatwirtschaftliches System nicht bezahlen können. So erweist sich die Liberalisierung nicht wie versprochen als Wunderheilmittel, sondern eher als Gift. Natürlich ist das aufgezeigte Szenario vereinfacht. Aber von der Tendenz her haben viele Länder derlei Erfahrungen gemacht. Und auch wissenschaftliche Untersuchungen und Fallstudien über einzelne Staaten belegen die Zusammenhänge.

In den Entwicklungsländern muß eine Balance zwischen Markt und Staat gefunden werden.

Die politisch Verantwortlichen in Entwicklungsländern haben eine heikle Aufgabe: Sie müssen eine Balance finden zwischen Markt und Staat. Im Jahr 1996 haben die beiden hervorragenden Ökonomen Amit Bhaduri und Deepak Nayyar aus Indien eine Studie über ihr Land vorgelegt. Entgegen dem ultraliberalen Modell »Einfach-alles-laufen-lassen« schreiben sie nicht nur dem Markt, sondern gleichermaßen auch dem Staat eine Schlüsselrolle bei der ökonomischen Entwicklung eines Landes zu. Wörtlich heißt es bei ihnen: »Es ist unstrittig, daß ein ungezügeltes Eingreifen des Staates im Namen der Verteilungsgerechtigkeit sich langfristig oft katastrophal auswirkt ... Andererseits sind rein marktwirtschaftliche Lösungen häufig unbarmherzig gegenüber den Armen. Aus dem Versagen eines Staates darf nicht geschlossen werden, daß ein ausschließliches Vertrauen auf den freien Markt besser ist.« Die Untersuchung kommt zu dem Ergebnis, daß es weltweit weder im 19. noch im 20. Jahrhundert ein Beispiel für eine erfolgreiche Spätindustrialisierung gibt, bei der der Staat nicht deutlich nachgeholfen hat – sei es in Form von Schutzzöllen oder in Form von Direkthilfen an die heimischen Produzenten. »Es ist vermessen anzunehmen, daß allein der Markt mit ausschließlicher Hilfe von profitorientierten Konzernen es schaffen kann, ein relativ rückständiges Land wie Indien zu industrialisieren.« Amit Bhaduri und Deepak Nayyar warnen vor einem zu schnellen Abbau von Handelsbarrieren. Das könnte die Industrien ganzer Regionen lahmlegen: »Der Glaube, daß die Märkte am besten wissen, was für die Wirtschaft gut ist, und staatliche Eingriffe den Prozeß der Industrialisierung hemmen, läßt sich bei Betrachtung der Wirklichkeit nicht aufrechterhalten. Im Gegenteil: Betrachtet man die Länder, die sich in der zweiten Hälfte unseres Jahrhunderts industrialisiert haben, so wird deutlich, daß gerade eine relativ massive Intervention des Staates die Grundlage dafür geschaffen hat, daß diese Nachzügler noch auf den Zug der Industrialisierung aufspringen konnten.«

Die beiden Wissenschaftler zeigen weiter, daß nur ein aktiver Staat Voraussetzungen für eine erfolgreiche Entwicklung schaffen kann: Er muß für den Aufbau einer funktionierenden Infrastruktur in Form von Telefonleitungen, Verkehrs- und Stromnetzen sorgen, sich um die Ausbildung breiter Bevölkerungsschichten kümmern und oft auch eine Agrarreform durchführen, damit das Kulturland besser genutzt werden kann. Solange die Pflanze der heimischen Wirtschaft noch zart ist, braucht sie Schutz gegen die kalten Winde des Weltmarkts. Zölle und Einfuhrbeschränkungen können hier nützlich sein. Später dann, wenn die Industrialisierung ein gutes Stück vorangekommen ist, muß sich die Rolle des Staates ändern. Jetzt muß er funktionaler, institutioneller oder strategischer handeln. Was das genau heißt, soll im folgenden kurz erläutert werden.

Aufbau einer funktionierenden Infrastruktur

- Ein funktionales Eingreifen zielt darauf ab, ein schiefes Preisgefüge zu korrigieren. Eine solche Situation kann z. B. durch Spekulation entstehen, wenn von jetzt auf gleich riesige Summen einer Währung, bestimmter Aktien oder Staatsanleihen nachgefragt werden, ohne daß es in der realen Wirtschaft eine Entsprechung für diesen Boom gibt.
- Mit einer institutionellen Intervention geht es um die Reglementierung des Marktes – also darum, die Spielregeln festzulegen. Der Rahmen wird definiert, in dem sich die Teilnehmer bewegen dürfen. Parallel dazu entstehen Institutionen, die auf die Einhaltung der Vorgaben achten. Einige Beispiele: Damit nicht alles aus dem Gleis läuft, muß die Privatisierung der Eisenbahn mit dem Erlaß von Sicherheitsvorschriften einhergehen. Wenn der Industrie die Regelung bestimmter Probleme überlassen wird, muß zugleich gewährleistet sein, daß es nicht zu Monopolbildungen kommt. Und wenn die Grenzen für Waren aus dem Ausland geöffnet werden, muß der Staat dafür sorgen, daß keine Dumping-Produkte den heimischen Markt kaputtmachen.
- Schließlich gibt es auch noch ein Eingreifen aus strategischen Gründen. Dabei geht es darum, gute Ausgangsbedingungen im Hinblick auf langfristige Zukunftschancen zu schaffen. Die Japaner haben vorgemacht, wie so etwas geht: Der Yen war lange Zeit stark unterbewertet. Dadurch waren Autos und Kameras made in Nippon außerordentlich billig und somit auf dem Weltmarkt im Vorteil. Auch die Zinspolitik kann vom Staat strategisch einge-

setzt werden. Denn sowohl für Investitionen als auch für die Staatsverschuldung ist es enorm wichtig, ob Geld billig zu haben ist. Und schließlich kann der Staat auch auf bescheidenerer Ebene agieren: Unterbindet er z. B. die Werbung für bestimmte Produkte oder beschränkt die Nutzung ausländischer Markennamen, so haben inländische Produkte eher die Chance, sich einen Namen zu machen und längerfristig durchzusetzen.

In der Quintessenz bedeutet das: Klug eingesetzt können staatliche Regeln dem Markt durchaus nützen. Oft ermöglichen sie ihn überhaupt erst.

Die Suche nach neuen Entwicklungswegen

Ein Blick zurück macht klar, daß ein stures Weitermarschieren auf dem eingeschlagenen Weg vor die Wand führt. Die wohl wichtigste Aufgabe der Menschheit in den nächsten Jahrzehnten ist es, Ideen zu entwickeln, wie eine nachhaltige Entwicklung konkret aussieht und umgesetzt werden kann. Wirtschaft, Umwelt und Gesellschaft müssen dabei immer gemeinsam und in ihren Wechselwirkungen in den Blick genommen werden. Denn isolierte Ansätze, die vielleicht ökologisch sinnvoll sind, aber die Interessen der Menschen in der Region mißachten, können nicht nachhaltig sein – weil sie auf keinen Fall von Dauer sein werden. Theoretisch haben viele Leute das auch schon verstanden. Jetzt geht es um die praktische Umsetzung.

Vorsorge für die Umwelt ist auch ökonomisch notwendig.

Dabei muß den Politikern klar gemacht werden, daß Vorsorge für die Umwelt auch ökonomisch notwendig ist. Wer heute Grundwasser und Boden verdreckt, muß morgen weitaus mehr zahlen, um sie wieder sauberzumachen, als heute notwendig wäre, um den Schaden zu verhindern. Ökonomie und Ökologie sind keine Gegensätze, sondern im Gegenteil aufeinander angewiesen. Dauerhafte Entwicklung ist undenkbar ohne eine langfristige Integration dieser beiden Bereiche.

Positive Beispiele sollten bekannt gemacht und an die große Glocke gehängt werden, um Entscheidungsträger davon zu überzeugen, daß es sich bei dem Konzept nicht nur um ein Extrakt allfälliger Sonntagsreden handelt. Außerdem muß das Rad nicht immer neu erfunden werden. Was in einer Region mit Erfolg praktiziert wird, kann in angepaßter Form auch anderswo der richtige Weg sein. Wenn die heutige Maxime »Wirtschaftswachstum um jeden Preis« erst abgelöst ist durch die Leitidee »nachhaltige Entwicklung für Mensch und Umwelt«, dann gibt es auch gute Chancen, die internationalen Institutionen entsprechend umzubauen.

Bilanz am Ende des 20. Jahrhunderts

Die Welt am Ende des 20. Jahrhunderts ist weit entfernt von Frieden und Gerechtigkeit. Daran hat auch das Ende des Kalten Krieges nichts ändern können. Im Gegenteil: Der Westen hat den Zusammenbruch seiner Gegenmacht zu einem triumphalen Durchmarsch genutzt. Zentrale Triebfedern dabei sind Macht und Gier. Finanz- und Wirtschaftslobbyisten haben die Regierungen in ihren Ursprungsländern unter Druck gesetzt, damit sie die letzten Grenzen für Handel und Investitionen schleifen. Und sie verlangen einen noch einfacheren Durchgriff auf Rohstoffe und natürliche Ressourcen. Von der Freiheit der Wirtschaft kann dabei ernsthaft nicht die Rede sein. Denn tatsächlich geht es meist um die Absicherungen von monopolartigen Systemen.

Konkret funktioniert das wie ein Dominospiel. Die multinationalen Konzerne und ihre Manager treiben die nördlichen Regierungen vor sich her, die wiederum die internationalen Organisationen unter Druck setzen. Die Finanzkrise in Ostasien hat diesem Karussell weiteren Schwung gegeben. Mehrere als Vorbilder gepriesene Staaten sind aus der Bahn geflogen: Millionen Menschen haben ihre Arbeit verloren, die Armutsraten sind hochgeschnellt. Gesellschaft und Politik sind aus ihrer Verankerung gerissen.

Der Kontrollverlust über die Währung und das gesamte Finanzsystem untergräbt Handel, Investitionen und jede Entwicklungsperspektive. Doch diese letzten Ereignisse sind nur der Endpunkt einer langen Entwicklung, die die Drittweltländer in immer stärkere Abhängigkeit und Armut geführt hat. Die hochgepriesene Liberalisierung im Weltmaßstab stürzt die Erde und ihre Bewohner tatsächlich in einen düsteren Zustand. Eine Art Apartheidsystem breitet sich aus, bei dem ein paar Reiche sich immer mehr aneignen und die Mehrheit ausgeschlossen bleibt.

Eine Art Apartheidsystem breitet sich aus.

Die Vision für eine wünschenswerte Zukunft

Doch die Situation ist nicht tiefschwarz. Denn der Widerstand wächst sowohl in den Entwicklungsländern als auch unter Menschen in der Ersten Welt, die selbst häufig genug eher zu den Verlierern zählen. Viele Kommunen wollen keine weitere Macht an irgendeine Zentrale abgeben, sondern die Kontrolle über die Landverteilung oder den Ressourcenverkauf vor Ort behalten. Auch die Kampagne gegen die Patentierung von Leben und gegen das MAI sind international vernetzt und machen immer mehr Menschen klar, wie empörend und undemokratisch in den internationalen Institutionen verfahren wird. Die Rieseninstitutionen WTO, IWF und Weltbank, aber auch OECD, G7 und die großen Banken müssen durchschaubarer werden. Und es ist wichtig, daß hier basisnähere Gruppen und Organisationen Einfluß gewinnen.

Tausende von Gruppen überall auf der Erde engagieren sich für eine andere Weltordnung. Gerade beim Thema IWF und Weltbank gibt es bereits heute Dutzende von Kooperationen zwischen NGOs aus dem Norden und Süden. Auch gegen Genmanipulation insbesondere bei Nahrungspflanzen wehren sich inzwischen Menschen auf der ganzen Welt. Und dank des Engagements vieler Gruppen gegen das MAI wissen inzwischen viele Leute über die Gefahren Bescheid. Ob ihre Arbeit die Verabschiedung des Vertrags allerdings verhindern kann, ist fraglich.

Dennoch: Diese Anstrengung von ganz normalen Menschen ohne hohe Positionen und ihr Zusammenschluß zu Gruppen ist ein Eckpfeiler einer Entwicklung, bei der die Technik und der Markt im Dienste der Nutzer stehen und nicht umgekehrt. In einer Welt, die nach solchen Kriterien funktioniert, werden die Drittweltländer auch nicht mehr länger als reine Rohstofflager im Dienste der Industrienationen angesehen, die anschließend für teures Geld die daraus hergestellten Produkte kaufen müssen und durch zunehmende Verschuldung immer abhängiger werden. Statt dessen geht es um einen Weg, bei dem die Macht von unten ausgeht. Die Länder des Südens brauchen eine solidarische Begleitung auf ihrem Weg zur Nachhaltigkeit. Wie dieser Weg aussieht – das herauszufinden sollte ihnen überlassen bleiben. Wenn die Drittweltländer den Zeitpunkt und das Maß für die Öffnung ihrer Märkte selbst bestimmen können – ohne Druck von Seiten der OECD der des IWF –, dann werden sie einen für sie günstigen Zeitpunkt wählen. Auch der

Es geht um einen Weg, bei dem die Macht von unten ausgeht.

Umfang des Zollabbaus wird sich nach der Situation der Wirtschaft vor Ort richten. Und eine kluge Zusammenarbeit mit anderen Ländern kann ebenfalls zu mehr Wohlstand führen.

Auch innerstaatlich wird auf Dauer die Macht von unten ausgehen müssen: der Staat als Diener seiner Bürger und nicht als Büttel der Reichen und der Industrie. Voraussetzung dafür ist allerdings, daß die Menschen und ihre Gemeindevertreter sich nachdrücklich genug organisieren, um ihre Interessen dem Staat gegenüber vorbringen und durchsetzen zu können, – ein Prozeß, der schließlich über die Ebene der nationalen Regierungen hinaus auch die Höhen der transnationalen Institutionen erreichen müßte.

Höchstes Ziel ist dann die Erfüllung der Grundbedürfnisse aller und eine Ordnung, bei der jede Frau und jeder Mann eine Chance hat, ihre und seine Interessen in den Entscheidungsprozeß einzubringen. In diesem Fall ist eine sichere und langfristige Balance zwischen Markt und Menschenrechten denkbar. Die Wahrscheinlichkeit, daß bei einem solchen von unten aufgebauten Konzept etwas Tragfähiges herauskommt, ist unvergleichlich viel größer als bei der jetzigen Weltordnung. Es geht dann nicht mehr länger um eine Globalisierung der Märkte, sondern um eine »Globalisierung der Menschen«. Die Länder können friedlich nebeneinander bestehen – in gleichberechtigtem Austausch, der die Unterschiede anerkennt.

Es geht um die Globalisierung der Menschen.

Ob diese Vision nur ein Traum bleibt, hängt wesentlich von uns allen ab. Wenn sich überall auf der Welt Menschen für einen solchen Wandel einsetzen, gibt es eine reelle Chance.

Selbstbesinnung in Lateinamerika

Henri Acselrad

Ansätze für neue Entwicklungslinien

Lateinamerika – ein Kontinent im Aufbruch, Zukunftsmarkt, unerschöpfliche Naturressource oder Öko-Katastrophe mit globalen Folgen? Extreme sind schnell zur Hand, wenn es um die Beschreibung des lateinamerikanischen Status quo geht. Aber die Realität ist weit komplexer, als es die gängigen Bilder und Schlagworte vermuten lassen. Nur wenn wir uns die zentralen Fakten vergegenwärtigen, können wir auch Ansätze für neue Entwicklungslinien finden.

Lateinamerika umfaßt etwa 14 Prozent der Gesamtfläche der Erde. Es besteht aus 46 Ländern und Territorien auf einer Fläche von rund 21 Millionen Quadratkilometern. Zehn Prozent der Weltbevölkerung leben hier, etwa 480 Millionen Menschen, davon 200 Millionen unterhalb der Armutsgrenze. Die krassen sozialen Ungerechtigkeiten haben sich in den letzten Jahren weiter verstärkt: Während das Einkommen der reichsten Bevölkerungsgruppen zwischen 1990 und 1994 um zehn Prozent wuchs, stagnierte das der ärmsten 40 Prozent auf niedrigstem Niveau.

Alle entwicklungspolitischen Strategien nach dem Zweiten Weltkrieg haben an den grundlegenden Bedingungen von Armut und sozialer Ungleichheit nichts geändert. Schlimmer noch: Die Schuldenkrise, die Öffnung der Märkte und die verstärkte Exportorientierung der Produktion führten außerdem zur zunehmenden Zerstörung der Umwelt, oder besser gesagt: der natürlichen Grundlagen der wirtschaftlichen Prosperität. Diese Entwicklung ist das vorerst letzte Kapitel einer jahrhundertelangen Geschichte, die zunächst geprägt war von der kolonialen Ausbeutung der natürlichen Ressourcen, dann durch eine auf Sklavenarbeit beruhende, umweltzerstörerische Landwirtschaft und schließlich durch die Entwicklung von Industrien, die von Technologieimporten und subventionierter Energie abhingen.

Die Naturräume Lateinamerikas

Lateinamerika weist im Hinblick auf seine naturräumlichen Bedingungen eine große Vielfalt auf. Diese reicht von den sogenannten neo-arktischen Bergregionen Nordmexikos über das Amazonasgebiet mit den größten Tropenwäldern der Erde bis zu den subantarktischen Landschaften im Süden Chiles und Argentiniens. Nach biologischen, topographischen und hydrologischen Merkmalen läßt sich der Kontinent in sieben große Naturräume gliedern, die ganz unterschiedliche Lebensbedingungen mit sich bringen:

Latainamerika läßt sich in sieben große Naturräume gliedern.

- *Tropische Regenwälder:* Die Charakteristika dieses Ökosystems variieren je nach Höhenlage und Niederschlagsmenge. Die tropischen Regenwälder erstrecken sich im wesentlichen als breiter Streifen entlangt des Äquators: im Amazonasbecken, an der Pazifikküste Kolumbiens, in Guyana, in Teilen der Anden. Sie kommen aber auch in den Bergregionen Zentralamerikas und an der Atlantikküste Mexikos vor – zusammen ein Areal von 9.375.000 Quadratkilometern bzw. 45,9 Prozent des Kontinents.
- *Hochgebirgsvegetation:* Höhengrassteppen *(puna)* und feuchte Tropengebirgszonen mit ihren Polsterpflanzen (subnivale *páramo*) sind kennzeichnend für die Hochanden Perus, Ecuadors und Kolumbiens knapp unterhalb der Schneegrenze (ca. 4.000 Meter). Sie erstrecken sich über 922.000 Quadratkilometer bzw. 4,3 Prozent des Kontinents.
- *Mangrovenwälder und tropische Flußdeltas:* An der Mündung tropischer Flüsse finden sich Auenwälder mit einem typischen Baumbestand (Mangroven), der an regelmäßige Überschwemmungen und Salzwasser angepaßt ist. Zwar beläuft sich die Gesamtfläche dieses Ökosystems nur auf rund 190.000 Quadratkilometer (also etwa 0,9 Prozent des Kontinents), aber hier liegen 40 bis 60 Prozent der Fanggründe der Küstenfischerei in den tropischen und subtropischen Regionen Lateinamerikas.
- *Tropische und subtropische Trockenwälder, tropische Savannen und Grasländer:* Diese Ökosysteme finden sich nördlich wie südlich in einiger Entfernung vom Äquator. Sie schließen die brasilianischen *cerrados,* die Buschsavannen der Karibik, die *caatinga* im Nordosten Brasiliens und die für den Gran Chaco (Argentinien, Bolivien, Paraguay) typischen Wälder sowie die mittelamerikanischen und mexikanischen Trockenwälder ein. Hier sind die

Niederschläge vergleichsweise gering, teilweise kommt es zu ausgeprägten Trockenzeiten. Diese Ökosysteme bedecken knapp 5 Millionen Quadratkilometer bzw. 23,3 Prozent des Kontinents.

- *Gemäßigter Regenwald:* In einigen dieser Gebiete ist die Vegetation so dicht wie in den tropischen Regenwäldern. Typisch für diese Wälder sind die Nadelbäume der südlichen Hemisphäre wie die Araukarie und Zypresse in Südbrasilien und Chile. Sie wachsen auf etwa 339.000 Quadratkilometern, das entspricht 1,7 Prozent Lateinamerikas.
- *Wüsten und Halbwüsten:* In den gemäßigten Trocken- und Halbtrockenzonen herrscht Dornbuschvegetation vor. Das betrifft weite Gebiete im Regenschatten der Anden, und zwar sowohl westlich wie an den Küsten Chiles und Perus als auch östlich wie in Patagonien, aber auch die mexikanische Wüste. Wir haben es hier mit dem drittgrößten Ökosystem Lateinamerikas zu tun, das sich über 2.744.000 Quadratkilometer erstreckt bzw. über 13,4 Prozent des Kontinents.
- *Subtropische Savannen und Pampa:* Diese Gebiete weisen fast keinen Wald auf und finden sich im Südteil des Kontinents (Uruguay, Argentinien und südliches Brasilien). Klimatisch unterscheiden sie sich erheblich von den tropischen Savannen. Ihre typischen Merkmale sind Prärien mit fruchtbaren Böden und Waldinseln. Ihr Anteil beträgt 1.038.000 Quadratkilometer, bzw. 5,1 Prozent Lateinamerikas. Heute wird diese Region vollständig landwirtschaftlich genutzt.

Besiedlung und Raubbau

Riesige vom Welthandel begünstigte Monokulturen

Seit dem Aufstieg der vorkolumbianischen Zivilisationen sind die lateinamerikanischen Naturlandschaften in immer größerem Maße umgestaltet worden. Aus ökologischer Sicht besonders gravierend waren und sind der koloniale Bergbau, der bedenkenlose Verbrauch von Land und anderen natürlichen Ressourcen durch Brandrodung und den Wanderfeldbau sowie die riesigen vom Welthandel begünstigten Monokulturen.

Archäologische Funde aus Peru belegen, daß die ersten Sammler und Jäger um 12.000 v.Chr. entlang der Anden-Route in Lateinamerika auftauchten. Zur Einführung der Landwirtschaft kam es hier erst sehr viel später als in anderen Weltregionen, dann aber entwickelte sich über Jahrtausende hinweg ein stabiles agro-ökologisches System – wahrscheinlich begünstigt durch die große Pflanzenvielfalt. Die Azteken und Inka gründeten ihre Reiche im Hochland, wo sie günstige Bedingungen für Überschußproduktion, Vorratshaltung und die Anlage von Verkehrswegen vorfanden.

Die Eroberung Amerikas löste eine der größten biologischen und kulturellen Katastrophen der Geschichte aus und führte weltweit zu weitreichenden Veränderungen der Beziehung zwischen Mensch und Natur. Die Europäer zerstörten nicht nur die präkolumbianische Kultur, sondern machten sich der größten Bevölkerungsvernichtung der Neuzeit schuldig: Bei der Ankunft von Kolumbus lebten in Lateinamerika 20 Prozent der Weltbevölkerung, 100 Jahre später waren es nicht mehr als drei Prozent!

Das koloniale System der direkten Ausbeutung natürlicher Ressourcen ersetzte die traditionellen Formen gemeinschaftlicher Arbeit und Gemeinbesitzes zunehmend durch Privateigentum und Sklaverei. An die Stelle der lokalen Subsistenzwirtschaft traten schließlich riesige Latifundien und eine merkantilistische, auf die Überseemärkte ausgerichtete Ökonomie. Mehr als vier Jahrhunderte lang dominierte dieses Wirtschaftssystem die sozialen Beziehungen auf dem Kontinent.

Wo sich Latifundien ausbreiteten, mußten die Kleinbauern weichen.

Wo sich die Latifundien ausbreiteten, mußten die Kleinbauern weichen. Ganze Dorfgemeinschaften wanderten ab in weniger fruchtbare, nur bedingt nutzbare Gebiete. Diese durch Verdrängung ausgelöste, eher ziellose Besiedlung ist die älteste Form der territorialen Inbesitznahme Lateinamerikas. Seit Ende des letzten Jahrhunderts wird ihr durch staatliche Infrastrukturleistungen eine Richtung vorgegeben: Dörfer und Siedlungen entstehen entlang immer neuer Erschließungsstraßen – vor allem dort, wo die jeweiligen Regierungen Landschenkungen verfügen.

Ein Beispiel: Die Caquetá-Region Kolumbiens wurde erstmals um 1900 besiedelt, ein Prozeß, der jedoch erst ab den 70er Jahren in den Genuß systematischer Förderung kam. Zu dieser Zeit begann die Regierung, massiv in dieses Gebiet zu investieren, Land an Siedler zu verteilen und die Infrastruktur auszubauen. Die regionale Landwirtschaft beruht überwiegend auf Wanderfeldbau, wobei der Wald gerodet, der Boden zwei Jahre lang bestellt und anschließend als Weideland genutzt wird. Im allgemeinen verkaufen die ersten, meist armen Siedler ihr Land dann, wenn es nichts mehr hergibt, an wohlhabendere Viehzüchter, um in der Hoffnung auf neue Parzellen in andere Gegenden weiterzuziehen. Dieser Prozeß führt zu einer großflächigen Entwaldung, zu gravierenden Umweltschäden, und er verstärkt zudem das soziale Ungleichgewicht unter den Bauern.

Neben diese »freie« und »spontane« Besiedlung sind in den letzten Jahrzehnten gezielte staatliche Ansiedlungsprojekte getreten. In Brasilien ging die organisierte Besiedlung von der autoritären Entscheidung des damaligen Militärregimes aus, das sogenannte »demographische Vakuum« der Amazonasregion zu beseitigen und zugleich die Abwanderung landloser Bauern aus jenen Gebieten zu fördern, in denen die Verteilungskonflikte um Landbesitz am heftigsten waren.

Systematische Erschließung neuer Siedlungsräume

Aber auch unter demokratischeren Vorzeichen handelt es sich immer um die systematische Erschließung neuer Siedlungsräume durch Vergabe von Krediten, durch technische Hilfe und andere regierungsamtliche Maßnahmen. Alle diese Projekte führen zur Rodung ausgedehnter Tropenwaldflächen, die in Kulturland umgewandelt werden, und damit auch zur Verdrängung artenreicher Ökosysteme bzw. gar zur Ausrottung von Tier- und Pflanzenspezies. Weil die Rodungs- und Kultivierungsarbeiten mit schwerem Gerät durchgeführt werden, verändert sich die Bodenstruktur. Die Böden büßen ihre natürliche Fruchtbarkeit ein, der intensive Anbau von Nutzpflanzen führt binnen kurzem zur völligen Auslaugung oder auch zur Versalzung. In größeren Monokulturen können Schädlingsplagen oftmals einen völligen Ernteausfall nach sich ziehen. Ein vorbeugender intensiver Pestizideinsatz gefährdet grundsätzlich die Grundwasservorkommen. So oder so: In der Regel ziehen kurzfristige Erfolge dauerhafte Beeinträchtigungen in diesen Gebieten nach sich.

Das Jari-Projekt in Brasilien etwa fördert gleich mehrere agrarische und industrielle Nutzungen: Weidewirtschaft, Forstwirtschaft, Getreideanbau, Zellstoffproduktion und Bergbau. Große Investitionen waren vonnöten, um diese Entwicklung voranzutreiben, aber sie wurden durch die Zerstörung der bestehenden Umweltbedingungen nicht nur teuer erkauft, sondern ganz und gar konterkariert.

Im Süden der chilenischen Anden stieg in den letzten 15 Jahren die Nadelholzproduktion stark an. Die Ausweitung der Forste über Millionen von Hektar hat jedoch die Böden durch Übersäuerung und Erosion geschädigt und den Wasserhaushalt der ganzen Region drastisch reduziert. Außerdem hat die Verwendung von Fungiziden auch angrenzende Gebiete verseucht – ein Umstand, der (in Verbindung mit Dürrezeiten) viele Bauern zur Aufgabe ihrer Felder zwang.

Und noch ein Beispiel. Der Boom der Baumwollproduktion in Zentralamerika demonstriert anschaulich, wie landwirtschaftliche Entwicklung zur Abholzung von Wäldern, zur Auslaugung der Böden, aber auch zur Ausbreitung von Schädlingen beitragen kann: 1940 wurde Baumwolle hauptsächlich für den heimischen Markt produziert. Innerhalb weniger Jahrzehnte entwickelte sie sich zu einem führenden Exportprodukt, besonders in Nicaragua, El Salvador und Guatemala. Die Region garantierte eine beispielhafte Kombination von idealen natürlichen Anbaubedingungen und dem reichlichen Angebot an billigen Arbeitskräften. Voraussetzung für die rasche Ausweitung der Baumwollplantagen war der zunächst erfolgreiche Einsatz von DDT. Aber die tropischen Regenfälle spülten beträchtliche Mengen des versprühten Insektizids in den Boden, so daß nach ein paar Jahren dessen Fruchtbarkeit sank. Nun mußten, mithilfe staatlicher Kredite, Düngemittel importiert werden. Die Produktionskosten stiegen ebenso wie der Mechanisierungsgrad in der Landwirtschaft. DDT-resistente Schädlinge traten auf und erforderten neue, teurere Generationen von Insektiziden. Dadurch verarmten die Böden weiter, so daß der Bedarf an Düngemitteln abermals stieg. Gleichzeitig begann der internationale Marktpreis für Baumwolle zu sinken, bis zu seinem Tiefpunkt in den 80er Jahren. Damals hatte die Region zusätzlich mit großen politischen Wirren zu kämpfen. Die Baumwollproduktion ließ sich schließlich nicht mehr auf dem alten Niveau halten. In nur fünf Jahren fiel sie um zwei Drittel zurück!

DDT-resistente Schädlinge traten auf.

Das allgemeine Fazit? Die Folgen von Besiedlungs- und Landgewinnungsprojekten für Ackerbau und Viehzucht auf ursprünglich von tropischen und subtropischen Wäldern bedeckten Flächen sind also stets dieselben:

- eine drastische Verminderung der Artenvielfalt der lokalen Flora und Fauna,
- die Zerstörung des Bodens durch Erosion,
- der Verlust der Pflanzendecke und
- Schädlingsplagen bei den Nutzpflanzen.

»Wachstum in Armut«

Einige Länder Lateinamerikas können durchaus auf erfolgreiche Perioden wirtschaftlichen Wachstums zurückblicken. Die ökonomischen Eckwerte berücksichtigen allerdings weder die grassierende Armut noch die Abholzung der Wälder, die Bodenerosion, industrielle Umweltverschmutzung, Pestizidverseuchung und den Verlust von Tier- und Pflanzenarten. Bislang gibt es keine klare Methode, um die sozialen und ökologischen Kosten ökonomischer Entwicklung zu berechnen. Verschiedene Krisen haben aber deutlich gemacht, daß die konventionellen Strategien eine sozial gerechte und nachhaltige Entwicklung verhindern. Das bisherige Ergebnis der meisten Entwicklungsprogramme läßt sich nur als »Wachstum in Armut« bezeichnen.

In der Geschichte Lateinamerikas gab es drei entwicklungspolitische Strategien.

Wenn man klare Bilder bevorzugt und auf alle Zwischentöne verzichtet, dann kann man in der Geschichte Lateinamerikas drei wesentliche entwicklungspolitische Strategien ausmachen – drei Strategien mit unterschiedlichen Zielen und getragen von unterschiedlichen sozialen Allianzen:

1. Die Strategie der traditionellen Oligarchien setzte auf exportorientierte Landwirtschaft und Bergbau unter geringer Beteiligung des Mittelstandes oder des Handels. Die oligarchische Modernisierung beschränkte sich grundsätzlich auf einige ausgewählte Wirtschaftsbereiche, daher die überaus große Bedeutung ausländischen Kapitals. Unter der Herrschaft einer Oligarchie bedeutet eine derartige »Modernisierung« notwendigerweise die Aufrechterhaltung von Großgrundbesitz und Hazienda-System.
2. In der Folge der Weltwirtschaftskrise von 1929 formierten sich in mehreren lateinamerikanischen Ländern starke nationalpopulistische Strömungen. Ausländisches Kapital war abgewandert, es galt die Parole, sich von Importen unabhängig zu machen. Diese Umstände ermöglichten den »Aufstieg des Mittelstandes«, der mit der alten Oligarchie, teils auch mit dem rechten Flügel der Gewerkschaftsbewegung gesellschaftliche Bündnisse einging. Aufgrund dieser prekären Koalition blieben für alle Autonomiebemühungen die sozialen Verhältnisse im Agrarsektor ein Tabu. Dieser entwicklungspolitische Stillstand öffnete den Weg zu einem dritten, dem neoliberalen Modernisierungspakt.

3. Dem neoliberalen Ansatz zufolge ist die Geldwertstabilisierung eine Kernbedingung der wirtschaftlichen Entwicklung. Daß dieses Modell heute fast unangefochten triumphiert, liegt zum einen an den chaotischen Inflationsraten der letzten Jahrzehnte, verursacht durch die nationalpopulistischen Bündnisse, zum anderen an einer radikal anderen internationalen Arbeitsteilung aufgrund der Einführung neuer Technologien in den hochindustrialisierten Ländern. Viele Schwellen- und Entwicklungsländer verloren so jede Chance auf eine eigenständige industrielle Entwicklung. Heute scheint es für die meisten lateinamerikanischen Staaten die einzige Alternative zu sein, sich wieder als Rohstoffexporteure zu behaupten, wollen sie auf den Weltmärkten weiterhin präsent bleiben.

Viele Entwicklungsländer verloren jede Chance.

Mit Anlauf in den Weltmarkt

In den 50er und 60er Jahren florierte in Lateinamerika die Industrieproduktion für die heimischen Märkte. Große Kraftwerke wurden gebaut, agro-chemische Betriebe subventioniert, grundlegende Infrastrukturprojekte aufgelegt. Noch in den 70er Jahren kam es, begünstigt von den internationalen Bedingungen, in den meisten Ländern des Kontinents zu einem raschen Wirtschaftswachstum. Hier verbesserten sich dann auch einige der sozialen Eckdaten, was aber nicht darüber hinwegtäuschen darf, daß die Schere der Einkommensverteilung insgesamt immer weiter auseinander klaffte.

Die Globalisierung machte dann in den 80er und 90er Jahren auch vor Lateinamerika nicht halt: Die Industrien wurden immer exportorientierter, dadurch auch immer exportabhängiger. Die Anfälligkeit gegenüber internationalen Währungskrisen und spekulativen Kapitalbewegungen erhöhte sich drastisch. Brasiliens Handelsdefizit z.B. wuchs innerhalb eines Jahres (1996-1997) von 36 auf 65 Prozent, Mexikos hatte bereits 1993 78 Prozent erreicht. Zum Vergleich: Thailands Handelsdefizit belief sich vor seiner jüngsten Währungskrise auf lediglich 27 Prozent.

In Chile nahm das Volumen des Exportsektors in zwei Jahrzehnten auf das Siebenfache zu, von 1,1 Milliarden US-Dollar 1970 auf 8,6 Milliarden 1990. Exporterlöse machen gegenwärtig 30 Prozent des chilenischen Bruttosozialprodukts aus, während es vor 20 Jahren noch zwölf Prozent waren. Aber fast 90 Prozent dieser Ausfuhren bestehen aus natürlichen Ressourcen oder basieren doch darauf.

Diese Zahlen veranschaulichen, in welchem Ausmaß die lateinamerikanische Wirtschaft – und damit auch die Stabilität ihrer demokratischen Institutionen – von ihrer Exportleistung abhängig geworden ist. Kompensatorische Maßnahmen helfen da wenig, um die langfristigen sozialen und ökologischen Folgen einer solchen Politik auszugleichen.

Megastädte

Von Anfang der 50er bis Ende der 70er Jahre explodierten – als Folge der industriellen Entwicklung – die Städte. Verdienten 1950 noch mehr als 55 Prozent aller Beschäftigten ihren Lebensunterhalt in der Landwirtschaft, so waren es 1980 bloß 33 Prozent – bei entsprechendem Anstieg der Beschäftigung im Produktions- und Dienstleistungssektor. Während sich die Gesamtbevölkerung zwischen 1950 und 1980 verdoppelte, vervierfachte sie sich in den Städten.

Das Tempo des Wachstums der Metropolen nimmt weiterhin zu.

Und das Tempo des Wachstums der Metropolen nimmt weiterhin zu! Einige der großen Städte verdoppeln ihre Bevölkerung alle zehn bis 15 Jahre. 1950 gab es auf dem ganzen Kontinent nur eine Stadt mit über fünf Millionen Einwohnern: Buenos Aires. Heute erreichen sechs Städte höhere Einwohnerzahlen: Neben Buenos Aires selber sind das Mexiko Stadt, Lima, Bogotá, São Paulo und Rio de Janeiro. Von sieben Lateinamerikanern lebt mittlerweile einer in diesen sechs Städten. Zwei der fünf größten Metropolen der Welt befinden sich heute in Lateinamerika: Mexiko Stadt mit mehr als 20 und São Paulo mit annähernd 19 Millionen Einwohnern. Buenos Aires und Rio de Janeiro folgen mit jeweils über 11 Millionen Menschen. Die Konzentration der Bevölkerung, der Produktion und der Dienstleistungen in wenigen Metropolen – das ist eines der zentralen Merkmale der Verstädterung in Lateinamerika. Und nimmt man nur die 41 Großstädte mit über einer Million Einwohnern ins Visier, dann lebte hier 1990 etwa ein Drittel der Bevölkerung – ein größerer Anteil als in Europa und insgesamt doppelt so viele Menschen wie in Asien. Nur Nordamerika und Ozeanien machten eine noch stärkere Verstädterung durch.

Welche Auswirkungen die Konzentration großer Bevölkerungsteile in den Riesenstädten hat, illustriert allein schon der Wasserbedarf. Lima oder Mexiko Stadt sehen sich bereits mit ernsten Krisen bei der Wasserversorgung konfrontiert, da das Wasser aus immer entfernteren Quellen in diese Städte gepumpt werden muß. Mexiko Stadt wurde auf einer Hochebene 2.240 Meter über dem Meeresspiegel auf dem Gebiet der alten Azteken-Stadt Tenochtilán errichtet und wuchs im Laufe dieses Jahrhunderts auf mehr als 15 Millionen Menschen an. Immer neue Brunnen müssen gebohrt werden, was zur Absenkung des Grundwasserspiegels der Region führt. Teile der Stadt sind einfach abgesackt. Planer gehen davon aus, daß zu Beginn des 21. Jahrhunderts das Wasser bereits von mehr als 200 Kilometer weit entfernten Quellen herangepumpt werden muß – was natürlich zu weitreichenden Veränderungen des Grundwasserhaushalts in diesen Gebieten führt.

Der Faktor Armut

Seit der europäischen Eroberung gehören Armut und Elend zu Lateinamerika wie das Amen zur Kirche. Heute leben die meisten Armen am Rande der Metropolen, wohin sie geflüchtet sind, um der Armut auf dem Lande zu entkommen. Weder hier noch dort haben sie in der Regel eine Chance.

Die moderne Landwirtschaft mit ihrem hohen Einsatz technischer und chemischer Mittel und ihren hohen Produktionskosten begünstigt die Konzentration zu immer größeren Betrieben und verschärft damit das soziale Gefälle. Die Kleinbauern müssen aufgeben. Entweder finden sie ein Auskommen auf den großen Gütern oder sie wandern ab – wenn nicht in die Metropolen, dann suchen sie sich neue Nischen, in denen sie einen Neuanfang wagen können. Und deshalb ist die Produktion der Armut nicht nur ein ökonomisches und soziales, sondern auch ein ökologisches Problem.

Die Produktion der Armut ist auch ein ökologisches Problem.

In Peru sind gerade die ärmsten Gemeinden des Landes abhängig von der Ausbeutung empfindlicher Ökosysteme, die ihnen nur spärliche Ressourcen bieten. Diese Gemeinden liegen in den alten Siedlungsgebieten des Inka-Reiches, die später von den Spaniern als Weideland genutzt wurden. Mit dieser Nutzungsgeschichte hat schon vor Jahrhunderten die Bodenerosion begonnen, während jetzt der verzweifelte Kampf um halbwegs auskömmliche Ernten auf den *minifúndios* zu immer intensiverer Bodennutzung zwingt – ein Teufelskreis, der zu weiterer Erosion führt und für Generationen von Kleinbauern die bestehende Armut fortschreibt. Da die Armen in Lateinamerika und der Karibik allerdings lediglich weniger als fünf Prozent der Land- und Waldressourcen nutzen, können sie nicht als Hauptschuldige der Bodenzerstörung durch Brandrodung, Wanderfeldbau und Auslaugung angeprangert werden.

Die Armen sind nicht die Hauptschuldigen der Brandrodung.

In den großen lateinamerikanischen Ländern gibt es zwischen den einzelnen Regionen erhebliche Unterschiede bei den gewichtigsten sozialen Indikatoren. So ist etwa die Säuglingssterblichkeit in der ärmsten Region Brasiliens – dem Nordosten – etwa 60 Prozent höher als im vergleichsweise »reichen« Südosten. Ähnlich kraß sind die regionalen Unterschiede bei der hygienischen Grundversorgung: dem Anschluß an Wasserleitungen und die Kanalisation. Der Anteil der »versorgten« Haushalte liegt im Nordosten mit nur 35 Prozent erheblich unter den Werten für Südostbrasilien (ca. 75 Prozent).

Die Armen in den großen Städten haben besonders mit Umweltproblemen zu kämpfen. Sie leiden unter der unzureichenden Beseitigung und Entsorgung von Hausmüll und Industrieabwässern, unter massiver Luftverschmutzung durch Industrie und Verkehr, unter dem Fehlen von Grünanlagen. Und sie leben in der Regel in den städtischen Elendsquartieren *(favelas)*, die am ehesten von Überschwemmungen und Erdrutschen bedroht werden.

Aber der Inbegriff der lateinamerikanischen Fehlentwicklung sind die völlig entwurzelten Armen, die irgendwann einmal vertrieben, aus ihren angestammten Umwelten verdrängt worden sind und nun nicht einmal in die großen Städte ziehen, sondern sich ständig auf Wanderung befinden. Sie haben überhaupt keinen eigenen Raum mehr.

Wie dabei die Umwelt unter die Räder kommt

Der Flächenverbrauch

In ganz Lateinamerika hat der Flächenverbrauch während der letzten 20 Jahre radikal zugenommen. Das Bevölkerungswachstum, die Landwirtschaft, Bergbau und Energieproduktion erzeugen einen großen Druck, immer neue Gebiete zu erschließen.

Von 1970 bis 1987 nahm allein die landwirtschaftlich genutzte Fläche um 70 Millionen Hektar zu, fast ausschließlich zu Lasten von Urwaldgebieten. Die ausgedehntesten Rodungen gab es in Mexiko und Brasilien, aber prozentual waren die mittelamerikanischen Länder Costa Rica, Nicaragua und El Salvador hiervon am schwersten betroffen. Ein großer Teil des neuen Kulturlandes wurde für den Anbau von Nutzpflanzen gewonnen, die nur mit hohem technischen Aufwand und unter massiver Verwendung von Pestiziden und Düngemitteln zu ernten sind. Die schädlichsten Folgen brachte jedoch die Viehhaltung mit sich: Sie verursachte eine schnelle Erschöpfung der Böden ebenso wie die Versalzung und Veränderungen des natürlichen Wasserhaushalts. So ist es in den großen Trockengebieten Mexikos und im Süden des Kontinents bereits zu Wüstenbildung gekommen.

Die schädlichsten Folgen brachte die Viehhaltung mit sich.

Die Wasserressourcen

Lateinamerika verfügt über mehr als ein Drittel aller Fließgewässerreserven der Erde in gewaltigen Stromgebieten wie der Amazonasregion. Das sind zugleich auch über 35 Prozent des globalen Wasserenergiepotentials, von dem allerdings gegenwärtig weniger als ein Zehntel genutzt wird. Beinahe die Hälfte seiner Fläche ist immer noch von tropischen Regenwäldern bedeckt. Die durchschnittliche Niederschlagsmenge liegt 50 Prozent über dem weltweiten Durchschnitt.

Aber dieser Reichtum kommt – wie bereits erwähnt – nicht allen zugute, und seine Aneignung wird teuer erkauft. Aufgrund fehlender Minimalstandards und weithin ebenso desinteressierter wie machtloser Bürokratien verschmutzen Industrie und Bergbau Flüsse, Seen und Küstengewässer. Und die hydroelektrischen Kraftwerke werfen gravierende Probleme ganz eigener Art auf. Hinter den neu errichteten Staudämmen versinken ganze Ökosysteme mit ihrer Artenvielfalt im Wasser, Dörfer, Städte und altes Kulturland müssen aufgegeben werden, das lokale Klima ändert sich. Und dann drohen die Wasserreservoire durch den Erosionseintrag der Flüsse alsbald wieder zu verschlicken, Parasiten und die von ihnen verursachten Krankheiten nehmen zu.

Die belastenden Bodenschätze

Große Mengen an Bodenschätzen werden als Rohmineral exportiert.

Lateinamerika verfügt über einen hohen Prozentsatz der bekannten Reserven an Bodenschätzen, die hier viel rascher ausgebeutet werden als in der übrigen Welt. Große Mengen davon werden als Rohmineral exportiert, wobei sich der Abbau vor allem auf acht Metalle konzentriert: Aluminium (Bauxit), Kupfer, Zinn, Eisen, Nickel, Silber, Blei und Zink.

In Chile, dessen Hauptexportprodukt in diesem Jahrhundert Kupfer gewesen ist, trägt der Bergbau noch heute am meisten zum wirtschaftlichen Wachstum bei. Zur Zeit liegt Chiles Anteil an der Weltkupferproduktion bei 24 Prozent, zugleich hält das Land 28 Prozent der Weltreserven dieses Metalls. Die größten Auswirkungen des chilenischen Bergbaus bestehen in der Luftverschmutzung durch schwefelige Anhydride, Arsen sowie den Partikelausstoß. Kupferhütten sind mit für die hohe Luftverschmutzung durch Schwefeldioxid (SO_2) verantwortlich. Dieser Schadstoff bleibt als Gas in der Atmosphäre und kann sich in Regionen mit feuchtem Klima in Schwefelsäure (H_2SO_4) verwandeln und den sogenannten sauren Regen verursachen. Eine weitere Folge der Luftverschmutzung durch Bergbau sind die Teilchenemissionen, die nicht nur für Menschen gesundheitsschädigend sind, sondern auch in die Photosynthese der Pflanzen eingreifen, indem sie die Absorption von Sonnenlicht verhindern.

Solche Formen der Umweltverschmutzung betreffen nahezu alle südamerikanischen Länder, vor allem aber die Andenregion von Chile und Peru. Der peruanische Rimac z.B. ist einer der verseuchtesten Flüsse des gesamten Kontinents. Dennoch wird in der Hauptstadt Lima aus seinen trüben Fluten das Trinkwasser gewonnen.

Und ewig schwinden die Wälder

Lateinamerikas Waldreserven sind riesig – beinahe die Hälfte der tropischen Wälder der Erde wächst in diesem Kontinent. Aber ebenso gewaltig sind die jährlichen Abholzungs-, oder angemessener: die Vernichtungsraten. Schätzungen zufolge gingen zwischen 1980 und 1990 jährlich 5,3 Millionen Hektar dichter tropischer und subtropischer Regenwald sowie 1,6 Millionen Hektar offener tropischer und subtropischer Wald zumeist unwiederbringlich verloren. Denn auf zehn Hektar gerodeten Waldes kommt nur ein Hektar, der wiederaufgeforstet wird. Zugleich werden bloß 28 Prozent der abgeholzten Wälder effektiv vermarktet, der Rest bleibt weitgehend ungenutzt – vor allem durch den selektiven Einschlag von Edelhölzern und durch das unablässige Vordringen landwirtschaftlicher Nutzungen. Eine Praxis, die industriell ineffizient ist und keine Garantie für die natürliche oder gezielte Regenerierung der abgeholzten Arten bietet.

Die industrielle Forstwirtschaft Lateinamerikas begann in Argentinien.

Die industrielle Forstwirtschaft Lateinamerikas begann in Argentinien zu Beginn des 20. Jahrhunderts durch private Forstbetriebe. Mit dem intensiven Holzeinschlag von 1900 bis 1950 wurden ungeheure Waldflächen mit ihrem einzigartigen Artenreichtum an Pflanzen und Tieren ein für allemal vernichtet. Die extensive Viehhaltung, die als Ergänzung der Forstwirtschaft betrieben wurde, trug erheblich zur Zerstörung der bloß noch schütteren Vegetationsdecke, folglich zur Erosion der Böden bei.

In Chile ist die Forstwirtschaft bis heute ein wichtiger Wirtschaftssektor und erhält bedeutende staatliche Subventionen. Aber die Forstwirtschaft hat aus den düsteren Erfahrungen Argentiniens nichts gelernt, und so gehen die langfristig untragbaren Schädigungen der Waldressourcen ungebremst weiter. Die abgeholzten Flächen fallen brach oder werden durch sekundäre Nutzwälder ersetzt: reinen Holzplantagen aus exotischen Bäumen. Die Folgen: Wüstenbildung, Veränderungen des Wasserhaushalts durch Monokulturen sowie die Verseuchung von Ökosystemen mit Herbiziden und anderen Giften, die zur Schädlingsbekämpfung eingesetzt werden.

Ein besonders drastisches Beispiel, das auch Europäern sofort in den Sinn kommt, wenn es um die Vernichtung tropischer Urwälder geht, ist natürlich Brasilien. 1989 war das Land mit rund 2,2 Prozent an der Weltproduktion von Tropenholz beteiligt – 1995 waren es dagegen schon acht Prozent. Tendenz steigend. Ein wachsender

Teil des Holzeinschlags in Amazonien wird von asiatischen Holzbetrieben durchgeführt, häufig illegal, da Planungsvorgaben fehlen oder Holzfäller in Gebiete der Ureinwohner eindringen.

Alle Prognosen laufen darauf hinaus, daß in Lateinamerika auf absehbare Zeit weiterhin jährlich fünf Millionen Hektar unberührten Urwaldes und teilgenutzten Waldes verschwinden werden. 78 Prozent davon werden tropische, 19 Prozent subtropische und drei Prozent gemäßigte Gebiete betreffen. Man schätzt, daß 45 Prozent dieser Flächen in Ackerland verwandelt werden, 39 Prozent in Weiden und 22 Prozent in industriell genutzte Forste.

Industrie und Verkehr

Mit der Industrie verhält es sich in Lateinamerika heutigentags etwa so wie in Europa noch bis in die 50er Jahre hinein: Da werden hemmungslos und ohne weitere Auflagen Schadstoffe in die Luft gepustet, ins Wasser abgelassen, in die Erde versickert. Bloß gibt es einen gewichtigen Unterschied – und der liegt in der Konzentration auf die riesigen Metropolen, von denen schon die Rede war.

Nehmen wir, für ein paar wenige Stichworte, Argentinien als Beispiel. 52 Prozent der Industriebetriebe dieses Landes befinden sich in der Provinz Buenos Aires, 80 Prozent davon im direkten Einzugsbereich der Stadt selbst: eine geballte Ladung unbewältigten Drecks. Die meisten Abwässer produziert die Stahlindustrie, allerdings nur mit einem relativ geringen Anteil ausgesprochener Giftstoffe. Die Textil- und textilverarbeitende Industrie sowie die chemischen und petrochemischen Betriebe sind der zweitgrößte Abwasserverursacher mit einem erheblich größeren Ausstoß an toxischen Stoffen. Die Erdölindustrie produziert zudem die größte Menge halbfester Giftabfälle.

Eine geballte Ladung unbewältigten Drecks

Aber eigentlich ist es überall dasselbe: Die Großstadtregionen von Mexiko Stadt, São Paolo oder Santos leiden gleichermaßen unter der Konzentration der Industrietätigkeit und dem Ausstoß giftiger Abfälle, ebenso wie unter dem mittlerweile chaotischen Verkehr, der seit den 80er Jahren fast exponentiell zugenommen hat. Vor allem die Busse der öffentlichen Verkehrsbetriebe ziehen rußige Abgasfahnen hinter sich her, die sich am Himmel über diesen Ballungsgebieten zu trüben Dunstglocken vereinen.

Einerseits keine Chance, andererseits ein Hoffnungsschimmer

In einer Zeit zunehmender wirtschaftlicher Vernetzung ist eine Strategie für nachhaltige Entwicklung in Lateinamerika, die den globalen Kontext außer acht läßt, undenkbar. Bemühungen um nachhaltige Entwicklung versprechen nur dann Erfolg, wenn sich ähnliche Veränderungen in den Industrieländern und in ihren Beziehungen zu Lateinamerika vollziehen. Definitive Maßnahmen zur Reduzierung der Auslandsverschuldung, die Beseitigung von Handelsbarrieren für lateinamerikanische Exporte, Zugang zu neuen Krediten zu Vorzugsbedingungen und bessere Preise für Rohprodukte – das wären einige der denkbaren Sofortmaßnahmen, um die Wirtschaft des Kontinents wiederzubeleben und politische Handlungsfähigkeit zurückzugewinnen. Auch wenn man selbst den demokratisch gewählten Regierungen Lateinamerikas nicht nachsagen kann, sonderlich am Wohl aller Bevölkerungsgruppen gleichermaßen oder gar an stabilen Umweltbedingungen interessiert zu sein, so ist doch die Souveränität ihrer Entscheidungen eine wesentliche Voraussetzung, um die Gleise der herkömmlichen Entwicklung mit ihren absehbaren Konsequenzen überhaupt noch verlassen zu können.

Die Souveränität der Entscheidungen ist eine wesentliche Voraussetzung.

Was jetzt aber einzig zählt, das sind die spezifischen »Standortvorteile« Lateinamerikas in der weltweiten Konkurrenz: Zugang zu billigen Energieressourcen, verminderte Transportkosten für Rohstoffe, freizügige Umwelt-, Hygiene- und Arbeitsschutzauflagen. Und ob sie wollen oder nicht, müssen sich die hiesigen Staaten an diesem Wettlauf beteiligen. Gebeutelt von Finanzkrisen, abhängig von immer größeren Mengen spekulativen Kapitals haben sie keine Chance. Und die nutzen sie: auf Kosten ihrer sozialen und ihrer Ökosysteme.

Dabei gäbe es in Lateinamerika alle natürlichen Ausgangsbedingungen, um Ackerbau, Vieh- und Forstwirtschaft in den nächsten 50 Jahren zur Befriedigung der heimischen Bedürfnisse nachhaltig zu entwickeln. Ich bin überzeugt davon, daß der Schlüssel zum Überleben, zu einer nachhaltigen Entwicklung in einer Mischung heterogener Produktionsformen liegt, in einer Integration traditioneller und neuer Technologien, in einer sinnvollen Ergänzung traditionellen und wissenschaftlichen Wissens.

Bislang lief alle Entwicklung auf Homogenisierung hinaus: auf

Urbarmachung, auf Massenproduktion, auf die Vereinheitlichung sozialer Gefüge und natürlicher Räume, auf die Nivellierung kultureller und sozialer Traditionen, auf die Verwandlung der natürlichen Vielfalt in Monokultur, auf die Reduktion gesellschaftlicher und ökologischer Komplexität. Dieser Prozeß muß gestoppt und umgedreht werden. Allein aufgrund seiner schieren Größe ist Lateinamerika ein Kontinent der Vielfalt und der Mannigfaltigkeit – und genau mit diesem Pfund sollte er wuchern. Folglich hätte eine alternative Entwicklungsstrategie an der wechselseitigen Abhängigkeit der verschiedenen Räume und Ökosysteme anzusetzen.

Vergegenwärtigen wir uns allein das Stichwort »Artenvielfalt«. Sie beginnt heute zu einem strategischen Faktor im globalen Wettbewerb zu werden, weil es dabei um genetische Reserven geht, deren Nutzen bislang noch gar nicht absehbar ist. Den Genpool, der in Lateinamerikas Ökosystemen reichlich zur Verfügung steht, politisch selbst zu kontrollieren und nicht durch die großen Chemie- und Pharmakonzerne monopolisieren zu lassen – das könnte ein entscheidender Ausgangspunkt künftiger Prosperität sein.

Wie kann sich der Kontinent nachhaltig entwickeln

Wir brauchen also Strategien für ein wirtschaftliches Wachstum, das schonend mit den natürlichen Ressourcen umgeht, für eine gerechtere Verteilung des produzierten Wohlstandes, für die Verbesserung der Lebensqualität und für eine regionale Selbständigkeit. Und da, im Schatten seiner Metropolen, Lateinamerika von riesigen, nur dünn besiedelten, teil- oder fehlgenutzten Flächen geprägt wird, sollten diese Strategien auch zunächst auf dem Land ansetzen. Das etwa wären die zu bewältigenden Aufgaben:

Strategien sollten auf dem Land ansetzen.

- die Erhöhung der landwirtschaftlichen Nutzfläche und der Arbeitsproduktivität, um die Versorgung mit Nahrungsmitteln zu gewährleisten und die Einkommen auf dem Land zu steigern,
- gezielte wirtschaftliche und soziale Investitionen in ländliche Gebiete,
- die Einführung ökologisch effizienterer Nutzungsformen, um den Einsatz von Chemie zu minimieren,
- die Auflage von Schutzprogrammen für Flußgebiete und Böden,

- die Spezialisierung der agrarischen Nutzung nach den Möglichkeiten der einzelnen Regionen,
- die umweltverträgliche Nutzung von Wasser, Wäldern und anderen nicht-erneuerbaren Ressourcen,
- die Koordinierung von Agrar-, Umwelt- und Wirtschaftspolitik im Hinblick auf Preisbildung und Besteuerung, Zugang zu und Verteilung von Bewirtschaftungsflächen und Ressourcen, technische Hilfe etc., um natürliche Ressourcen in Entwicklungsprogrammen angemessen zu berücksichtigen,
- die Stärkung der Kompetenzen und der Selbständigkeit auch der kleinen Gemeinden sowie die aktive Beteiligung der dort lebenden Menschen an Entscheidungsprozessen, die den technischen Wandel betreffen.

Das planlose Wuchern der Metropolen in kontrollierbare Bahnen lenken

Und was die Metropolen selbst anbelangt, so muß alles versucht werden, um ihr planloses Wuchern in halbwegs kontrollierbare Bahnen zu lenken und schließlich abzubremsen. Dazu gehören:

- Maßnahmen zur Dezentralisierung der Produktion und der industriellen Betriebe,
- erhebliche Investitionen in öffentliche Verkehrssysteme,
- systematische Förderung kleiner und mittelgroßer Städte,
- Demokratisierung der Entscheidungsprozesse über die Ausweisung städtischer Flächennutzung,
- Bekämpfung der herrschenden Arbeitslosigkeit durch Förderung von Kooperativen und kleinen Geschäften.

Die Vision eines anderen Entwicklungsmodells

Als die UNO 1992 zum Klimagipfel nach Rio de Janeiro lud, war das für die lateinamerikanischen Nichtregierungs-Organisationen (NGO) eigentlich ein Heimspiel. Sie konnten es – erwartungsgemäß – dennoch nicht gewinnen. Was ihnen allerdings gelang, das war der Zutritt auf die politische Agenda durch die Hintertür.

Zum einen schlugen die NGO schärfere und eindeutigere Verträge zu den Themen vor, die auch auf der offiziellen Tagesordnung standen – z.B. zur Charta der Erde, zur Konvention zur Klimaveränderung und zur Konvention zur Artenvielfalt. Zum anderen aber diskutierten sie Handlungsverpflichtungen, die von der »offiziellen« UN-Konferenz außer acht gelassen oder nur unzureichend behandelt wurden. Dazu gehörten etwa alternative Entwicklungsmodelle, eine demokratische Kontrolle multinationaler Konzerne und das Problem der Auslandsverschuldung der Dritten Welt.

Zu den grundlegenden gemeinsamen Positionen zählte dabei der Widerstand gegen alle Prozesse, die dazu führen, daß sich Macht, Einkommen, Kapital, Technologie und Zugang zu den natürlichen Ressourcen in der Hand weniger ökonomischer Akteure konzentrieren. Vor allem die lateinamerikanischen Vertreter lehnten vehement die Privatisierung der Natur ab, wie sie sich an der Patentierung von Lebensformen oder dem privaten Management natürlicher Ressourcen zeigt. Auch sprachen sie sich gegen alle Institutionen und Instrumente einer internationalen Wirtschaftspolitik aus, die die Rechte von Nationen einschränkt und etwa Umweltschutzauflagen bloß als »Handelsbarrieren« begreift.

Umweltschutzauflagen nicht als Handelsbarrieren begreifen

Die NGO-Delegierten stimmten darin überein, daß Umweltzerstörung und Armut auf dem bestehenden Machtungleichgewicht und den sozialen Ungerechtigkeiten in lateinamerikanischen Gesellschaften basieren, die gleichermaßen von den jeweiligen Regierungen wie von den Marktmechanismen aufrechterhalten werden. Im Gegensatz zu den offiziell vorherrschenden Überzeugungen faßten sie Umweltzerstörung nicht länger als »Nebenprodukt« schlecht ausgeführter, im übrigen jedoch richtiger Entwicklungspläne auf. Wenn sich Nachhaltigkeit in Lateinamerika durchsetzen soll, kann es also nicht darum gehen, die Symptome zu kurieren, sondern es geht um den Kern der Krise – und der liegt in der Logik der Fortschreibung des herkömmlichen Entwicklungsmodells.

»Eine Welt oder keine«, so lautete ein Motto in den 60er Jahren – Ausdruck für das Bewußtsein, daß unser Planet eine einzige, durch zahllose Wechselbeziehungen verbundene Sphäre darstellt, die allen Menschen gemeinsam ist. »Eine gerechte Welt oder keine«, unter diesem Motto ließen sich in dieses Bild auch die gegenwärtigen sozialen Bewegungen Lateinamerikas einschließen. Denn wenn es eine ökologisch verträgliche, sozial gerechte und ökonomisch effiziente Zukunft Lateinamerikas geben soll, dann muß sie auf den kulturellen Traditionen der Region gründen, auf seiner biologischen Vielfalt und auf demokratisch ermächtigten Institutionen, die in der Lage sind, ein Entwicklungsmodell zu schaffen, das sowohl der Umwelt als auch der sozialen Gerechtigkeit des Kontinents zugute kommt.

Die Hälfte aller tropischen Urwälder der Erde befindet sich in Lateinamerika

Die lateinamerikanischen Tropenregionen umfassen 938 Millionen Hektar Primärwald (21,7 Prozent aller Waldgebiete und 46,4 Prozent der Tropenwälder der Erde), darüber hinaus 167,5 Millionen Hektar Sekundärwald, der sich nach erfolglosen Kultivierungsversuchen regeneriert hat.

Das Amazonas-Pazifik-Darien-Ökosystem reicht vom Golf von Darien in der Karibik bis zur Mündung des Guayas am Pazifischen Ozean und umfaßt die tropischen Regenwälder im Amazonastiefland und an der kolumbianischen und ecuadorianischen Pazifikküste. Mit annähernd 7.600.000 Quadratkilometern ist es das größte Ökosystem auf dem Kontinent und der größte tropische Regenwald der Erde. Bei ganzjährigen Regenfällen und einer Luftfeuchtigkeit von 75 Prozent liegt das jährliche Temperaturmittel bei 27° C. Die Mehrzahl der Böden sind arm, mit Ausnahme der sehr nährstoffreichen fluvialen Tiefländer.

Die Siedlungsgeschichte vollzog sich in Zyklen.

Die Siedlungsgeschichte seit der Kolonialzeit vollzog sich in Zyklen, die jeweils von neuen wirtschaftlichen Erfordernissen ausgelöst wurden, besonders von der Produktion oder der Ausbeutung von Rohstoffen für die Industrie und der Erschließung von Land für die Subsistenzwirtschaft. Das Schürfen nach Gold und Edelsteinen in geringem Umfang spielte ebenfalls eine Rolle, ebenso wie Naturkautschukgewinnung durch Abzapfen der Bäume, Reisanbau in den feuchten Tiefländern, Viehwirtschaft auf Trockenflächen und der kontinuierliche Holzeinschlag. Ein anderer Wirtschaftszweig ist der Anbau und die Ernte von Koka-Plantagen im kolumbianischen und peruanischen Urwald, die weit profitabler sind als andere Nutzpflanzen.

Seit den 60er Jahren führten »Entwicklungs«-Projekte in der Region zu stärkerer Besiedlung, die u.a. vermehrten Kahlschlag mit sich brachten und auch auf andere Weise zur Ausdünnung der Wälder führten. Trotz widersprüchlicher Daten läßt sich grob schätzen, daß in den 70er und 80er Jahren 30 Prozent des Amazonaswaldes abgeholzt wurden. In der Amazonasregion wurden nach offiziellen Angaben des Brasilianischen Forschungsinstituts für Raumplanung (INPE) bis 1996 etwa 51 Millionen Hektar Wald abgeholzt, davon allein 11 Prozent zwischen 1994 und 1996.

Die Ausweitung der landwirtschaftlichen Nutzflächen für den Anbau zum Export bestimmter Nutzpflanzen wie Kakao, Pfeffer, Kaffee, Obst und Reis sowie die Gewinnung extensiv genutzten Weidelandes für die Viehwirtschaft sind zusammen mit der Holzgewinnung und dem Bergbau die Hauptgründe für die Abholzung des Tropenwaldes. Im Amazonasgebiet dringt der Soya-Anbau von der zentralen Region des cerrado (Savannen) immer tiefer in die Wälder vor. Zur Förderung des Exports werden neue Wasserwege angelegt.

In Zentralamerika weist die Ausbeutung des Regenwaldes ein ähnliches Muster auf. Die Ausweitung der Viehwirtschaft fand dort bereits in den 70er Jahren statt. Dem Hartholzeinschlag folgte die Abholzung zur Weidelandgewinnung. Durch die Einführung von Monokulturen und Viehhaltung auf Weiden, die künstlich durch Brandrodung geschaffen wurden, entwickelte sich hier eine intensive kommerzielle Landwirtschaft.

Abholzung zur Weidelandgewinnung

Die Böden der Tropen werden zumeist nur schlecht genutzt. Das Hauptproblem bei der landwirtschaftlichen Nutzung von Tropenwaldgebieten ist die drastische Reduktion der Artenvielfalt, was aber wiederum eine grundlegende Bedingung ihrer Reproduktionsfähigkeit ist. Entwicklungsmodelle, die auf Monokulturen und Viehwirtschaft beruhen, führen zur Verarmung der Böden, epidemischem Schädlingsbefall, Veränderungen der Niederschlags- und Erosionsmuster und schließlich zum Zusammenbruch der Kultivierung oder zu einem enormen Kostenanstieg durch den ständig wachsenden Bedarf an externem Input, vor allem an Dünger und Pestiziden.

Mit den lateinamerikanischen Regenwäldern sind fast die Hälfte der Urwälder der Erde und nahezu 70 Prozent aller Pflanzen- und Tierarten in Gefahr – ein gewaltiges Artenreservoir, dessen Untersuchung noch lange nicht abgeschlossen ist.

Autorennotiz

Henri Acselrad lehrt am Institut für Stadt- und Regionalplanung der Universität Rio de Janeiro in Brasilien und gibt die Zeitschrift *Cadernos IPPUR/UFRJ* heraus. Er ist Mitglied des »Social Scientists for Sustainability and Social Transformation Network« und koordinierendes Mitglied des Projekts »Sustainable and Democratic Brazil«. Er arbeitet zu Themen aus den Bereichen Ökonomie, Umwelt und Politik und steht in engem Kontakt mit vielen Nichtregierungsorganisationen, u.a. dem WEED (Weltwirtschaft, Ökologie und Entwicklung) und der Deutschen Sektion der IPPNW (International Physicians for the Prevention of Nuclear War). Er war beteiligt an den Vorbereitungen zur UN Konferenz für Umwelt und Entwicklung in Rio de Janeiro 1992.

Martin Khor ist Leiter des »Third World Networks« in Penang, Malaysia, einer Organisation von Gruppen aus Asien, Afrika und Lateinamerika, die zu den Themen Ökonomie, Umwelt und Globalisierung arbeiten. Täglich wird in Genf vom Third World Network der »South-North-Development Monitor« veröffentlicht. Khor hat mehrere Bücher zur Nord-Südproblematik verfaßt, insbesondere zur Rolle von Entwicklungsländern im Globalisierungsprozeß, und schreibt wöchentlich eine Kolumne mit dem Titel »Earth Trends« für die malaysische Zeitung *The Star.* Er ist Forschungsdirektor der »Consumers' Association of Penang«, einer malaysischen Verbraucherorganisation, die für Verbraucherinteressen und -rechte kämpft. Er war stellvertretender Vorsitzender der Arbeitsgruppe zum Thema »Recht auf Entwicklung« der UN Kommission für Menschenrechte.

Katsuo Seiki war Direktor des »Global Industrial and Social Progress Research Institute« in Tokio, einer weltweit bekannten NGO. Er verstarb 1998. Er setzte sich besonders für einen globalen Technologiepakt ein, der Entwicklungs- und Schwellenländern den Zugang zu ökoeffizienter Hochtechnologie ermöglichen würde.

Harmen Verbruggen lehrt internationale Umweltökonomie an der Freien Universität Amsterdam und leitet dort die Abteilung für Wirtschaft, Technologie und Sozialwissenschaften am »Institute for Environmental Studies«. Er arbeitet zu den Bereichen ökonomische Entwicklung, internationale Wirtschaftsbeziehungen und Umwelt. In den letzten Jahren hat er zahlreiche modellhafte Berechnungen zu der Frage angestellt, welche Bedingungen erfüllt sein müssen, um bis zum Jahr 2030 eine nachhaltige Entwicklung zu verwirklichen. Aktuell beschäftigt er sich mit den Wechselwirkungen zwischen der Umweltproblematik und internationalen Handelsbeziehungen, der internationalen Koordination von Umweltpolitik, umweltpolitischen Instrumenten und sauberer Technologie.

Tsutomu Yamaguchi ist ehemaliger Mitarbeiter von Katsuo Seiki am »Global Industrial and Social Progress Research Institute« in Tokio.

Register

online unter http://www.fr-aktuell.de
der kulturspiegel
Konzerte
Ausstellungen
Filme
Lesungen
Performance
Tanz
Theater
Oper
Szene
Abbildung: Frank Schubert, „Frische Muscheln", 1998
täglich in der FrankfurterRundschau
...und einmal im Monat mit urbanCulture
FrankfurterRundschau Zwei Wochen kostenlos und unverbindlich. Jetzt anrufen: freecall 0800 / 8 666 8 66